子どもたちの命と生きる

― 大川小学校津波事故を見つめて ―

飯 考行 編著

信 山 社

震災遺構となった大川小学校（2022年，只野英昭撮影）

東日本大震災（2011年）前後の大川小学校（小さな命の意味を考える会提供）

被災後の大川小学校校舎と遺族による語り部活動

仙台高等裁判所判決（2018年）とTeam大川「おかえりプロジェクト」（2022年）

はじめに

　これまで，関東大震災，阪神・淡路大震災，東日本大震災など，国内外で数多の災害や事故が発生し続けており，今後も南海トラフ地震などの発災が予想されます。本書は，2011年3月11日の東日本大震災の津波による学校被災事故でもっとも多くの被害のあった，宮城県の石巻市立大川小学校津波事故と裁判を含むその後の経過を中心に，津波事故と学校事故の事案に関する紹介，思いや考察を，遺族，関係者や研究者にご執筆いただいています。

　大川小学校の津波事故については，巻末で紹介した参考文献を含めて，多くの記事や論稿が公表されてきました。ただし，事故から時を経た一連の経過を概観し，遺族を含む様々な関係者自らが執筆し，それぞれの思いや考えを伝える書籍は，ありそうでないように見受けられます。本書は，多くの方々にご協力いただき，大川小学校その他の災害と事故の実情と，今後の再発防止に向けた備えを，各自の視点から記していただいたものです。

　刊行のきっかけは，映画『『生きる』大川小学校 津波裁判を闘った人たち』の試写会企画を2022年6月に専修大学で催した折，映画に加えて書籍もある方が，遺族の思いを広く伝え，津波・学校事故の再発防止につながるのではないかという声をいただいたことにあります。また，2023年3月11日は，大川小津波事故を含む東日本大震災犠牲者の13回忌にあたります。13回忌とは，故人が大日如来と一体化する日にあたり，いわば宇宙そのもののような大きな存在になるとされます。その日に発刊することで，犠牲となった方々にあやかって，震災と事故を振り返り，現世に生きる私たちの記憶にとどめることができないかと考えました。

　本書のタイトル「子どもたちの命と生きる」は，大川小学校で犠牲となった児童の命とともに私たちが生きることを意味しています。生かされた者が亡き子の命とともに自分の人生を生きることが大切ではないかと考えるためです。サブタイトル「大川小学校津波事故を見つめて」は，大川小の悲劇を凝視して，犠牲となった児童と教職員の無念の思いに心をめぐらせ，事故とその後の経過に社会の縮図を見出すことにより，今後の学校事故の再発防止や防災に教訓として広く役立てるという趣旨です。

まず，第1章「大川小学校津波事故とその後の経過」で，大川小学校津波事故とその後の保護者説明会，検証委員会，裁判などの経過を概観します。また，記者，ジャーナリスト，検証委員会と裁判の関係者の見方から，一連の経過を記していただいています。

　第2章「遺族の思い」は，大川小学校で子どもを亡くした保護者が震災後の思いなどを綴った手記です。裁判の原告となった遺族と，裁判をしなかった遺族の双方の記述から，共通しつつも様々な思いに触れることができます。映画『生きる』が原告遺族の思いや活動を取り上げていることから，監督の解説や鑑賞者の感想などをあわせて紹介しています。

　第3章「津波・学校事故を考える」は，大川小学校事故と他の事故・事件の関係者や研究者らによる，事故とその後の経緯，裁判の判決を振り返っての考察です。また，東日本大震災による他の津波事故と学校事故の死亡事案の被災・被害者家族にも，思いを綴っていただいています。

　第4章「防災の取り組みと地域の営み」は，大川小学校卒業生たちの活動とサポート，地域住民の活動，今後の災害に備えての考察や関係者の活動実践を紹介しています。

　以上の様々な論稿に共通するのは，過去の悲惨な事故の実情，思いや関連する考えを伝えて，その再発を防ぎたいという願いです。本書が，過去の悲惨な事故の実情を伝えるとともに，あとに残されて生きる私たちの教訓として活かされることになれば幸いです。

　最後になりますが，東日本大震災を含む災害や事故に遭われまた遺された方々のご冥福とご快復を祈念いたします。

　2023年2月18日　映画『生きる』の劇場公開の日に

　　　　　　　　　　　　　　　　　　　　　　飯　考行

〈表紙その他の写真とイラスト（クレジット表記したものと各原稿の写真等を除く）：飯考行　撮影・描写，裏表紙写真：只野英昭　撮影（2022年大川竹あかり）〉

目　　次

目　次

第3章　津波・学校事故を考える

① 大川小学校津波事故を考える

◆ 第1章 ◆
大川小学校津波事故と
その後の経過

（写真：小さな命の意味を考える会　提供）

1 概　観

1　大川小学校津波事故の悲劇と教訓

飯　考行

東日本大震災　日本列島はプレートの境目にあることから，地震，津波，火山噴火のほか，台風の豪雨，風害，水害や，雪害など，多くの自然災害に見舞われてきました。社会学において，災害は，これらの自然の脅威と，人や地域による備えや対応の複合体としてとらえられます。すなわち，自然災害の猛威はある程度避けがたいものの，平時からの災害への備えや復旧・復興の取組みにより，災害による被害を最小限度にとどめることはできるということです。

　数多の日本の災害の中でも，2011 年 3 月 11 日に発生した東日本大震災は，最大震度 7 の地震のほか，東北地方太平洋沿岸部を中心とする津波と，福島第一原子力発電所の放射性物質漏洩により，甚大な人的，物的被害をもたらしました。犠牲者は，死者 1 万 5,900 名，行方不明者は 2,523 名の計 18,423 名に上り（2022 年 2 月末現在，警察庁資料による），うち宮城県は，死者 9,544 名，行方不明者 1,213 名で，被災県の中で最多でした。災害関連死者数は 3,789 名で（2022 年 3 月 31 日現在，復興庁資料による），あわせて 2 万名余りの人命が失われたことになります。

大川小学校津波事故　東日本大震災の津波で，避難誘導の誤りや，防災無線が鳴らなかったことなどを理由に，家族が死亡したことの損害賠償を請求する民事・行政裁判は，学校，企業，施設，自治体などに対して，少なくとも 16 件が確認されます[1]。その中で，学校の津波事故で最も多くの人命が失われたのは，宮城県石巻市立大川小学校の事案です。同校は，北上川の近く，海から約 3.7 キロメートルの場所に立地し，校舎の裏に山がありました。14 時 46 分の地震発生後，校長不在の中，教頭

---

[1]　飯考行「東日本大震災からの復旧・復興における法の役割と課題」法律時報 93 巻 2 号（2021 年）21-28 頁参照。

らの指示で，児童と教員は15時30分過ぎまで校庭にとどまり，35分頃に三角地帯（新北上大橋付近の北上川右岸にある国道と県道との交差点で周囲の平地より小高い平坦地）を目指して避難を開始しました。しかし，その直後，川を遡上した津波と海からの津波に襲われ，児童74名と教職員10名が死亡，行方不明となりました。津波は，校舎2階の天井付近まで到達し，大川地区一帯は壊滅状態にいたりました。

　この大川小学校津波事故は，それ自体，多くの人命が失われた痛ましい事案です。保護者たちは，被災生活を送る中で，わが子を失った悲しみ，子どもを守れなかった学校や教員への怒り，なぜ裏山に逃げるなどせずに津波に襲われたのかの疑問，そして自ら子どもを救えなかった自責の念など，様々な感情にさいなまれ，自死を考える場合も少なくありませんでした。

事故後の経過　さらに，津波事故後も，石巻市による保護者・遺族説明会（2011-2014年），大川小学校事故検証委員会（2013-2014年），訴訟（2014-2019年）が続きました。とりわけ裁判を含む一連の過程に関与した犠牲児童の遺族は，いわれなき誹謗中傷を受け，仙台高等裁判所の判決が最高裁判所で確定した2019年10月まで，辛苦の日々を送ることになりました。

　第1回保護者説明会には，生存したE教務主任が出席し，被災当時の模様を説明しましたが，それ以降，姿を見せることはありませんでした。第2回説明会に出席した石巻市長（当時）は，死亡した児童の遺族から被害が人災であることを認めるよう詰め寄られた際，「もちろん気持ちは分かりますけれども，私としてはもし自分の子供が亡くなったら，自分の子供に思いを償っていくという，自分自身に，もう問うということしかないと思います。これが自然災害における宿命だということでしょうか」と発言しました。同回は一方的に1時間で打ち切られたこともあり，唖然とする遺族が多くいました。

　また，石巻市教育委員会は，本件地震発生以降の大川小の状況を把握するため，2011年3月より，生存児童やE教務主任，児童を引取りに行った保護者，当時大川小周辺にいた地域住民や石巻市の職員等の多数の関係者から事情の聞き取りを行い，被聴取者ごとに，聞き取り時の手書きメモをもとに内容を整理し，清書した聞き取り記録を作成しましたが，その中には真偽の

疑われる内容もありました。しかし，聞き取りの際に録音は行われておらず，石巻市は，同年8月頃までに，E教務主任や一部児童からの聞き取り時の手書きメモを廃棄したことを明らかにしました。

　その後，大川小学校事故検証委員会が発足し，事故原因の検証を行いました。委員会は，数多くの遺族などへの聞き取りを踏まえて，事故後の経緯の客観的な把握に努め，事故の直接的な要因を，避難開始の意思決定が遅く，かつ避難先を河川堤防付近としたことに求めました。そして，その背後には，学校における防災体制の運営・管理がしっかりとした牽引力をもって進められず，また教職員の知識・経験も十分でないなど，学校現場そのものに関わる要因と，津波ハザードマップの示し方や避難所指定のあり方，災害時の広報・情報伝達体制など，災害対策について広く社会全体として抱える要因の2つがあったとして，24の提言をまとめています[2]。他方，事故の責任追及よりも原因究明と再発防止を目的とした検証のあり方は，事故直後から関係者の聞き取りや情報開示請求を続けてきた遺族によっては不満の残るものでした。

　津波事故から3年の時効を迎える寸前の2014年3月に，およそ3分の1の遺族（74名の児童・54家族のうち23名の児童・19家族）が原告となり，やむなく裁判に踏み切りました。原告に加わった遺族の多くは，仕事に従事しながらも，平日の公判と進行協議に参加し，意見陳述を行いました。第一審の仙台地方裁判所で原告の請求は一部認容されましたが，遺族の反対にもかかわらず，石巻市と宮城県は控訴し，仙台高等裁判所で裁判は継続されました。高裁での原告請求一部認容後も，市と県は上告・上告受理申立てを行い，最高裁の上告棄却・上告申立て不受理の決定は2019年10月で，裁判は延べ5年半余りかかったことになります。原告代理人は，弁護士2名が成功報酬制（勝訴した場合のみ弁護士費用を受け取る方式）で担当し，遺族を支え続けました。

　さらに，原告遺族のうち3名は，2020年1月に殺害予告を受け，同年6月に容疑者が逮捕されるまで[3]，身の危険を感じながら過ごさなければなり

2　大川小学校事故検証委員会『大川小学校事故検証報告書』（2014年）参照。
3　脅迫状の送付者は，逮捕後，大川小その他の事故遺族等への脅迫と威力業務妨害の容疑で起訴され，懲役2年6月執行猶予5年の刑を言い渡されています（仙台地方裁判所2021

ませんでした。このように，大川小学校津波事故は，遺族に長期にわたり大きな心労をもたらす悲惨な事故でした。ある遺族の弁によれば，大川地区の人も地域も震災で「病んで」しまったといいます。

光明としての裁判　裁判では，請求の一部が認容され，14億円余りの損害賠償請求の支払いが石巻市と宮城県に命じられました（実際は石巻市の支出）。判決の理由として，第一審の仙台地方裁判所は，地震後に，大川小学校の近くで，市の広報車が津波からの避難を呼びかけたにもかかわらず，教員による避難指示が遅れ，また避難先を裏山ではなく三角地帯にしたことに過失があったとしました。他方，控訴審の仙台高等裁判所は，違った理由づけで，地震前に，小学校の運営責任者（校長，教頭，教務主任）と市の教育委員会が，学校保健安全法で求める危機管理マニュアルや避難先を適切に定めずまた監督しておらず，児童の安全を確保すべき義務を怠った組織的な過失があったとしました。高裁では，審理の冒頭から，宮城県や石巻市の学校防災の取組みに関する資料提出を求め，裁判官が証人の学校関係者を叱責する場面もあり，児童の安全確保と事前の備えを重視していたことがうかがえます。

　この高裁判決は，最高裁の上告棄却により確定しました。学校関係者の組織的過失を災害分野で初めて打ち出したこの判決は，将来の教訓として意義があり，遺族の提訴と辛苦の中から生まれたほぼ唯一の光明と言えるでしょう。ある研究者は「この判決がなかったならば，1万8千人余りの犠牲者を生んだ東日本大震災は，何も日本社会に教訓も残さなかったことになってしまったであろうと思います。この判決が救ったと思います。大川小の子どもさんたちを救っただけではなく，1万8千人余りのすべての被災者を救ったと思います。それによって，日本社会は変われる重要な一歩が築かれたと思います。それを2歩，3歩にしていくかどうかは，これからの我々にかかっていると思います」との旨の評価をしています[4]。

年3月11日判決）。
4　米村滋人（東京大学法学部教授）の「大川小学校児童津波被害国賠訴訟判決報告検討会——仙台高裁判決を今後の防災に活かすために」（2021年2月21日，仙台弁護士会館）でのパネリスト発言。

裁判官の「寄り添い」　仙台高裁では，裁判官が法廷の補充尋問で，感情をあらわにして学校側の証人に問いかける場面がありました。第6回口頭弁論（2017年10月12日）で，証人の元石巻市教育委員会学校教育課長は，児童の就学義務に関して，2010年4月の時点で，大川小は津波の危険があるので就学させたくないという申立てが仮にあったら認めたかを問われて，「多分認めなかったと思います。津波は来ない場所だと多くの市民が思っているから」と回答しました。すると，左陪席裁判官は，「教育専門家として，保護者に対して，児童の安全は教職員が守りますから安心して下さいと，そのような言葉は述べられませんかね」と詰問したのです。

　また，児童の引き渡しについて，同じ裁判官は，大川小の通学区域に，長面，尾崎という海岸べりのハザードマップの浸水区域が含まれているのに，それらの区域から通う児童の引き渡し手順を検討しなくてよいか疑問に思わなかったのか，児童は津波が来る可能性のある区域から大川小に通学しているのではないか，と畳み掛けるように質問した上で，「そういう意味では，津波と無関係な学校ではありませんよね」と断じました。

　それまでの大川小の裁判で，裁判官が感情を示したことはほとんどなく，法廷の原告遺族たちは，自分たちに「寄り添って」くれたと感じたためか，法廷ですすり泣いていました。判決で，子どもたちの命がなぜ失われたのかは明らかにならず，上述の学校関係者の組織的過失を除いて，事故後の教育委員会や校長の言動などの行政の対応の拙さにかかる不法行為責任などは認められませんでした。しかし，遺族が司法の判断に納得した理由の一つは，事故後の長い経過の中で，ほぼ初めて公的機関が自分たちの声を代弁してくれたことにあるのかもしれません。判決言い渡しの際の裁判長の言葉を，原告団長の今野浩行さんは，「学校が子どもの命の最期の場所になってはならない」という趣旨として受けとめたそうです。

遺構として残された校舎　被災した建物などを保存するか解体するかは，しばしば議論になり，対応も分かれてきました。大川小学校の被災校舎の扱いも，石巻市で大きな議論になりました。2015年3月，地域住民でつくる大川地区復興協議会が説明会を開催し，120名ほどの住民による意向投票で，校舎の解体（跡地に平面図を復元してス

マートフォンをかざすと校舎が映る AR ／拡張現実を実現する），保存などに意見が分かれました。石巻市も市民アンケートを実施し，2016 年 2 月に公聴会を開催しました。賛否両論ある中，友人や家族を亡くした大川小学校の卒業生数名が，大川小の子どもたちが生きた証しとして校舎の保存を求める意見を唱えたこともあり，校舎は遺構として「存置」されることになりました。

　2022 年に大川小学校跡地は震災遺構として整備され，大川震災伝承館が建立されています。ただし，伝承館の展示内容は，大川小学校の事故とその後の経過を十分に伝えているか疑問の声もあります。校舎については，震災から時を経て劣化し，立ち入りが禁止されており，「存置」ではない補修などの対策を求める声が上がっています。

事故をせめて教訓に　東日本大震災の津波は，大川小学校を飲み込み，多くの尊い人命を奪ったほか，その後の経過を含めて，犠牲者と遺族にとって，まさに悲劇でした。ある大川小事故遺族は，「亡くなった子は，教訓になるために産まれてきたわけではないが，せめて教訓にせざるを得ない」旨を語っています。生きている私たちにできるのは，大川小学校津波事故を悲劇のままで終わらせることなく，その悲惨さを直視し，多くの人命が失われた原因を明らかにし，教訓を見出し，再発を防ぐことでしょう。大川小学校津波事故と高裁判決は，学校を含む組織の災害対応のあり方を考える上で，多くの教訓を含んでいます。

　なお，とりわけ裁判を起こした遺族は，インターネットのニュースコメント欄などで，誹謗中傷され，殺害予告まで受けました。その背景には，子どもの死という「損害」を金銭で補填することを求める損害賠償請求への違和感，行政を訴えることのためらいなど，様々なことが考えられます。しかし，裁判を受ける権利は，憲法で保障される重要な人権の一つで，その行使は正当な行為であることを銘記すべきです[5]。あわせて，検証委員会の調査権限強化，大規模事故で多くの被害者・遺族の訴訟参加を容易にするアメリカのクラスアクションのような集合代表訴訟制度の導入や，行政による被災

5　原告遺族へのバッシングは，近隣宅へ子どもを預けた結果生じた死亡事故の裁判（いわゆる隣人訴訟，津地方裁判所 1983 年 2 月 25 日判決）後に生じ，裁判の取下げを余儀なくされた事態にかんがみて，法務省から裁判を受ける権利を重視すべき旨の異例の声明が出された例が知られる。

者・遺族の一律救済なども，検討に値するでしょう。

　裁判は終わりましたが，大川小学校津波裁判の原告団は，裁判で得た金額から一定額を拠出しあい，事故や判決を伝承するためのシンポジウムや講演の費用などにあててきました。また，裁判に加わったかどうかを問わず，遺族有志は，大川小学校跡地で語り部の伝承活動を行い，2022年からは3月11日に「大川竹あかり」と称する竹への穴開けなどを地域内外の人たちで行うイルミネーション企画を催しています。大川地区では，祭りの復活や新たな事業の立ち上げなどの動きもあり，時間をかけて津波による「病」が少しでも癒されることが願われるばかりです。

　宮城県は，2020年に学校防災体制在り方検討会議を立ち上げ，子どもたちの命を守る新たな学校防災体制の構築に向けて報告書をとりまとめました。また，同年より県教育委員会は，県内の教職員を対象に，大川小現地で遺族を講師として防災研修を行っています。

　災害や事故の発生は今後も予想されます。大川小学校津波事故をはじめとして甚大な被害をもたらした東日本大震災などの過去の事案から学び，災害や事故にいかに備え対応するかは，今を生きている私たちにかかっています。遺族と市民，研究者や行政が協働して，亡くなった尊い人命をせめてもの教訓として生かす取り組みが，いっそう求められています。

▮ Process 1 ▮　地震発生から大川小学校津波事故まで
（仙台高等裁判所判決の認定内容より）

　2011年3月11日午後2時46分に地震が発生し，宮城県北部では最大で震度7，石巻市内では震度6強が観測され，石巻市内の観測地点では，震度4以上の揺れが約160秒間継続した。

　本件地震の発生と同時に，大川小の校舎内にいた児童は，教職員（校長と用務員を除く11名，以下同じ）の指示で机の下に隠れた（一次避難）。

　本件地震の揺れが止んだ後，教職員が在校していた児童全員を校庭に避難させたほか，下校を始めていた児童も校内に戻り，午後3時少し前頃までに，103名の児童と教職員が校庭に避難した（二次避難）。教職員は，校庭に二次避難させた児童を整列させて点呼を取る一方，校舎等を見回って逃げ遅れた児童がいないことを確認した。

　午後2時49分，気象庁が岩手県，宮城県及び福島県に大津波警報を発令したことから，河北総合支所は，午後2時52分，防災行政無線で，サイレンを鳴らすとともに，「ただ今，宮城県沿岸に大津波警報が発令されました。ただ今，宮城県沿岸に大津波警報が発令されました。海岸付近や河川の堤防などには絶対近づかないでください。」と呼び掛けた（以下「広報〔1〕」という）。

　大川小の校庭の北西角には防災行政無線の屋外受信設備が設置されていたから，この屋外受信設備から流れた広報〔1〕の内容は，校庭に避難中の児童及び教職員の全員に伝わった。

　スクールバスは，尾崎地区及び長面地区への便が午後2時58分に出発予定であったが，児童はこれには乗らず，校庭において二次避難を続けていた。スクールバスは大川小の正門付近で待機を続けていた。

　大川小には，本件地震発生の直後から，保護者等が児童を引取りに訪れており，その都度，教職員が引取りに来た保護者等の名前を確認しつつ児童の引渡しを行った。二次避難をした児童のうち27名は，午後3時30分頃までに保護者等によって引き取られて教職員の管理下を離れた。

　本件地震発生後，大川小を避難場所として避難してきた住民が体育館を訪れ始めたが，教職員が体育館の状況を確認した結果，天井の部材が落下し，暖房用の灯油タンクの油漏れを確認したことから，教職員は，体育館を避難場所として使用できないと判断し，避難してきた住民には危険であるから体育館から離れるよう促した。

　河北総合支所は，午後3時10分頃にも，防災行政無線で，「現在，宮城県沿岸に大津波警報が発令中です。現在，宮城県沿岸に大津波警報が発令中です。海岸付近や河川の堤防などには絶対近づかないでください」と繰り返し呼び掛けた（以下「広報〔2〕」という）。上記のとおり，大川小の校庭の北西角に設置されていた屋外受信設備から流れた広報〔2〕の内容は，校庭に避難中の児童及び教職員の全員に伝わった。

　NHKは，午後2時48分以降，ラジオ放送で，NHK総合テレビ放送の音声をそのまま放送する「T-Rスルー放送」を行うとともに，午後2時49分には，放送内容を，アナウンサーによる情報の読み上げや避難の呼び掛けと各地の地震発生以降の映像等による本件地震に関する報道に切り替え，これ以降，NHKのテレビ及びラジオで，津波等に関する各地の情報や呼び掛けを音声で放送した。

第1章　大川小学校津波事故とその後の経過

　午後2時51分に，宮城県では，大津波警報が出ており，午後3時に高さ6mの
津波の到達が予想されていること等を伝え，大津波警報が出ている海岸や川の河
口付近には絶対に近づかないように呼び掛けた。午後3時14分には，大津波警報
が青森県太平洋沿岸，千葉県九十九里外房及び茨城県に追加されたことを伝えた。

　午後3時25分から午後3時30分までは，青森県から千葉県にかけての太平洋
沿岸に大津波警報が出ていることと，各地に到達した津波の高さを伝えるととも
に，場所によっては更に大きな津波が到達している可能性があるとして，海岸や
河口付近には絶対に近づかず，早く安全な高台に避難するように呼び掛けた。

　気象庁は，午後3時14分，宮城県に到達すると予想される津波の高さを10m
以上に変更した。

　この変更後の津波の予想高の情報は，NHKでは，発表直後にテレビ放送の字幕
で伝えられ，株式会社FM仙台のFM放送では，午後3時20分から午後3時25
分までの間に音声で放送されたが，NHKのテレビ音声とラジオでは，午後3時
32分に初めてアナウンサーが情報を口頭で伝えた。

　大川小の教職員は，本件地震の揺れが収まった直後から午後3時30分過ぎまで
の間，児童らとともに校庭を避難場所として二次避難を続けていた。二次避難中
も余震が繰り返し発生しており，石巻市内の観測点では，本件地震の揺れが収ま
ってから午後3時30分までの間に，震度1以上の余震が20回発生し，そのうち震
度3以上のものは6回であった。

　上記の二次避難中，教職員は，児童を校庭から更に別の場所に三次避難させる
べきかどうか，三次避難をさせるとしたらどの場所が適当かを協議，検討してい
た。とりわけ，E教務主任は，二次避難開始直後の早い段階から裏山への三次避
難を提案していたが，強い余震が連続し，山鳴りがする中で，児童を裏山へ登ら
せるのは危険であるという意見を述べる教職員もあり，協議はまとまらなかった。

　もっとも，D教頭は，広報〔1〕〔2〕により宮城県に大津波警報が発令され，避
難が呼び掛けられていたことや，児童を引き取りに来た保護者などからも，「津波
が来るから裏山に逃げて」などと助言されるなどしたことから，「裏の山は崩れる
んですか」，「子供達を登らせたいんだけど」，「無理がありますか」などと釜谷地
区の住民の意見を聴いた上，釜谷地区の区長に対し，「山に上がらせてくれ」と
言って裏山に三次避難することを打診した。

　しかし，区長からは，「ここまで来るはずがないから大丈夫」，「三角地帯に行こ

う」との発言があり，裏山に避難することを反対されたため，D教頭は，児童を裏山に三次避難させることを諦め，次善の策として，大川小の校庭よりも高台にある三角地帯への三次避難を決断した。

校庭に残っていた二次避難中の76名の児童は，午後3時30分過ぎまで校庭に留まった後，遅くとも午後3時35分頃までに，教職員11名の指示の下，列を作って交流会館の駐車場を通り，三角地帯の方向に徒歩で向かった。これに付き従う地域住民もいた。

交流会館の敷地を列の最後尾が通り抜けた頃，北上川を遡上してきた本件津波が，新北上大橋付近の右岸堤防から越流して一帯に襲来し，教職員と児童は津波に呑まれた。

本件津波から生き残ったのは，児童4名とE教務主任のみで，被災児童を含むその余の児童72名と教職員10名は全員死亡した（そのほか，当日欠席早退した児童のうち2名も本件津波に被災して死亡した）。

大川小には，午後3時37分頃に津波が到達し，周辺一帯が水没し，校舎内の複数の時計がその前後の時刻で停止した。本件津波の水面は，最終的には，大川小の校舎付近では2階建ての管理・教室棟の屋根まで達し，校舎2階の天井には，標高8.663mの位置に浸水の痕跡が残った。

津波が新北上大橋付近の右岸堤防から越流した時点で，三角地帯の交差点では，当時，河北総合支所副参事であったC2ら同支所職員6名が車両の誘導に当たっていたが，北上川から押し寄せる津波を見てとっさに間近の裏山に駆け上り，逃げ遅れて津波に呑まれた1名を除く5名が生き残った。

そのうち1名は，裏山の上から，本件津波が新北上大橋付近を上流方向に遡上を続ける様子を撮影した。このとき撮影された映像に残された本件津波の水位は，標高7.4mから7.6mの新北上大橋上の路面と同程度であった。

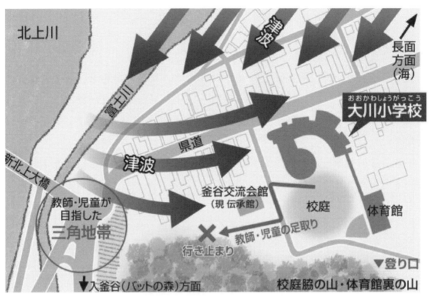

北上川

富士川

波避難

長面
方面
(海)

新北上大橋

おおかわしょうがっこう
大川小学校

県道

津波

教師・児童が
目指した
三角地帯

釜谷交流会館
(現 伝承館)

校庭

体育館

✕
行き止まり

教師・児童の足取り

▼登り口

▼入釜谷(バットの森)方面

校庭脇の山・体育館裏の山

（小さな命の意味を考える会提供）

Process 2　保護者説明会，大川小学校事故検証委員会

（1）保護者説明会[*]

回	開催年月日	主な内容
1	2011 年 4 月 9 日	生存した教務主任（E 教諭）などによる被災状況の説明と，保護者との質疑
2	6 月 4 日	前校長の説明，指導主事による前回説明の補足（地震後の経過に関する子どもたちなどへの聞き取り内容のまとめ）と，保護者との質疑（亀山市長の「宿命」発言を含む）（1 時間で終了）
3	2012 年 1 月 22 日	E 教諭からのファックス（前年 6 月 3 日付）内容の読み上げ，指導主事による前回説明の補足（地震後の経過に関する保護者などへの聞き取り内容のまとめ），「大川小学校被災時の対応についての考察」「学校防災の充実のための取組」文書の説明と，保護者との質疑
4	3 月 18 日	前回以降を中心とする石巻市教育委員会による行方不明者捜索と遺族の心のケアの取組の説明，河北総合支所による行方不明者捜索の補足説明と，保護者との質疑

5	7月8日	前回以降を中心とする教育委員会の取組の説明と，保護者との質疑
6	8月26日	前回以降を中心とする教育委員会の取組の説明，第三者検証委員会による学校防災の検証の説明などと，保護者との質疑（学校教育課長の口の前に手をあてる合図を含む）
7	10月28日	前回以降を中心とする教育委員会の取組の説明，保護者による「大川小学校被災について」文書（検証されるべき点の指摘など）の説明，保護者との質疑
8	9月8日	捜索状況および事故検証委員会の進捗状況の説明と，保護者との話し合い
9	11月23日	捜索状況の説明と，保護者との話し合い
10	2014年3月23日	検証委員会報告を受けた石巻市と教育委員会の今後の対応の説明と，保護者との質疑および意見交換

*正確な議事録記載の会議名は，第1-2回は「大川小学校「保護者説明会」」，第3回は「大川小学校遺族説明会」，第4-7回は「大川小学校遺族との話合い」，第8-9回は「大川小遺族との話合い」，第10回は「大川小児童遺族との話合い」である。

（2）大川小学校事故検証委員会**

回	開催年月日	主な内容
1	2013年2月7日	情報の取扱いについて，調査の方針・進め方等について
2	3月21日	検証に対する遺族からの意見等について，情報収集・分析の現状と今後の方向について
3	7月7日	中間とりまとめ（案）について，「事後対応」について
4	8月24日	「中間とりまとめ」以降に判明した主な事実情報について，「事後対応」について
5	10月20日	「事実情報に関するとりまとめ」について，今後の分析の方向性について
6	11月3日	有識者による意見陳述，事故要因の分析と今後の再発防止対策について
7	11月30日	意見募集等でいただいた意見等の反映について，「当日の避難行動」とその分析について，遺族との意見交換
8	12月22日	「当日の避難行動」の分析について，事後対応について，遺族との意見交換
9	2014年1月19日	最終報告書（案）について，遺族との意見交換

**上記は検証委員会会合で，作業チーム打ち合わせは別に26回開催されている。大川小学校での現地調査は，第1回会合の前と，第6回作業チーム打ち合わせで行われた。最終報告書は2014年2月26日に公表され，同月23日に遺族向け報告会と遺族7名の記者会見があった。

Process 3　裁　　判

（1）仙台地方裁判所（第 1 審）＊＊＊

訴状提出：2014 年 3 月 10 日（国家賠償等請求事件）

原告：大川小学校被災児童遺族 29 名（19 家族）

代理人：吉岡和弘弁護士（仙台），齋藤雅弘弁護士（東京）

被告：石巻市　代理人：弁護士 4 名（仙台）

　　　宮城県　代理人：弁護士 2 名（仙台）

回	口頭弁論年月日	主な内容
1	2014 年 5 月 19 日	訴状陳述，答弁書陳述，準備書面陳述と，原告 7 名と齋藤弁護士の陳述
2	8 月 26 日	準備書面陳述など
3	12 月 9 日	準備書面陳述などと，原告 1 名の陳述
4	2015 年 4 月 24 日	準備書面陳述などと，原告 1 名の陳述
5	8 月 3 日	準備書面陳述などと，原告 1 名の陳述
6	2016 年 1 月 22 日	準備書面陳述などと，原告 1 名の陳述
7	4 月 8 日	準備書面陳述などと，証人 2 名（大川小学校元校長 2 名）の尋問
8	4 月 21 日	準備書面陳述などと，証人 3 名（河北総合支所元職員，大川小生存児童保護者（津波前に送迎），原告）の尋問
9	6 月 29 日	最終準備書面陳述など
10	10 月 26 日	判決書の原本に基づき判決言渡し

＊＊＊上記は口頭弁論期日で，進行協議は別に計 12 回開催されている。大川小学校での進行協議（事実上の裁判官による現地視察）は 2015 年 11 月 13 日に行われた。

（2）仙台高等裁判所（控訴審・第 2 審）＊＊＊＊

控訴状提出：2016 年 11 月 7 日（石巻市，宮城県），同年 11 月 9 日（原告）

回	口頭弁論年月日	主な内容
1	2017 年 3 月 29 日	控訴状陳述，答弁書陳述，準備書面陳述と，原告 6 名の陳述，裁判長の釈明（第 1 審原告・被告に対する書面提出要請）
2	5 月 16 日	準備書面陳述などと，裁判長の釈明（第 1 審被告石巻市に対する書面提出要請）
3	6 月 14 日	準備書面陳述など

4	7月19日	準備書面陳述など
5	9月14日	準備書面陳述など
6	10月12日	準備書面陳述など，証人2名（石巻市教育委員会元学校教育課長，大川中学校元教頭）の尋問
7	11月14日	準備書面陳述など，証人2名（石巻市教育委員会元教育総務課課長補佐，大川小学校元校長）の尋問
8	2018年1月23日	最終準備書面陳述などと，原告2名の陳述
9	4月26日	判決書の原本に基づき判決言渡し

****上記は口頭弁論期日で，進行協議は別に8回開催されている。大川小学校での進行協議（事実上の裁判官による現地視察）は2017年10月4日に行われた。

（3）最高裁判所（上告審・第3審）

上告状兼上告受理申立書提出：2018年5月30日（石巻市，宮城県）

2019年10月10日　決定（上告棄却，上告申立不受理）

Process 4　判決の概要

（1）仙台地方裁判所（第一審）

【裁判年月日】　平成28年10月26日

【事件番号】　　平成26年(ワ)第301号

【事件名】　　　国家賠償等請求事件

【裁判結果】　　一部認容，一部棄却

【上訴等】　　　双方控訴

【裁判官】　　　高宮健二　宮崎謙　平沢由里絵

【掲載文献】　　裁判所ウェブサイト，消費者法ニュース110号273頁，判例時報2387号81頁

①　事案の概要

　被告石巻市が設置運営する石巻市立大川小学校において，平成23年3月11日に発生した「平成23年東北地方太平洋沖地震」後の津波により，70名以上の児童が教職員10名とともに死亡したことに関して，死亡した児童のうち23名の父母である原告らが，被告石巻市の公務員であり，被告宮城県がその給与等の費用を負担していた大川小学校の教員等に児童の死亡に関する過失があるなどと主張して，被告らに対し，国家賠償法1条1項，3条1項又は民法709条，715条1項

に基づき，損害賠償金及び遅延損害金（本件震災の日である同日から支払済みまで民法所定の年 5 分の割合による金員）の連帯支払を求めるとともに，被告石巻市に対しては，公法上の在学契約関係に基づく安全配慮義務違反等があったと主張して，債務不履行に基づき同内容の損害賠償金及び遅延損害金の支払を求める事案である（原告 Z1 の請求は 6245 万 7642 円を限度とする一部請求，その余の原告らの請求は，児童 1 名当たり 1 億円の一部請求）。

②　判断の概要

　遅くとも午後 3 時 28 分頃までには石巻市河北総合支所の広報車が北上川河口付近の松林を津波が越えてきたことを告げながら避難を呼び掛けているから，教員は，午後 3 時 30 分の数分前には，津波が大川小学校に現実に襲来することが確実に分かったものといえる。遅くとも，午後 3 時 30 分頃までには，教員は，程なくして大川小学校に大規模な津波が到来し，校庭で待機していた児童の生命身体に対する具体的な危険が生じることを予見していたのであるから，教員は，自らの判断で自主的に避難することのできない児童らを，可能な限り津波による被災を回避し得ると合理的に予想される場所に避難させるべき義務を負っていたものと認められるところ，E 教諭以外の教員は，津波による被災が回避できる可能性の高い裏山ではなく，避難場所として適切とはいえない三角地帯に向かって児童を引率し，避難しようとした結果，児童らは津波に巻き込まれたものと認められる。

　この点，E 教諭を除く教員が，避難場所を三角地帯とした理由には明確ではないところもあるが，本件地震後の余震が続いている中で，必ずしも足場がよいわけでもない裏山に向けて児童を避難させることにより，児童がけがをするなどの事態が生じることを避け，より安全に移動することが可能で，校庭よりも比較的高い場所にある三角地帯に避難しようとしたものと考えることができる。

　しかし，津波による児童への危険性が抽象的なものにとどまる時点であればまだしも，大規模な津波が間もなく大川小学校周辺にまで押し寄せ，児童の生命身体に対する現実の危険が迫っているとの認識の下においては，裏山に避難することによって児童がけがをするかもしれないという抽象的な危険を，津波に被災するという，児童の生命身体に対する現実的，具体的な危険に優先させることはできないはずである。

　E 教諭を除く大川小学校の教員としては，大規模な津波に対する避難場所とし

て不適切というほかない三角地帯ではなく，津波による被害を避け得る高所であるとともに，短時間のうちに，かつ，比較的容易に登ることが可能な裏山に向けて児童を避難させるべき義務を負っていたというべきである。

　上記の判断によれば，遅くとも午後3時30分頃までには，教員は，津波が大川小学校に襲来し，児童の生命身体が害される具体的な危険が迫っていることを予見したものであるところ，E教諭以外の教員が，児童を校庭から避難させるに当たり，裏山ではなく，三角地帯を目指して移動を行った行為には，結果を回避すべき注意義務を怠った過失が認められる。

③　結論の概要

　原告らの請求は，被告らに対し，国家賠償法1条1項及び3条1項に基づき，それぞれ別紙請求額等一覧表の「裁判所の判断」,「認容額」欄記載の各金員（計14億2658万3714円）及びこれらに対する本件震災の日である平成23年3月11日から支払済みまで民法所定の年5分の割合による遅延損害金の連帯支払を求める限度で理由がある。

　よって，上記原告らの請求を上記の限度で認容して，その余の請求を棄却することとして，主文のとおり判決する。

(2) 仙台高等裁判所（控訴審）

【裁判年月日】　　平成30年4月26日
【事件番号】　　　平成28年（ネ）第381号
【事件名】　　　　国家賠償等請求控訴事件
【裁判結果】　　　変更
【上訴等】　　　　上告・上告受理申立て
【裁判官】　　　　小川浩　潮見直之　綱島公彦
【掲載文献】　　　裁判所ウェブサイト，判例時報2387号31頁

①　判断の概要

　石巻市教育委員会（市教委）は石巻市が処理する教育に関する事務を管理・執行する者（地方教育行政法23条）として，校長，教頭及びE教務主任は大川小の運営に当たっていた石巻市の公務員として，学校保健安全法26条ないし29条に

基づき，平成22年4月末の時点において，その当時，平成16年3月に宮城県防災会議地震対策等専門部会が作成した報告において発生が想定されていた地震により発生する津波の危険から，大川小に在籍していた108名の児童（在籍児童）の生命・身体の安全を確保すべき義務を負っていたものであり，その安全確保義務は，平成22年4月末の時点においては，個々の在籍児童及びその保護者に対する具体的な職務上の義務（安全確保義務）を構成するに至っていた（したがって，安全確保義務の履行を故意又は過失によって懈怠したときは，国賠法1条1項にいう違法という評価を免れない）と解するのが相当であると判断する。

　在籍児童の保護者は，市教委により，児童を大川小に通わせることを法律上強制されていたということができる。このような在学関係の成立が容認されるのは，子どもの教育が社会における重要な共通の関心事であり，子どもの教育を社会の公共的課題として国公立の学校を中心とした公教育制度によって営むことについて，社会全体の承認が成立していること，また，その前提として，公教育制度を営むために設置される学校において，児童生徒の安全が確保されることが制度的に保証されているということにあると考えられる。したがって，地方公共団体が設置する学校に関していえば，学校保健安全法26条ないし29条が定める義務は，上記制度的保障の一環として成立していると解されるものであって，学校保健安全法26条ないし29条が明文で規定した校長等の作為義務は，市教委がその行政処分によって指定した大川小の在籍児童の保護者に対する関係で規範的拘束力を有し，職務上の法的義務として履行されるべき作為義務の内容となると解するのが相当である。

　校長等が安全確保義務を履行していれば（危機管理マニュアル中の第三次避難に係る部分に「バットの森」を定め，かつ避難経路及び避難方法について，三角地帯経由で徒歩で向かうと記載してあれば），被災児童が本件津波による被災で死亡するという本件結果を回避することができたと認められるから，安全確保義務の懈怠と結果との間に因果関係を認めることができる。

　したがって，校長等は，安全確保義務を過失によって懈怠したものであって，国賠法1条1項にいう違法の評価を免れないから，第1審被告らは，第1審原告らの損害を賠償する責任があるというべきである。

② 結論の概要

第1審原告らの本件各控訴及び第1審被告らの本件各控訴に基づき，原判決を次のとおり変更する。

第1審被告らは，連帯して，第1審原告に対し，同一覧表の「控訴審の判断」中の「認容額」欄記載の各金員（計14億3617万4293円）及びこれらに対する平成23年3月11日から支払済みまで年5分の割合による金員をそれぞれ支払え。

第1審原告らのその余の請求をいずれも棄却する。

2　数字で考える大川地区の被害

会津　泉（多摩大学情報社会科学研究所教授）

東日本大震災による死者・行方不明者の合計を県別にみると，宮城県は1万人を超え，東北三県のなかで最大の犠牲者を出しました。宮城県内でも石巻市は3,694名（2022年9月末現在，その他に災害関連死276名）と単一市町村で最大で，宮城県全体の3分の1を超えています（図1）[1]。

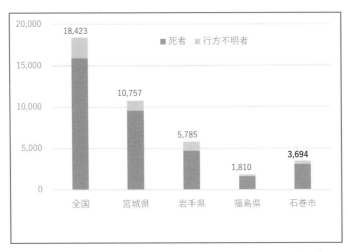

図1　東日本大震災の犠牲者数（死者・行方不明者数の合計）

1　警察庁　https://www.npa.go.jp/news/other/earthquake2011/pdf/higaijyoukyou.pdf
　　石巻市　https://www.city.ishinomaki.lg.jp/cont/10106000/7253/20141016145443.html

　東日本大震災で，学校管理下で複数名の児童が犠牲となったのは，判明している限り，唯一大川小学校のみです[2]。大川小学校では，児童74名，教職員10名，スクールバスの運転手1名と計85名が犠牲となりました。児童4名は今も行方不明のままです。南三陸町戸倉中学校で生徒1名が逃げ遅れて亡くなりましたが，他の学校では犠牲者は出ていません。戸倉中学校では助けようとした教員も犠牲となりました。

　石巻市の犠牲者を地区別にみると，中心部が2,415名と最大の犠牲者を出しました。大川小学校のある河北地区の犠牲者数は444名で，地区別では中心部に次ぎ，対岸の北上地区が260名と続いています（図2）。

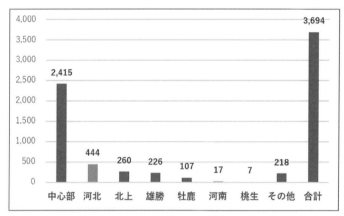

図2　石巻市の地区別犠牲者数

　この数字が物語るように，石巻市では，中心部を含む沿岸部全体が過酷な被害を受けました。「ひどかったのは大川だけではない。自分たちも身内や友人を大勢亡くした。なぜ大川小だけが注目されるのか」などと反発する市民感情があったことは否定できません。石巻市や宮城県など行政側にも，そうした状況が意識されていました。

　他方，「学校という公的機関の管理下で犠牲になった子どもは，大川小だ

2　この事実は，『大川小学校事故検証報告書』や文部科学省の『東日本大震災における学校等の対応等に関する調査研究報告書』などでも触れられていません。

けだ。ほかの学校は，校舎が津波の直撃を受けたところも含めて，全員が助かっている」との事実を指摘する人もいます。大川小の遺族のほか，教育関係者，防災関係者でもそうした指摘をする人は少なくありません。責任の所在にかかわる問題です。

　地区別の昼間人口に対する犠牲者の比率をみると，大川小学校を含む大川地区の住民は，石巻市の他地区をはるかに上回る比率で被害を受けていました。大川地区全体では住民418名の命が失われました。当時の昼間人口が2,489名のため，約17%に相当します。

　東日本大震災の死亡率を，小規模集落単位まで詳細に分析した谷謙二氏の論文「小地域別にみた東日本大震災被災地における死亡者および死亡率の分布」によれば，大川小の学区を構成する集落では，尾崎，釜谷，長面，針岡（間垣を含む），福地の5地区に津波の浸水被害がありましたが，犠牲者の昼間人口比では，釜谷38.41%，長面15.61%，針岡14.64%でした[3]。

　針岡は浸水しなかった山側の集落もあったものの，北上川に面していた間垣集落は，堤防が決壊して津波の直撃を受け，総人口の半数以上の74名が死亡しています（図3）[4]。

　他方，石巻中心部では，死亡率がもっとも高かったのは渡波地区松原で死者79名，死亡率14.77%，同浜松町20人，10.42%，南浜町は218人，8.28%といった数字がみられます（図4）。

　両者を比べると，大川地区の釜谷，長面，針岡（間垣を含む）の死亡率が際立って高かったことがわかります。まさにその釜谷に大川小学校がありました。つまり，東日本大震災で，小規模集落のうちもっとも過酷な被害を受けたのは，大川小学校があった地域だったのです。津波に対する地域住民の「危機意識」の高低を指摘する意見もあります。「地域防災」の重要性はどの災害についても言われることです。しかし，その問題を最も痛切に感じてき

3　谷謙二「小地域別にみた東日本大震災被災地における死亡者および死亡率の分布」埼玉大学教育学部地理学研究報告32号（2012年）参照。この論文によれば，大川地区の釜谷（179人），長面（79人）以外で人口比15%以上の死亡者を出したのは，福島県相馬市磯部字芹谷地の28.13%（153人）のみです（https://core.ac.uk/download/pdf/199684311.pdf）。なお，谷氏は2022年8月に逝去されており，図の転載はご遺族に承諾いただきました。謹んでご冥福をお祈りいたします。
4　本書第4章でこの点を指摘している遠藤仁雄さんは，まさに間垣の住民でした。

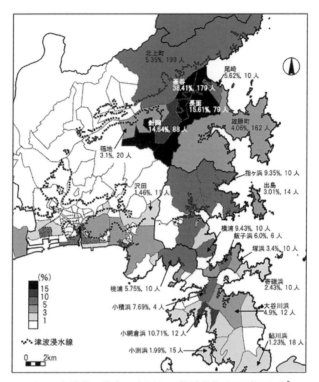

図3　宮城県石巻市・女川町の集計単位地区別死亡率[5]

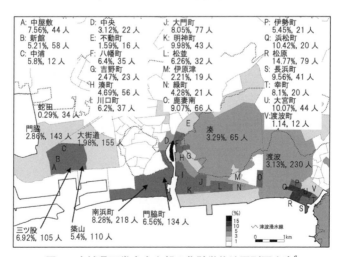

図4　宮城県石巻市中心部の集計単位地区別死亡率[6]

たのは，まさに自分の身内を喪った人たちであり，それ以外の人が外から安易に評論すべきことがらではないと思います。

　もちろん，震災の被害は，死亡者数や人口あたりの犠牲率といった数字だけで理解されるべきではありません。同時に，これらの数字は，被害の過酷さを冷徹に示しているものであることも否定できません。あらためて冒頭に示した数字を見てみましょう。東北3県を中心とする津波被害は，多大な人的損害を伴いました。愛する家族を失った人々は，どの地域でも辛い経験をしてきました。失われた命の価値は等しく貴重です。しかし，1つの学校だけが，先生の指示により，自分で判断することが難しい児童たち74名もの命を喪う結果となったことを，どのように受けとめるべきでしょうか。本書では，立場の異なる多くの人がそのことをめぐり記しています。以上の数字を念頭においてお読みいただければと思います。

5　谷謙二，前掲論文。
6　谷謙二，前掲論文。

2　関係者の見方

1　「震災後」という世界線

百武信幸（毎日新聞石巻通信部）

少し前から，若い世代を中心に使われ出した「世界線」という言葉があります。ゲームの世界のように，「ある選択や状況が違ったら，ありえたかもしれない別の世界」といった意味で使うようですが，SNS などでその言葉に触れるたび，つい夢想してしまいます。

あの日，震災など起きなかった「世界線」を生きていられたら。大切な人が今も生きている「世界線」がどこかにあるなら──。「震災後」を生き続けている，被災地の人たちの祈りを映し出す言葉のような気がして，切実な響きを感じます。

取材の始まり　津波で児童 108 人のうち 70 人の命が奪われ，4 人の行方が今も分からない大川小学校。想像を絶する出来事を思い知ったのは，2011 年 3 月 14 日，東日本大震災の発生から 3 日後のことでした。当時，東京本社地方部に所属し，災害時は真っ先に現場に行く担当でした。ただ，それまで大きな災害のあの被災現場に出向いたことはなく，防災に対し強い意識も知識も持ち合わせていたわけではありませんでした。地震発生直後，会社の先輩と車に乗り込み，福島県相馬市を経て，宮城県へ。仙台を拠点に，情報がほとんどない半島部の雄勝地区へ行くため，向かったのが北上川の河口方面でした。

川の堤防が切れ，道路は寸断されて先に進めず，立ち尽くしていると，下流から 1 そうの小舟が戻ってきました。この先に学校があり，捜索をしてきたという夫婦は「うちの子は見つかりました」と話し，思わず「無事だったんですね」と問い返すと，少し申し訳なさそうに声を落とし，こう話しました。「いえ，遺体です。あの場所では遺体が見つかるだけいい方です」。2 人はその前日，友達らと身を寄せるように息絶えた我が子を見つけ，自らの手で掘り出していました。

一人一人の生きた証

毎晩，枕元に通学用のヘルメットを置いて眠る，しっかり者だった男の子。最近，二重跳びができるようになったことを周りに自慢していた2年生。1週間後の卒業式が終わったら，ディズニーランドに行くのを楽しみにしていた仲良し3人組の女の子たち……。

　津波を免れた地域の家を訪ね，あるいは捜索活動をする保護者の後を，かける言葉も見つからぬまま付いて歩き，あふれる思い出話にじっと耳を傾けました。被災直後の興奮状態のただ中にあり，こちらが多くを尋ねずとも言葉があふれ出し，それを懸命に聞く状況でしたが，号泣というのでもなく，さめざめと涙を流し語られる言葉は重く，何度もメモを取るペンが止まり，何も返せぬ無力感ばかりが募りました。

悲しみを伝えるということ

震災直後から，遺族の方たちにつらい思いをさせてまで悲しみを伝える意味はあるのか，自問してきました。「お涙ちょうだいより，次の災害に備える記事を」という意見を聴いたこともあります。無力感と罪悪感に悩みながら，それでも伝え続ける意味があると信じ続けてきたのは，遺族の方々から受け取った「こんな子供たちがいたことを忘れないで」「2度と繰り返さないために伝えてほしい」という言葉でした。

　血の通わない「教訓」はすぐに忘れ去られてしまう。でも大川に生まれ，愛された命が津波に奪われた事実を読んだ人が忘れずにいてくれたら，その人の中で生き続けていくのではないか。そうすれば，いざという時，命を守るきっかけとなるかもしれない。遺族の願いに少しでも近づくことができたら，との思いで，取材を続けてきました。

判決と校舎，残された二つから見えるもの

2014年から石巻に暮らし始め，大川小を巡る二つの歴史的な場面に立ち会いました。全国の学校に防災の見直しを促すに至った裁判の判決と，被災校舎保存の決定です。どちらも当初，地元では厳しい見方が根強くありました。裁判を闘った原告遺族も，校舎保存の声を上げた卒業生の子どもたちも，「亡くなった子どもらはどう思うだろう」と問いかけながら，自らを奮い立たせ，地域や社会の空気を変えていきました。今，当たり前にある判決も校舎も，「なぜ残されたのか」という経緯や，遺族，卒業生たちの

思いに目を向けなければ，そこに込められた意義はみえづらい。過程を見てきた立場として，もっと，伝え続けなければと感じています。

「震災後」という世界線　震災直後に出会い，交流を続けてきた当時4年生の女性は，級友のほとんどを失い「友達に置いていかれた」という感覚から，「みんなのところへ行きたい」と思い続けてきた胸の内を明かしました。我が子3人全員を亡くした男性と酒を酌み交わした時，「助けてやれないなら，同じ場所で一緒に死んでやりたかった」と，親としての複雑な心境をそう表現しました。

　震災のなかった世界に戻れないなら，せめて今生きる世界線が「大川の子どもらによって，これだけの命が救われた」といわれる未来につながっていると信じたい。懸命に語られた言葉にも，今はまだ語られていない声にも耳を澄まし，亡き命を忘れずにい続けることが，同じ時代を生きる者の果たせる役割だと思います。

2　ジャーナリストが見てきた大川小学校

池上正樹（ジャーナリスト）

震災直後のこと　ジャーナリストとして，震災直後から大川小学校に接してきました。以来，犠牲になった児童の遺族たちが石巻市と宮城県を裁判で訴え，最高裁で勝訴するまでをずっと見届けることになりました。

　最初に石巻市街地で聞いた情報は，「北上川沿いの集落や学校が壊滅的な被害を受けた」という噂でした。その後，出版社の編集者から「大川小の校長が子供の姿を求めて避難所を回っているから，インタビューしてきてくれ」と依頼され，被災校舎に向かうことになります。

　学校のある釜谷の集落は，赤レンガとコンクリートの円形状の校舎を残して黄土色の泥と砂に埋まり，家畜の死骸などもまだ転がっていました。それまでの大川小の状況を知らなかった私は，市の教育委員会に取材を申し込むと，校長なら校舎を間借りすることになった飯野川第一小学校にいるからと言われ，2階の廊下奥にあった大川小の臨時職員室を訪ねました。しかし，

面会した校長は小さな声で言葉を詰まらせ，こちらもつらくなってきて，大川小のことには触れられないのではないかと思ったのです。

　結局，本になったのは，日ごろからの避難訓練によって学校にいた子供たちを全員避難させることができた門脇小学校の鈴木洋子校長の話でした（詳細は『ふたたび，ここから』（ポプラ社）に収録）。2011 年 6 月のことです。

　当時の石巻市街地の空気は，大川小で何が起きているのかの正確な情報もなく，話題になることはあまりなかったと思います。市街地で，その話をしても「ああ大川ね…」と目を背けられ，皆が口にするのを避けているような感じでした。

大川小遺族との面会と書籍出版

当事者に最初に会ったのは，教員側の遺族でした。ただ，同じ被害者なのに「針のむしろのよう」だと，児童側の遺族を気遣って何も言えずにいて，唯一の情報ともいえる教育委員会の説明を信じている感じだったのです。

　そんなとき，地元の複数の人たちから「大川小学校でなぜ数多くの犠牲者を出したのか。事実を調べて書いてくれないか」と頼まれました。「自分たちには書けないから，外側のジャーナリストが真実を明かしてほしい」というのが理由です。

　児童の遺族に会うと，認識は 180 度違いました。「子どもたちは"見えない魔物"に殺された」という母親の言葉が印象に残りました。怒りをぶつけても，黒い影のように何も反応がない。人としての温もりが感じられない——その話は大川小だけの話ではないのではないか。おかしなことがあるのに外に知られていないのはどういうことなのか？　などの問いが源泉になり，市教委への情報開示を始めたのです。

　関係者への取材の傍ら，児童の遺族たちが当時，定期的に集まる公民館の会にも参加し始めました。遺族たちの車座の話し合いを囲むようにメディアの人たちが壁にもたれて座る。1 年が過ぎ，東京では被災地のニュースが報じられなくなっていましたが，その場だけは震災当日のまま時間が止まっているかのようでした。

　子どもたちはなぜ亡くなったのか。取材で浮かび上がる新たな事実を随時伝えていこうというのが，「ダイヤモンド・オンライン」で連載を始めたきっかけでした。編集者から「本にしないか？」と言われ，それまでの記録

を出版したのが『あのとき，大川小学校で何が起きたのか』（青志社／共著）
です。

検証委員会　あの頃は，みんなわかりませんでした。当初，国が主導する第3者委員会に，遺族たちは期待していました。でも，教育評論家の尾木直樹さんは発足前から「気を付けたほうがいいよ」と警鐘していたのを思い出します。検証委員会事務局と委員の演出による「たまたま親子」。「ゼロベース」というマジックワードで消されていく不都合な真実…。当時の室崎益輝委員長によれば，委員への打診があったときにはすでに，委員長のポストしか空いていなかったそうです。

　行政側の思惑で設計され，進められる検証委員会。結局，大川小学校の検証委員会は"お飾り"的な委員長の下で迷走を続け，新たな事実が明かされることなく終わりました。地域や当事者が分断させられる構図になってしまい，それを利用しようとする行政側の思惑もあって，こうやって問題がなかったことにされていくんだなあと感じてきました。

　当時の文科省側のトップで，退官された後，モリカケ問題等の真相解明でご活躍された前川喜平氏と私はお会いすることがあり声をかけたら，「大川のことは苦い思い出です」とだけ言って去っていかれました。

大川小の教訓　私が25年以上取材を続けている「ひきこもり」や「不登校」の講演に呼ばれたとき，他の自治体の教育現場の幹部や校長らと大川の話題になると，大抵「学校や教育委員会がひどいよね」という問題意識を示されます。きっと個人では皆，善良な人なのに，集団になると個人の傷みよりも周囲の顔色を見て忖度してしまう感覚は，誰もが持っているものなのかもしれません。

　組織防衛のために口封じすることの弊害が個人を追い詰めていく。おかしいと思ったことを口に出せない。この国のあちこちで繰り返される構図は，ひきこもりになる人たちを生み出してきた背景でもずっと感じてきました。責任ある立場の人たちが，安心して話のできる環境を保障してあげなければ，子どもたちも当事者たちも真実を話すことができません。

　個人の意思を越えたところで，どうすることもできない現実。でも，どんな事情や経緯があったにしても，今，生き残っている人たちが，1日1日，明日も生きていくことが大事です。そのことを前提に，これからのことを共

有できることがあるとすれば，こういう悲劇を2度と起こしてはいけないということだと思います。

　大川小の教訓から学ぶべきことは，皆が不幸になってしまうことにならないように，子供の命を奪わないための行動と，万一のことが起きたときの事後対応の問題について，制度作りを皆で一緒に考えていくきっかけにしていくことなのではないでしょうか。

3　84人の命を失った失敗の構図，示せなかった市教委と検証委

加藤順子（フォトジャーナリスト，気象予報士）

事後対応の加害性まで問題となった大川小学校保護者説明会

　車を降りた遺族たちが，駐車場のスロープを抜け，レンガ色の庁舎に続々と吸い込まれていく。少し離れて待機する私たちメディアには決して視線を合わせず，足早に過ぎる人もいれば，顔見知りの記者やカメラマンに，「こんにちは」「ごくろうさま」と声をかけていく人もいる。正面玄関のガラス越しには，石巻市教育委員会の指導主事たちが見える。関係者以外が建物に入らないよう見張る姿が，のどかな休日の昼下がりに不釣り合いなほどの緊張感を漂わせる——。これが，幾度となく開かれた大川小津波被災事故の保護者説明会の直前の様子でした。

　庁舎前でメディアが待っていたのは，説明会の開始時刻から5分ほどして出てくる2人の父親でした。2人はいつも参席者たちから，その日の説明会をメディアに公開するかどうか決を採ってきて，その結果を知らせに来るのでした。遺族とメディアが混乱なく共存していくための大切な手順でした。

　一般に行政が主催する会議の取材は，「冒頭撮影」という取材方式がほとんどです。その日のニュースに使うために，取材陣にはアリバイのような数分間の素材撮影が許され，会議の本題に入る前に会場の外に追い出されるのが通例です。しかし，大川小事故の保護者説明会の場合は紛糾が予想され，取材するメディアの数も多くなっていました。加熱気味になり，心情的には

決してメディアに友好的になれない遺族も多かったはずです。それでも遺族側の要望によって，メディアを同席させるための手順が，第3回（2012年1月）以降，毎回踏まれるようになっていったのは，遺族の中に市教委に対する強い不信感が渦巻いていた表れでした。

　まだ非公開だった第2回説明会（2011年6月）で，市教委や校長らは，紛糾するさなか，終了時刻だとして一方的に打ち切って退席していました。責任者であった山田元郎学校教育課長は，直後に会場の外でメディアに囲まれ，「遺族は納得したか？」と問われました。その時，「（異論は）何もなかった」ととぼけたのです。その様子が夜のテレビニュースで流れると，遺族たちの間に衝撃が走りました。我が子の最期をきちんと知りたいと願う親たちの切実な思いが一蹴された瞬間でした。こうして大川小の被災をめぐる市教委側の事後対応は，二次被害ともいえる大きな問題となっていきました。

　実際のところ，真相究明をめぐる遺族と市教委の姿勢はあまりにも対照的でした。一部の遺族は，集会所や自宅に毎日のように寄り合い，当時の目撃情報を共有し，議論を重ねていました。そうして真相究明に取り組んでいた遺族たちは，並々ならぬ決意と準備で説明会に臨んでいました。

　ある父親は，いつもいち早く会場入りし，ビデオカメラや三脚等の撮影機材を設置していました。「いつか役に立てば」といつも全てを撮影・録音し，カーオーディオで繰り返し聞き続けました。別の父親の足元には，資料でいっぱいのカゴが置いてありました。それらをまとめたファイルは，説明会を重ねるたびに，また市への情報開示請求を繰り返すたびに，どんどん厚みを増していきました。そうした集めて分析した情報をもとに，遺族たちは，学校や市教委の説明の矛盾点や疑念を挙げ，さながら法廷弁護士のように，ひとつひとつ市教委や校長らにぶつけていきました。

　例えば——最初の説明会（2011年4月）で生存教諭が語った被災の経緯の矛盾点。その教諭が第2回の説明会前日（同年6月）に市教委にファックスした遺族宛の手紙が，7ヶ月以上も遺族に共有されなかったこと。児童や保護者，近隣住民への聞き取り調査の杜撰さと不自然さ。特に，家族と避難して助かった児童が校庭で目撃した，「山さ逃げよう」と訴えていた児童（＝死亡）がいたことを証言した内容が，市教委作成の報告書には反映されていなかった問題。聞き取り調査を取りまとめた指導主事が調査メモを廃棄した問

題。また, 津波を被りながらも奇跡的に山に打ち上げられた生存児童の証言を, 指導主事が「子どもの記憶は変わるもの」と発言した問題。当日の避難経路について説明が二転三転している理由。発災からわずか5日後に校長から聞き取りした記録が1年以上も後に情報開示されたこと……。

　この他にも, ある母親はマイクを握り山田課長と対峙し, 第2回説明会で市教委と校長らが一斉に退席した問題を問いただしました。また, 行方不明児童の家族も悲痛な思いを訴えました。市が捜索について一向に言及しなかったからです。そんななか, 説明会をあえて「話し合い」と呼び, 対立でなく対話を呼びかけた父親もいました。しかし, 市教委側や元校長は, 「メモは廃棄しました」「報告メールは削除しました」「記憶がないんです」などと定型文のように繰り返し, 本音や真相を語ることはありませんでした。

　説明会は, たいてい昼過ぎから夜までの長丁場でしたが, 解消できた疑念はわずかでした。学校・行政側の, 沈静化と責任回避に終始した事後対応は, 後の検証委員会で急遽, 検証項目に追加され, 裁判でも, その加害性が争点のひとつに取り上げられました。

迷走した大川小学校事故検証委員会

　膠着する真相究明の潮目が変わったのは, 発災から約1年3ヶ月が経った2012年6月の石巻市議会でした。補正予算案に, 第三者による検証費用2,000万円が突然計上されたのです。それまで弁護士も入れず, 当事者間で説明会を続けてきました。それなのに市は, 遺族側に一切の相談をしないまま, 第三者に真相究明を丸投げすることにしたのでした。当然ながら遺族側は猛反発し, 予算は, 説明会と捜索の継続が付帯条件となりました。

　検証委員会の設置が決まると, それまで自ら調査してきた遺族たちは, 市教委と遺族の双方が検証に携わることを強く望みました。しかし, 文科省の後の子ども安全対策支援室 (前川喜平室長) は, 「公正中立」の名の下に, 津波工学の重鎮ら災害や防災の各分野の専門家中心の人選を主導しました。確かに独立性の確保は, 第三者委員会設置におけるセオリーです。しかし1年以上にわたって証言収集や資料分析を行ってきた遺族を排除したことは, かえって遺族からの信頼を損ない, 検証委の迷走につながっていきました。

　遺族が検証委に求めていたのは, 当日の避難行動に至る詳しい経緯のほか, 大川小の組織としての実態や責任の所在を紐解くことでした。津波とい

う自然現象は引き金にすぎず，そもそも学校の安全管理体制が杜撰な状態にあったと考えていたのです。

　大川小の被災は一般に，「東日本大震災の津波による惨事」とばかり認識されがちですが，同時に，人為的な要素がにじむ，いじめや部活動などの重大事案と同じ学校管理下における「学校事故・事件」でもあります。しかし両者間で検証イメージの隔たりが調整されることはなく，教育行政側が一方的に「公正中立」だとした検証は，拙速にスタートしてしまいました。そんな検証委の設置要項には，「目的」の項目すらありませんでした。

　こうして災害や防災分野の第一人者らが，「俯瞰的に」「複合的に」「ゼロベース」で検証をしてみた結果，真相は，遺族の独自調査どころか，市教委が説明してきた内容よりも，あやふやになりました。大川小では複数の時計が3時37分で止まっているにもかかわらず，津波襲来時刻までもあいまいになりました。およそ50分もの間，子どもたちを避難させずに校庭で待機させていた理由に迫ることもありませんでした。

　検証開始から1年後，再発防止策として24もの提言が記載された最終報告書案が示された時，傍聴席からは多数の怒号が飛びました。遺族のひとりが，「これを『検証』と呼んでほしくない」と酷評するなか，室崎委員長は「ささやかな達成感がある」と胸を張りました。これが公正中立な検証かと問われた前川氏も，「確信を持っている」と答えました。あまりに激しい評価の落差に，現場にいた私までもが混乱するほどでした。

　石巻市は結果的に，事務局を務めたコンサルタント企業に求められるがまま莫大な追加予算を計上し，かえって混乱に拍車をかけただけの検証委に，前代未聞の計5,700万円を注ぎ込みました。

　学校で子どもが亡くなるという，本来あってはならないことが起きた時，遺族の多くは，せめてもの思いで，我が子が死に至った真相が詰まった報告書を手にしたいと願うものです。また，学校も真相が綴られた報告書があってこそ，事件や事故から教訓を読み取り，再発防止策を講じることができます。命と未来が失われた経緯を丁寧になぞり，その背景を明かし，失敗の構図を示す。この3点が揃った先にこそ，「教訓化」と「再発防止」があるはずです。石巻に通った3年間，私が見てきたのは，こうした原則を忘れ，ひたすら沈静化に走った市教委の姿と，本質を見誤り迷走する検証委の姿でし

た。遺族たちの根源的な願いを糸口に検証に着手してこそ，実のある報告となったのではないかと，今でもあの検証について反芻し続けています。

　2014年3月10日，大川小54遺族のうち19遺族・家族が，「責任の所在をはっきりさせたい」と仙台地裁に提訴し，裁判に突入していきました。検証委の最終報告案の提示からわずか2週間後のことでした。

（肩書きは全て当時）

4　大川小学校事故検証委員会への思い

室崎益輝（神戸大学名誉教授・兵庫県立大学名誉教授）

事故検証委員会の設置の経緯　私に突然電話が掛かってきて，事故検証委員会の委員長になってほしいとの打診があったのは，2012年の11月頃でした。1972年の千日デパート火災，2001年の明石歩道橋事故，2008年の都賀川水難事故などの事故調査に関ってきた実績があるということで，私に白羽の矢がたったと説明を受けました。

　この検証委員会は，事故の真相解明のための中立公正な第3者委員会がいるとのことで，石巻市に設置されています。その設置が最終的に決まったのは，震災17か月後の2012年の8月でした。事故後の行政対応の拙さから行政と遺族が対立し，その打開をはかるために設置されたと聞きました。

　最終的には，委員長を引き受けることにしました。被災地と物理的にも心理的にも距離がある私に，その役目は務まらないと感じたこともあり，行政の尻拭いをする委員会であれば関わりたくないと思ったこともあって，委員長を引き受けることをためらいました。

　とはいえ，誰かが火中の栗を拾わなければ，再発防止への道が見つからないし，何よりも遺族の心が晴れないと考えて，お引き受けしました。その時は，阪神・淡路大震災の時のように，中立といっても被災者に7割の位置に身を置くことで，事態の収拾がはかれると思っていました。

　最終的に私の背中を押したのは，検証委員会のメンバー構成でした。災害や事故のメカニズムに詳しい首藤さんや芳賀さん，これまで事故検証に関

わってこられた美谷島さんや佐藤さん，学校教育の専門家の数見さんが検証委員をされるとお聞きし，心強く思いました。

検証委員会の報告については，光の部分もあれば影の部分もあると自認しています。その光の部分は，上記の見識のある委員の皆さんの力によるものだし，影の部分は，委員会設置の遅れによる混乱と私の力不足によるものと考えています。

検証委員長と検証委員会の姿勢

第1回の委員会の挨拶でも触れたように，第1に被災者に寄り添う気持ちを忘れない，第2に多角的かつ総合的に見る，第3に責任追及でなく再発防止を目指すという，3つの思いをもって検証に臨んだつもりです。この私の思いは検証委員会でもご理解いただいたと感じています。

多角的ということでは，可能な限り多くの資料をチェックするよう，できるだけ多くの人の意見を聞くように努めました。報告書の巻末に示される膨大な資料に目を通し，200名もの人に対する聞き取りに時間を割き，全体像を把握するようにしました。八方美人との誹りを受けた部分もありますが。

再発防止ということでは，「疑わしきは取り上げる」という姿勢を貫きました。100％そうだと断定できなくても，被災に関与していると推察されるものについては教訓として取り上げ，提言に反映させています。疑わしきも取り上げるという姿勢が，「と考えられる」「の可能性がある」という推定型の書きぶりにつながっています。

被災者に寄り添うことは，そのつもりで努力したのですが，結果を見ると不十分でした。今なお，厳しいご批判を遺族から受ける状況にあります。コミュニケーション不足もありますが，私の被災者の悲しみへの共感が足りなかったことが，その原因だと自省しています。

検証報告書の積極的意義

委員会運営については弱点があって，ご批判を受けるのも仕方がないと思います。その一方で，報告書の内容については，再発防止に資する結論を引き出しえたと自負しています。検証報告の結論として24の提言を取りまとめました。やや舌足らずの部分がありますが，これからの学校防災や避難対策などに関わる解決策を提起しています。

検証の中で，学校現場そのものに関わる要因だけでなく，社会全体が抱え

る要因にも眼を向けたこと，緊急対応だけでなく，事前対応や事後対応にも踏み込んで分析したことは，評価しうる点です。特に，事後の行政対応や事後の調査検証の検証に，心血を注いでいます。

リスク認識の問題，人材育成の問題，地域連携の問題，対応マニュアルの問題，行政責任の問題などについても，あるべき方向を示したと思っています。ただ，危険な運動場で生徒を長時間待機させることになった「引き渡しルール」の問題など，検討が不十分な問題も少なくありません。

ともかく，この内容が学校を始めとする関係機関で深く論議され，対策の改善につなげていただければと思っています。この報告書の内容が生かされなければ，検証委員会は害があっても益がない存在だということになります。今からでも，皆さんと一緒にこの提言の実現に向けて努力したいと考えています。

事故検証の制度化に向けて　責任転嫁の誹りを受けるのですが，事故検証が不十分だった理由の一つに，第3者機関に検証についての権限がないことがあげられます。免責を条件に真実を述べてもらう証言聴取ができず，隠された資料を強制的に入手することもできませんでした。航空機事故調査委員会のように，権限を調査機関に持たせる制度保障が欠かせません。

5　やむなき提訴

吉岡和弘 (弁護士)

震災直後の報道に接して　東日本大震災の数日後，巨大な震災の爪痕を報じる地元紙・河北新報の地方版に大川小の児童と教師らの津波被災事実を報じる記事が掲載されました。事情を知らない私は，10名もの教師が児童とともに死亡したのだから，よほど避難困難な特別の事情があったのだろうし，東日本大震災は「千年に一度」と言われる大災害なのだから，本件は天災・不可抗力と見做され，過失の要件とされる「予見可能性」（津波到来を予見できたか）と「結果回避可能性」（津波から逃

れられたか）は否定されるだろうと想像していました。

遺族らの相談　そのうち，遺族ら数人が私の事務所に来て，「45分間も校庭に留まり続けた理由を知りたい」，「なぜ北上川に向かって歩き出したのかを知りたい」，「津波の際，どんな風が吹き，どんな水に子どもは呑み込まれたのか，寒かったか，冷たかったのか，我が子の最期を知っておく義務が親にはあると思う」と口々に訴えました。

　私は，国家賠償請求訴訟で勝ちきることの困難性を説明したうえ，「残念ながら裁判はお子さんの最期の場面を探求する場ではない」ことなど，現実の裁判と遺族らが期待する裁判とギャップなどを説明しました。

　しかし，彼らは，「走ればたった1分足らずで裏山に登れる場所があったのです。息子なら楽々と裏山に駆け上がれました。子供達にとても良くしてくれた担任の先生には感謝の気持ちで一杯ですが，だから本当はこんなことは言いたくないのですが，どうして子どもたちを裏山に逃げさせてくれなかったのか，先生が子どもたちを校庭に縛りつけたと考えざるをえないのです」，「日頃から，娘に『学校では先生のいうことをよく聞いて先生の言うとおりに従うんだよ』と教えていました。そんな教えをしなきゃよかった」，「私の6年生の息子は担任の先生に向かって『先生，裏山に逃げっぺよ。このままなら死んでしまうっぺよ。バカじゃねぇのか』と喰ってかかったそうですが息子の抗議は無視されたのです」，「石巻市教育委員会に『なぜ走れば1分足らずの裏山に子供達を避難させなかったのか』と聞くと，『裏山の樹木が地震で倒れていた。雪で裏山は滑る状態だった』と説明されたので，すぐに裏山を確認したところ，倒木の事実はなく，これを市教委に指摘すると『木が倒れているように見えた』と説明内容を訂正しました」，「市教委は2回目の保護者説明会で，『今日は午後8時を目処に終了したい』と予め終了時間を一方的に設定し，午後8時になると『そろそろ時間がきたので……。次回の説明会は予定しておりません。これで終わりです』と，たった1時間で早々に説明会を終わらせようとしました」と，こもごも悔しさを押し殺して訴えました。

大川小学校の現場へ赴いて　彼らの話を聞くうち，私は，自分の目で現場を見ておかなければと思い始め，数日後，大川小の現場に向かいました。石巻市を通り過ぎ，飯野川橋の十字路を

36

右折すると，悠々と流れる一級河川・北上川が姿を現し，これに並行して「主要地方道河北桃生線」が大川小学校から追波湾へと続いています。北上川（大川小付近の川幅約570m，堤防高5.18m）の河川勾配は1万7000分の1という緩い勾配の河川ですので，津波が発生すれば当然のように津波は上流へ遡上する川でした。さらに車を走らせると，北上川に架かる新北上大橋の橋脚左側約4分の1が津波で上流に押し流されている様や，堤防上の道路が寸断され，近隣家屋が流された光景が飛び込んで来ました。私は，急ごしらえの迂回道路をそろりと渡り，大川小学校の現場に到着しました。

現地には遺族の方が待ってくれており，校庭から裏山への3つの避難ルートを案内してくれました。彼らは，「子どもらはここで椎茸栽培をしていました」（Aルート），「社会科の授業で画板を持ってこのコンクリートタタキに登り学校周辺の町並みなどを写生していました」（Bルート），「ここに地元住民が避難したき火をして一夜を過ごしました」（Cルート）と説明してくれました。その説明は，いずれのルートも子どもたちが易々と高台に避難できる地形であることを私に実感させ，それまで私の脳裏にあった「天災」という文字を「人災」という文字に変えさせるものでした。

大川小学校事故検証委員会

一方，石巻市は，第三者検証委員会を立ち上げました。多くの遺族らは，委員会の調査結果を待てば我が子の最期とその真実が判明すると期待しました。ところが，委員会が出した結論は，概略，①校庭からの移動が遅かった，②北上川方向に児童を移動させたことに問題があった，というものでした。遺族らは，「なぜ50分もの長時間，児童らを校庭に待機させ続けたのか」，「なぜ走れば1分たらずの裏山に避難しなかったのか」という最も知りたい疑問に答えていないと失望感をあらわにし，遺族らは「あとは裁判しかない」と提訴の意思を固めました。

訴訟提起と工夫

通常，こうした大事件の場合，数十名の大弁護団を組んで裁判に当たることが多いのですが，本件に限って，私は，通常の弁護団の組み方ではうまくいかない予感がしてなりませんでした。まず第一に，大川小学校が位置する釜谷地区では多数の住民が死亡しているので，裁判官は天災・不可抗力論に傾きやすく，むしろ遺族らが自分たちで本人訴訟をする覚悟で裁判に臨む方が本件の本質を裁判官に訴え得

るのではないかと考えました。

　また，津波で多くの証拠が流され，住民は仮設住宅に入居するなど，物証も人証も散逸していました。こうした場合，目撃者に弁護士が面談を求めてもおそらくは拒否されてしまいます。それよりは，目撃者と親しい遺族の一人が「当時の模様を教えてほしい」とお願いすれば，進んで遺族に当時の模様を話してくれます。そのうえで「今の話を弁護士に話してくれないか」との順序を踏まないと良質の証拠は集まりません。

　そうであるなら，大弁護団を組むよりは，遺族らが亡き我が子の「事実上の代理人弁護士」となって証拠を収集し，遺族らが裁判を行うという，ある意味，異例とも言える裁判手法で裁判を遂行してみてはどうかと考えました。また，そうした手法を採ることにより，我が子を失った親たちに本件の事実関係や本質を認識・把握させ，生きる力を復活させる端緒になり得ないかと考えました。

　ただ，そうはいうものの，私は，本件に国家賠償請求訴訟のエキスパートである齋藤雅弘弁護士の協力が不可欠と考えました。私は彼に会うたびに，「着手金は払えないが，現地をみてみないか」と声がけをしました。彼は熟慮のうえ「やろう」と決意してくれました。

　こうして，私と齋藤弁護士の二人の弁護士は，「事実上の代理人弁護士」となった23人の児童の遺族ら（19家族）とともに，一つひとつの事実関係を分析・検討するなどして裁判資料を作成し，3年の時効到来の前日となる2014年3月10日，大川小学校児童津波被災国家賠償請求訴訟の訴状を仙台地方裁判所に提出しました。そして，それ以降，私たちは，一体となって，仙台地裁，仙台高裁，そして最高裁での長い闘いに取り組むことになりました。

6　判決のメッセージ
——防災とは，「みんな」を守り，自分を守ること

米村滋人（東京大学大学院法学政治学研究科教授）

　大川小学校津波事故に関する仙台高裁判決は，画期的な判決だと言われます。しかし，なぜ「画期的」なのでしょうか。判決は何を言おうとしている

のでしょうか。私は，大学法学部で学生に法律を教えていますが，法律は，人々の日常生活の中で起こるさまざまな問題を解決するためのものです。大川小学校事故の判決も，私たちの日常生活にかかわる大切な考え方を述べていて，それこそが「画期的」な内容を含んでいるのです。ここでは，判決が語る重要なメッセージを，わかりやすく説明したいと思います。

「学校安全」を重視する法改正があった

まず，この判決に至る重要な背景として，2008 年に行われた法改正について紹介したいと思います。この年，学校での子どもの健康維持について定めた学校保健法という法律が改正され，法律名が「学校保健安全法」に変わりました。それと同時に，「学校安全」という章が新たに設けられ，学校での子どもの安全を確保するためのさまざまな義務が盛り込まれたのです。その一環として，災害等の危険な状況が発生した場合に対処できるような設備や管理運営体制などを整えること，そのような場合の行動を定めたマニュアル（法律では「危険等発生時対処要領」と呼ばれます）を作成し，職員に内容を周知して訓練等を行うことが義務づけられました（同法 26 条，29 条など）。これは，学校が子どもにとって安全な場所であるために，防災を含む危機管理の対策を徹底することを求めたものということができます。

判決も，このような経緯で追加された学校保健安全法の規定を重視し，これらは学校に「安全確保義務」を課したものだと述べました。学校は子どもの安全を確保できるように適切な対策を行わなければならない，という考え方は，震災後に初めて出てきたものではなく，震災前からきちんと法律の形で表明され，学校には防災対策を実施する義務が課せられていたのです。

判決のポイント① 学校は子どもを守らなければならない

大川小学校では，この法改正の前年に「危機管理マニュアル」を作成していましたが，それは新しい学校保健安全法の要請を満たすものではなかったため，2009 年にこのマニュアルは改訂され，津波災害を想定した記述が書き加えられました。

ところが，マニュアルに追加された内容に問題がありました。改訂されたマニュアルでは，津波等により学校敷地に危険が及んだ場合の避難先について，「近隣の空き地・公園等」と書かれていました。しかし，大川小学校の周辺には，避難に適した空き地や公園はありません。この記述は，ほかの学

校のマニュアルの記述をそのまま使ったのではないかとも言われていますが，いずれにせよ，現実に避難が必要になった場合にただちに適切な避難行動がとれないマニュアルになっていたと言えます。

　判決も，このマニュアルの記述を問題視しました。津波の危険が迫る中で避難先を決められず，子どもたちが校庭に長時間待機することを余儀なくされたのは，マニュアルの不備が原因であり，このようなマニュアルでは学校保健安全法に基づく「安全確保義務」を尽くしたことにはならないと考えたのです。学校は，危険な状況が発生した場合に，確実に子どもを守れなければならない——これが，判決の第1のメッセージです。

判決のポイント②　自治体は，連携して学校の安全を確保しなければならない

　もっとも，防災対策は専門性が高く，何が適切な防災対策であるかを専門家ではない学校の先生が判断することには限界があります。そこで判決が述べたのは，その地方自治体（市町村など）が全体として学校での安全性確保に責任を負うべきであるということです。

　上記の通り，大川小学校の「危機管理マニュアル」には不備がありましたが，マニュアルの改訂に際して市の教育委員会が学校に適切な助言や指導をしていれば，不適切な記載が放置されることはなかったはずです。判決はこの点を踏まえて，教育委員会も学校のマニュアルが適切なものであるかを確認し，必要であれば指導・監督を行う義務があったとしました。

　また，判決は，石巻市の地域防災計画において，大川小学校のある「釜谷字山根」が避難対象地区から除外されていたことも不適切だったとしました。これは，防災計画の策定に関与した担当者の判断に誤りがあったということです。このことも，最終的に石巻市の責任の根拠とされました。

　このように，自治体の防災担当者も，教育委員会の担当者も，学校保健安全法に由来する「安全確保義務」を負っており，それぞれの立場で子どもの安全を確保するために行動しなければならない，というのが判決の立場です。そしてもちろん，それぞれの担当者は，めいめい勝手に仕事をすればよいわけではありません。常に相互に連携し学校とも情報を共有しながら，子どもの安全に必要な措置を立案し，実行することが求められます。まさに，学校関係者だけではなく，自治体全体が学校の安全性確保に責任を負ってい

る——これが，判決の第2のメッセージです。

私たち一人ひとりが，「みんな」を守ろう

これまでの津波訴訟では，どうしても，地震発生後の誰か1人の行動が正しかったかに注目が集まりやすく，特に現場で懸命に避難行動をとろうとした教員や保育士の責任を問うことになりがちでした。しかし，仙台高裁の判決はその考え方をとりませんでした。誰か1人に責任を押しつけるのではなく，自治体全体が連携して子どもの安全を確保する仕組みを作るべきだったと述べたのです。

これをもう一歩進めれば，学校での防災や安全確保とは，学校だけではなく，地域全体，社会全体で取り組むべき課題だ，という考え方につながります。そしてこれは，防災にとって大変重要な考え方です。

皆さんは，「釜石の奇跡」と呼ばれた逸話をご存じでしょうか。震災の発生直後，岩手県釜石市鵜住居地区で，先進的な防災教育を受けていた小中学生たちが地域の大人たちに避難を呼びかけ，お年寄りや小さい子どもの手を引きながら率先して避難したことによって，多くの地域住民が津波の被害を免れたという出来事です。この例が示すように，防災対策を実際の被害防止につなげるためには，地域全体で防災意識を高め，防災への取り組みを広げていくことが何よりも重要です。学校での防災や安全対策も，学校だけの問題ではなく，地域全体で連携して取り組むことによって初めて実現できるのです。

仙台高裁判決が「画期的」と言われるのは，まさに，このような考え方を示唆しているからにほかなりません。社会全体で防災に取り組むということを言い換えれば，私たち1人ひとりが，「みんな」を守ろうとする，ということです。「みんな」を守る社会のなかで，私たち自身も守られ，子どもたちも守られるのです。

東日本大震災は2万人近い人々の命を奪いました。大川小学校でも，児童74名・教職員10名（行方不明者含む）のとうとい命が奪われました。このようなことを二度と起さないために，大川小学校津波事故の仙台高裁判決の示す方向性を現実の社会の中で実現し，学校安全や防災への取り組みとしてさらに拡充させていくことが，私たちに課せられた課題だと言えるのではないでしょうか。

◆ 第2章 ◆
遺族の思い

1 　遺族の手記

1 　教訓にせざるをえない子どもたち

今野浩行（大川小学校津波事故被災者家族）

長男の大輔のこと　　震災前，私ども夫婦は，両親，高校生の長女と次女，小学校 6 年生の長男・大輔と，大川小学校から 1 キロほど離れた間垣集落で暮らしていました。大輔は待望の男の子で，とりわけ祖父は尋常でない可愛がり方でした。大川小学校では，3 年次から柔道を習い始め，すくすくと成長していきました。

学習発表会では皆の前で堂々と太鼓を披露し，劇では主役級の役を見事に演じました。小 6 の最後の運動会では，赤組の応援団長としてリーダーシップを発揮しました。我が子ながらたくましささえ感じるようになっていき，将来が楽しみな，私たちの生きる希望でした。

東日本大震災後のこと　　3 月 11 日の震災当日，私は仕事に行くため，朝早くに家を出ました。子どもたちは自分の部屋にいてまだ起きてきませんでした。当日は祖父の 77 歳の誕生日でした。そのせいか，普段は友達と遅くまで遊んでいる娘たちも，早めに帰宅し，震災発生時は 2 人とも珍しく家にいました。津波で，河川の近くにあった自宅は，堤防もろとも跡形もなく流されました。被災時，自宅にいた両親と長女と次女の 4 人とも，津波にのまれ帰らぬ人となってしまいました。

顔見知りの人たちが避難をする際に，父に「津波が来るから早く逃げろ」と声をかけていったそうです。なぜ父は逃げなかったのでしょうか。「今野家の跡取りである大切な長男，大輔が帰るまで待つ」と覚悟を決めたのだと思います。我が家の他にも，孫の帰りを待っていて避難が遅れて亡くなった方が，たくさんいると聞いています。もしも，引き渡しが大川小学校のマニュアルの通りに訓練され実施されていれば，迷わずに学校に大切な子どもや孫を迎えに行ったことでしょう。

自らのかつての大川小学校在学経験や，普通に授業で裏山を活用していた様子から，震災が起きた時も，当然あの裏山に避難して絶対に助かっている

はずだと，学校の対応には何の疑いもなく，むしろ学校にいてくれて助かった，よかったとまで思って安心していました。しかし，山には避難せず，向かった先は三角地帯と呼ばれている河川の堤防でした。

　妻と私は，それぞれの職場にいて津波の難を逃れました。私は，東松島市矢本の工業団地にある会社で仕事をしていました。社員の安否確認などをした後，夕方，自宅へ向かいましたが，渋滞が続いた上，途中から通行止めで，追波川河川公園の駐車場に車を止めて待機することに決めました。その夜，ラジオからは「大川小学校の児童は校舎の２階で孤立している」という誤報が流れており，その時点では大輔は助かったと安心していました。

　翌12日に大川中学校まで行きましたが，余震や余波が続き，堤防の決壊でそれより先に進めない状況下の中，できることからやっていこうと考え，会社に向かいましたが，３キロほど手前の冠水により，先には進めませんでした。その夜，避難所のビックバンで，大川小学校の児童が助からなかった事実を知り呆然としました。大輔だけは大丈夫だと安心していたので，そのショックはかなりのものだったのでしょう。その時のことは何も思い出せません。その日は，同級生２人と，同級生の姉の嫁ぎ先の離れを借り，３人で泣きながら朝まで酒を酌み交わしました。同級生の１人は津波で妻と母親を亡くしました。もう１人は両親を亡くしました。みんな泣いていました。大の大人３人が声をあげて泣いていました。

地獄すら生ぬるい悲惨さ　昼間は捜索，夕方暗くなってからは遺体安置所となっていた飯野川高校の体育館での遺体の身元確認，その繰り返しの日々が続きました。当初はガソリンが買えず車を動かせないことから，母の実家から子ども用の自転車を借りて，往復35キロほどある道のりを，現場まで通いました。

　現場で捜索活動をしていると，必ず他の遺族と会います。せめて遺体だけでも早く見つけてやりたい，冷たい水の中から早く出してあげて温めてあげたい気持ちと，逆に見つかることは死を決定づけることであり，見つからないことで生きていることへの一分の望みをつなぎたい，そんな複雑な心境の中，遺族は我が子を探し続けていたのです。第一声は決まって「子ども見つかったか」という言葉のかけ合いでした。「子どもが見つかった」と聞くと「よかったな」と声をかけます。子どもが死んでいるのに「よかったな」と

声をかけるのです。今考えると，それは異常な光景のようにも思えますが，その言葉は，遺体が見つかったことに対してより，「子どもに会えてよかったな」という意味合いであったように思います。

　私はある時期まで，飯野川高校体育館の遺体安置所に運ばれてくるほとんどの遺体を確認しました。夢に出てくることも多く，夢でうなされる日々が続きました。その光景は，自分が想像する地獄さえ生ぬるい悲惨さであったと思います。遺体の確認は，家族の遺体が全て判明した後も続き，通し番号で 700 番台くらいまでいったのを覚えています。

大輔との対面　大輔の遺体は 3 月 16 日に見つかり，遺体安置所に運ばれてきました。大川小学校と三角地帯の間の山沿いに，30 人以上の遺体が重なり合っていた中に大輔がいました。大輔は寒がりだったため，厚手の綿入りのジャンパーを着ていました。妻が買ってあげた大輔のお気に入りのジャンパーでした。妻は，津波で濡れて動けなかったため助からなかったのではないか，もっと薄手のジャンパーを着ていれば，もしかすると助かったかもしれないと，自分を責め続ける日々が続いています。

　大輔の遺体には目立った傷も見当たらず，不思議なくらいきれいな顔をしていました。まるで疲れ果てて眠っているかの様でした。声をかければすぐにでも目を覚ましそうで，とても死んでいるとは信じられませんでした。しかし，どんなに声をかけても，体をゆすったりしても，目を開くことはありませんでした。遺体の検死が終わった後は，別の遺体安置所に遺体が運ばれ，そこで安置されることとなりました。1 日おきにドライアイスを買ってきて棺に入れてあげました。何日かすると，大輔の目からは血の涙が流れてきました。拭いても拭いてもまたすぐに流れてきます。まるで，死にたくなかった，生きたかったと私に訴えるかのように，何度も何度も流れてきました。当時は石巻市の火葬場が使えなくなり，火葬することさえ出来ない状態でした。

　石巻市の方針は，いったん仮土葬にしてから，火葬場の稼働に合わせ順番に掘り起こし火葬をするというものでした。しかし親として，せめて子供だけは火葬をしてあげたいとの思いから，とりあえず大輔の仮土葬の手続きを済ませ，片っ端から電話をかけようやく受け入れ先を見つけました。大崎市の火葬場でした。そして 3 月 31 日にようやく火葬することが出来ました。

震災から 20 日後，遺体発見から 15 日後のことでした。

震災後の思い　私は，家族も家も故郷も全てを失い，生きる気力さえ失くしていました。家族を守れなかったふがいない自分を責めることしかできずにいました。震災後，初めて暖かい毛布にくるまったとき，はじめて風呂に入ったときは，自分だけが暖かい思いをして，冷たい波に呑まれ死んでいった子どもに申し訳ないと，涙が止まりませんでした。自分だけが助かり子どもたちに申し訳ない，子どもたちのそばに行きたいと考え，自殺する方法や自殺する場所を毎日模索し，そのことだけを考えて生きる日々が続きました。

　保護者説明会が始まり，私は，震災の復旧復興で忙しい仕事の合間を縫って，徐々に遺族の話し合いにも参加するようになりなりました。そこには，「大川小学校で起ったことを教訓にして，100 年後，1000 年後の未来の子供の命を守るために何をすべきか」を，真剣に議論する遺族の姿がありました。その時の私は，大輔の敵を討つ目的のためだけに検証に参加しようと考えていましたが，他の遺族との考え方の違いに，自分の視野の狭さ，考えの未熟さを痛感させられました。最初は納得できなかった自分も，話し合いを重ねる中で，徐々に他の遺族と，検証の目的を共感できるようになっていきました。

裁判の意味　私は，できることなら裁判はやりたくはありませんでした。当事者同士が話し合いで解決することを望んでいました。しかし，石巻市教育委員会の不誠実な姿勢は震災後から変わりませんでした。やむをえず提訴に踏み切り，私は，原告団長として，原告遺族と弁護士との連絡，弁護士の指示を受けての証拠収集，平日の法廷への参加や，裁判後の記者会見を含むメディア対応などに，多忙な日々を送ることになりました。

　裁判では，立証責任という高い壁があることを知りました。震災から時が過ぎて，記憶も段々薄れてきます。「裁判」と聞くと，今まで証言していた人たちも，尻込みをして協力してくれません。そんな悪条件の中でも，子どものために何とか頑張りました。仕事をしながら，生活費を削り，裁判費用をやっとの思いで工面して裁判に臨んでいる原告に対して，税金を使って，仕事として裁判に臨む被告の姿は，不均衡で理解に苦しむものがありまし

た。

　裁判では，毎回のように原告遺族が陳述書を読み上げました。控訴審で判決が出て，最高裁で上告が棄却され，長い闘いがようやく終わったと安堵しました。裁判は，自分にとって，愛しい子どもの命を奪われたことを納得できない，敵討ち，仇討ちのようなものでした。子どもたちは，悪いことを何もしていないのです。裁判も，語り部も，学校で子どもの命を亡くすという悲劇を繰り返さないための手段であるととらえています。子どもたちは，教訓になるために生まれてきたのではありません。しかし，せめて教訓にしなければなりません。

　ただし，裁判で，大川小学校事故の真実は，あまりはっきりしませんでした。

忘れてはならないこと　この事件の一番の被害者は誰でしょうか。子供を亡くした遺族でも，大川小学校で亡くなった先生方でも，石巻市でも，校長でもありません。それは，まぎれもなく亡くなった子どもたちです。先生が必ず助けてくれると信じて疑わず，寒い校庭で死の恐怖とたたかいながら，先生の指示をずっと待っていた大川小学校の子どもたちが，一番の被害者であることを絶対に忘れてはいけません。

　震災への事前の備え，避難マニュアルの整備，避難ルートの明確化，避難施設の整備，防災教育，避難訓練の必要性，ハザードマップの見直し，震災遺構など，大川小学校津波事故で経験したすべてのことが，教訓として引き継がれるべきであると思います。なかでも命をどう守るかについては，一番に伝えなければならないことであり，学校管理下で犠牲になった大川小学校の事件に関しては，今後の学校防災を語る意味でも絶対に避けては通れないことは当然のことです。学校が子どもの命の最期の場所になってはいけません。

今後の課題　裁判を理由に，市の教育委員会と遺族の話し合いは中断しています。生存教員の聴き取りも実現していません。メモの廃棄やマニュアルの不備などの重要な項目は，いまだに全容が解明されていません。行方不明児童の捜索費用の一部を遺族が負担しています。解決しなければならない課題は山積みなのです。

　日航機事故や福知山線事故などは，被害者と加害者の立場がはっきりして

いるために，事故の検証や責任の所在や謝罪など，始動に関して大川小学校の事件とは根本的に違いが出ています。我々はこの裁判で，責任の所在が明確になることで，ようやくそれらと同じスタートラインに立つことができるのではないかと考えています。

　被告と原告の立場を明確にすること，すなわち責任の所在や検証の目的を明確にし，遺族，行政，市教委，さらには社会が共通した認識を持つことが，私がこの裁判に求める結果であります。そこからが真の検証のスタートになることは間違いありません。この事件の教訓を次の世代につなげていくことが，私たちに課せられた大きな使命であると覚悟しています。

仙台高等裁判所へ入廷する原告団（2018 年 4 月 26 日）

2　子どもたちへの思いと手紙

今野ひとみ（大川小学校津波事故被災者家族）

東日本大震災で亡くした家族　私は，東日本大震災の津波で家族 5 人を亡くしました。震災直後，私は，生きる希望を失い，悲しみに耐えきれず，夫とともに自ら命を断ち切ろうと考えていました。でも，「死にたくなかった」，「もっと生きたかった」と叫びながら亡くなっていった我が子のことを思うと，命を粗末にすることはできませんでした。

　私は朝が来るのが嫌でした。夢であってほしい，そんなはかない願いから現実に戻る瞬間のため，朝を迎えることがたまらなく苦痛でした。そんな極限の精神状態のまま，月日が過ぎてしまいました。

　震災当日の朝も，上級生の大輔は，近所の下級生を連れて徒歩で大川小学校へと向かいました。大輔は「嫌だな〜」「行きたくないな〜」と朝からつぶやいていました。私は「もう少しで中学生になるんだからしっかりしなさい」と背中を押して見送りました。普段と何も変わらないいつもの朝の光景でした。それが大輔と交わした最後の会話になってしまいました。

　おじいさんとおばあさんと長女と次女の4人は，自宅で被災しました。各々が大切なものをもって，靴を履いた状態で発見されました。避難の準備を済ませ，大輔が帰ってくるのを待っていて避難が遅れたのです。他にも子どもの帰りを待って犠牲になられた方が何人もいました。学校には震災時の引き渡しのルールがありました。しかし訓練も，周知もされていませんでした。私たち遺族は誰一人として引き渡し訓練の経験がありませんし，ルールがあることすら知らされていませんでした。そのことがさらに犠牲を大きくしたことは言うまでもありません。あの混乱の中でも，大輔は学校にいるから大丈夫，そう信じていました。私は何度も何度も自分を責めました。迎えに行かなかった自分を責め続けました。

不誠実な事後対応　震災の次の日，私は学校にいた教職員11人の中で1人だけ助かったE先生と入釜谷という地域の集会所で会いました。私はE先生に，「学校は，学校はどうなっているんですか」と問いただしましたが，「何が何だかさっぱり」と答えにならない返事が返ってきました。当然のこと，避難決定までの経緯を知るE先生の証人尋問を，裁判を通して要望しましたが，残念ながらかなうことはありませんでした。

　学校・市教委・行政は，自分たちに落ち度はなかったと主張し，遺族の傷口に塩を塗るような不誠実な事後対応を繰り返しています。県や市は子どもの命に向き合わず，一体何を守ろうとしているのでしょうか。組織や自身の立場は子どもの命より重いとでもいうのでしょうか。

大輔のこと　私はよく大輔の夢を見ます。夢の中の大輔はいつも笑って，「おっかぁ（お母さん）」と，何かをおねだりするよう

な甘えた声で私に話しかけてきます。もう夢で逢うことしかできません。写真の中の大輔は，いつも笑っています。もう一緒に笑うことはできません。小さいころの大輔は泣き虫でした。もう抱きしめてあげることができません。私の記憶の中の大輔は小学校6年生です。もう成長を見守ってあげることができません。もう声を聞くことも，一緒に食事することも，欲しいものを買ってあげることも，怒ることも，触れることも，一緒にいることさえも，何もかもができなくなってしまいました。

　大輔に会いたいです。生きて帰ってきてほしいです。私が望むことはそれだけです。しかし，いくら望んでも，いくら願っても，震災当日の朝「行ってきます」と言って学校へ行った大輔の「ただいま」の声を聞くことは，もう絶対にできないのです。

最愛の息子，大輔からのメッセージ（父の浩行による想像）

「俺は今野大輔です。友だちからは大ちゃんと呼ばれていたんだ。あと一週間で小学校の卒業式で，4月からは楽しみにしていた中学校生活が待っていた。どの部活に入ろうか，中学校の勉強についていけるのかな，そんな期待と不安の中，なんとなく大人に近づけることに喜びを感じていたんだ。3月11日，信じられないほどに強い地震が3分近く続いた。俺は先生の指示で机の下に入り地震が収まるのを待って校庭に避難したんだ。学校が崩れるかも，地割れするかもと思ってとても怖かった。校庭に待機していたとき，ラジオと防災無線から「津波が来るから高い所へ避難してください」と繰り返し聞こえていた。

　俺と同級生の雄樹君は，担任の先生に「先生，山に逃げよう，ここにいたらみんな死んでしまう」と泣きながら訴えたんだ。でも先生は，「勝手なこと言うな」と俺たちの話を聞いてはくれなかった。

　同級生のお母さんが迎えに来て，先生に「ラジオで10メートルを超す津波がくると放送していた」，そして裏山を指さして「早くみんなを裏山に避難させて」と言っていた。先生は，「お母さん落ち着いてください，ここにいれば安全ですから」と，同級生のお母さんの言うことも聞かなかった。

　次々と友だちのお父さんやお母さんが迎えに来ていた。俺も「お母さん早く迎えに来てくれないかな」と思っていた。そんな状況の中，俺たちは寒さと津波に流されて死ぬかもしれない恐怖と不安のなか震えながらも，いつも

お母さんに「先生の言うことを聞きなさい」と言われていたから，それを守って先生の言うことを聞いてじっと待っていたんだ。すごく怖かったけど，絶対に先生が助けてくれる，そう信じていたんだ。

　校庭から三角地帯に移動することになって，山沿いの知らない道を進み，民家の狭い庭を通っていたとき，すごい音とともに黒い水の塊が襲ってきたんだ。みんな必死で山の方へ逃げた。途中俺は怖くて立てなくなり，友だちに起こしてもらったのに結局立つことができなかった。あっという間に津波が襲ってきた。俺も友達もみんな流された。津波にもまれすごく苦しかった。瓦礫が体に刺さりとても痛かった。死にたくなかった。もっともっと生きたかった。先生が学校の裏山に避難させてくれていたら，俺も友だちも誰も死ぬことはなかった。先生なぜ僕たちを助けてくれなかったの…。」

子どもたちへの手紙

　このお手紙を読む前に…。

　10年以上も経つのに…。

　いつも，自分の胸に思うこと。あなたたちはみんな，もっと生きたかった。もっと色々な経験をしたかった…。でも，どんなに頑張っても，それができず…。

　ごめんね，今は手さぐりでも，なんとかたどりつきたい…。できることはしたい…。

　それが，私の今の思いです。

Dear 3人の子どもたちへ

◎長女　麻里へ

麻里，麻里は，一番目に，お父さん，お母さんの間に産まれた娘。本当に，みんなから祝福され，みんなのすべての笑顔になる子どもでした。

　成長しても変わらず，いつも笑顔でその場を温かく包み込み，本当に優しい子だったよね。今も，別の場所で，みんなを優しく包み込み，頼られているのかな。

　あまり無理せず，でも，妹，弟のこと，よろしくお願いします。

　お父さん，お母さんは，何とかやっています。ただ，お父さんのこと，見

守ってあげてね。本当，お願いばかりでごめんね…。

◎次女　理加へ

　理加，理加は，本当に芯の強い子どもで，つらかったり苦しかったりした
ときも，決して音を上げず，本当，頑張り屋さんでした。私は，逆にそれが
とても心配で，なにかあったら「口に出して言っていいんだよ!!」といつも
言っていたような気がします。周りへの気配りもすごかったね…。でも少し
は，自分が楽していいんだよ。お買い物のとき，必ず，お母さんの荷物を一
番先に持ってくれたのは理加でした。

　本当，その優しさ，気配りは，お母さん，うれしかった。ありがとう!!

◎大輔へ

　大輔，大輔は，いつまでたっても甘えん坊さんで，中学生になれるのか
な？　とお母さんは心配しました。あまりお姉ちゃんたちを困らせないよう
にね。何年経ってもそれが心配で…。でも，大好きだったおかず，思い出し
ながらつくっているよ。今年で24才…。もう好みも変わっているかな？
お母さんは，想像できず…。ごめんね。

　今でも，麻里，理加，大輔の３人の子どもたちがいなくなっても，「お父
さん」，「お母さん」と呼び合っています。今，私は一番怖いことは，あなた
たちの声や，仕草，性格，そのすべての記憶が薄れていってしまうんじゃな
いかなと，一年，一年，年をとるたび，不安です。

　だから，二人でよく，みんなで「あそこに行って，あんなものを食べた
ね，見学したね」とか，そういう話をしています。

　心配しないで，天国で，みんなで仲良く暮らして下さいね。それが，今，
私の一番の願いです。

　本当，お父さん，お母さんのもとに産まれてきてくれて，ありがとう…。

　今は，色々なことを経験して，みんなに伝えるね…。

　本当，ありがとう…。

　そして，ごめんね…。

おわりに　この文章が、「失くしてしまった命」、「今生きている命」、そして「未来の命」と真剣に向き合うきっかけになればと願っています。いかなる場合も、子どもの命は大人が責任をもって守らなければいけません。そんなごくごく当たり前の社会の実現を強く望んでいます。

「大川小学校の悲劇」を二度と繰り返さないことが、74 名の亡くなった子どもたちの命が今の時代に確実に存在し、たとえほんの少しの時間でも確実に生きていた証になる、私はそう信じて声を上げ続けます。

3　なぜ息子の命は失われたのか

佐藤和隆（大川小学校津波事故被災者家族）

三男の雄樹のこと　私は針岡集落で、両親と小学校 6 年生の雄樹と暮らしていました。雄樹は、小さい頃から明るく元気で、活発な、誰にでも優しい子どもでした。4 年生から野球を始め、中学校でも野球を頑張ると言ってとても楽しみにしていました。身体能力がとても高く、その能力を活かして、体育会系の大学に入りたいとか、レスキュー隊員になって人の命を救う仕事をしたいと言っていました。

震災時のこと　3 月 11 日、雄樹は、いつもどおり元気に自転車で大川小学校へ通学しました。冬の間は私が自動車で送迎するところ、当日はたまたま友達と自転車で行ったのです。この日に私が車で送迎していれば、小学校で雄樹を引き取って避難できていたのではないかと思い、今でも悔しさと悲しさで胸が熱くなり、涙が止まりません。

　地震が起こった時，私は仕事で石巻市蛇田地区にある農協支所で仕事の打ち合わせをしていました。雄樹は大川小学校の先生が裏山へ避難させているから大丈夫だろうと，自宅へ向かいましたが，渋滞で進めず，大川中学校付近で通行止めとなっており，近くで車中泊しました。翌12日の朝，雄樹と同級生のお父さんと一緒に，がれきの中を歩いて，大川小学校へたどり着きました。他に誰もおらず，おそらく津波の後，最初に着いたと思います。

　大川小学校の変わり果てた様子を目にして，驚愕しました。子どもたちは裏山に上って逃げていると信じていたため，山の斜面と林道を探しましたが，見つかりません。付近を探し回り，県道を歩いていると，石巻市河北支所の職員に出くわしました。「子どもたちは？」と聞いたところ，首を横に振られ，その瞬間，血の気が引き，児童が被害にあったことを悟りました。雄樹を探しましたが，別の児童の遺体を見つけ，三角地帯に一時安置し，周辺で見つかった布などをかけてやりました。

　翌日からは，午前中は大川小学校付近の捜索を行い，午後は飯野川高校の遺体の仮安置所に確認にいくという繰り返しの日々が続きました。次々と子どもたちが遺体が発見され，何十という遺体がブルーシートにくるまれ，三角地帯に並べられていました。あの光景が今でも忘れられません。雄樹の生存の希望が絶たれてからは，人間とは不思議なもので，死体でもよいから早く息子に会いたいと思うようになりました。

息子が見つかって　雄樹の遺体が発見されたのは3月22日でした。雄樹が見つかっても信じられませんでした。「そこに息絶えた息子がいる，なぜだ！　なぜ，雄樹がこんなことに！」私は錯乱状態になり泣き叫びました。

　必死に火葬場を探し，山形県で荼毘に付しました。火葬場の職員から，「喪主の方，火葬のボタンを押して下さい」と言われ，とても驚きましたが，この地方の慣例なのかと思い，「雄樹！　ごめん」と言いながら私がボタンを押しました。涙が止まりませんでした。

保護者説明会に参加して　4月9日にようやく開催された第1回目の保護者説明会では，遺族からの「なぜ裏山に逃げなかったのか」という質問に，「裏山の木が倒れているから」という回答がされましたが，「1本の木も倒れていない」との指摘がありました。この

点は，第2回の説明会では，「木が倒れているように見えた」と前回の説明を訂正するなど，市の教育委員会の説明が二転三転する不誠実な対応にがっかりすると同時に，強い憤りを覚えました。

第2回の遺族説明会は，1時間程度で打ち切られ，この説明会で遺族に対する説明は最後にするという発言があったほか，出席した石巻市長からは「児童の死は宿命だった」との発言もなされ，出席した遺族全員はこれに激しく抗議し，紛糾しました。

市教委の発言や石巻市長の宿命発言には，耳を疑いました。児童を亡くした保護者の気持ちを一顧だにしない対応には，なぜ最愛の息子を奪われた上に，事後にこんなにもひどい目にあわされなくてはいけないのかと，憤りを覚えました。

同級生から聞いた息子の様子

東日本大震災から49日目に，大川小学校関係の合同法要が行われました。法要後，雄樹の同級生で，地震後に保護者に引き取られて生存していた児童に，雄樹の様子をうかがう機会がありました。保護者の確認を得て，3月11日に雄樹が何をしていたかを尋ねました。地震の後，雄樹と今野大輔君は，担任の先生に，「ここ（校庭）にいつまでもいたら俺たち死んでしまうから，早く山へ逃げっぺ」と言ったのに，その先生は「勝手なことを言うな！」「津波なんか来る訳ないから」と言って，雄樹が叱られ，涙を流していたと話してくれました。その児童は，雄樹と6年間一緒に同じクラスの旧友でしたが，初めて雄樹が涙を流すのを見たと言っていました。

その話を聞いて，私は涙が止まりませんでした。自分たちがもしかしたら死ぬかもしれないという恐怖の中で，50分近くも校庭に縛りつけられた上，山に逃げたい気持ちを抑えつけられながら，最後には黒い津波に呑まれていった雄樹の無念ははかり知れません。雄樹は，お父さんが早く迎えに来てくれないかと，最後まで待っていたと思います。それを考えると，本当に申し訳なく，生きていくのがつらくなります。

なぜ大川小学校だけで児童が犠牲にならなければならなかったのか，子を引き取りに行った親たちに様子を聞いて回るなどして，人災ではないかと疑問に思うようになりました。

やりたくなかった裁判　裁判をしなくても，教育の現場で起きたことなので，早い段階で様々なことが明らかになると思っていました。しかし，石巻市教委と2年間話し合って，一切明らかになりませんでした。頼みの綱の検証委員会も駄目でした。あと考えられる手段は，悩んだ挙句，法的手段しかなかったのです。

　吉岡弁護士による裁判の事前説明会には，後に原告となった遺族よりも，多くの遺族が集まりました。原告に加わるかどうかには，遺族により様々な判断があったものと思います。

　私は，裁判をしてよかったと思います。もし提訴しなければ，大川小学校津波事故がどのようなものか分からず，責任は明確にならず，語り部もできなかったと思うからです。ただし，被災後の教育委員会の説明などの事後的な不法行為責任は認められませんでした。

　裁判を起こしたことで，個人的な嫌がらせはなかったものの，他の原告遺族2名とともに，2020年に殺害予告を受けました。自宅と職場に防犯カメラをつけるなどして，しばらくの間，警察官の警護を受けました。犯人が捕まって安堵しました。

東日本大震災を振り返って　校舎を遺構として残すかどうかが議論されたときは，息子のことで頭がいっぱいで，判断がつきませんでした。それが年月が経つにつれて，残してもよいと思うようになりました。子どもたちにとって楽しく過ごした思い出の場所だったためと，校舎の中で亡くなったのではなかったためです。今にして思えば，語り部をする際に，更地よりも，校舎がある方が説得力は高く，残して良かったです。

　震災は，本当は経験しなくてよかったことでした。震災後，すでに記してきたように，最愛の息子を亡くし，苦労して，つらい経験をしてきました。他方，良かった面は，あえて挙げれば，震災がなければ知り合えなかった人たちとつながりを持てたことです。弁護士に会ったことはなく，裁判は遠い世界でした。物事の考え方が180度変わり，視野が広くなりました。色々な人と話をして，自分の生活環境がまるっきり変わりました。狭い生活空間が震災によってぐっと広がり，他の人から得て学ぶことがとても多くなりました。

希望の「大川竹あかり」 2022年3月11日の夜に，大川小学校跡地で，「大川竹あかり」と称する企画を行いました。地域内外の有志を募って，近隣の山から竹を切り，私の運営する株式会社「良葉東部」の敷地を作業場としてドリルで穴を開けて，内側からLEDランプを灯します。「竹あかり」を作ることを通して，普段意識することのない「命の大切さ・繋がり・大切な人の命」を考える機会になることを祈り願い，東日本大震災10年目を節目とし，未来につなげていくために，全国の有志メンバーとともに「大川竹あかり」を始めることにしたのです。

　初年は，準備作業を含めて全国から多くの人が集まり，成功裏に終わりました。同年秋には，「一般社団法人大川竹あかり」を設立しました。「大川竹あかり」を通して，日本だけでなく世界中で，「こどもの命を真ん中においた判断と行動」を祈り願いつつ，さらに継続的な活動としていくためです。私と佐藤敏郎さんが代表理事を，今野浩行さんが理事を務めます。

大川竹あかりの模様

息子からの手紙 2011年3月4日に授業参観があり，卒業前の6年生は，親へ感謝の手紙を渡すことになっていました。雄樹からは，震災前日の10日の夜に手紙を渡されました。雄樹が亡くなった後は，遺言のように読める不思議な言葉です。雄樹を思いながら，以下に転載します。

ゆうきより　お父さんへ

12年間育ててくれてありがとうございました。言うことを聞かなくてめいわくかけてきたけど，心の中では感謝していました。本当にありがとうございました。

雄樹からの手紙

＊大川小学校事故検証委員会と裁判に関する私見については，拙稿「告発手記　息子を亡くした大川小学校　父の慟哭　裏切りの文部官僚・前川喜平」WILL 2017年10月号38-47頁，同「3.11大川小学校の悲劇に最高裁判決！「早く逃げっぺ」―息子の訴えを無視した教師」WILL 2020年1月号286-292頁をご参照下さい。

4　救いになった人との関わりと裁判

佐藤美広・とも子（大川小学校津波事故被災者家族）

＊主に美広の視点から記しています。

長男の健太のこと　健太は，私たち夫婦が苦心の末に授かった大切な一人息子で，震災当時，大川小学校の3年生でした。早く息子が大きくなって，一緒に野球することを夢見ていました。

健太との思い出はたくさんあります。動物園や遊園地へ行ったり，海釣りをしたり，学習発表会で長いセリフをナレーションする姿に感動したり，野

球をする姿に声援を送ったりと，健太の日々の活動に接して楽しい日々を過ごしていました。

東日本大震災とその後　地震の起きた3月11日，私は海に面した勤務先の造船会社におり，あまりに大きな揺れと地面の液状化から，これは確実に津波が来ると感じました。健太の通う大川小学校へ自動車で向かいました。石巻市内の職場にいた妻からも，「健太が心配，学校と連絡とれない。どうしよう」というメールを受けました。しかし，小学校の近くに行ったものの，先へ進めず，やむなく車中泊しました。健太には日ごろから「津波が来たら山に逃げろよ」と言っており，先生たちは裏山に当然避難させていると考え，さほど心配していませんでした。翌日，針岡集落の実家へ徒歩でたどり着きましたが，小学校のある釜谷には入れませんでした。

13日にようやく大川小学校へ行くことができたものの，目の前には信じられない光景が広がっていました。学校は津波に呑まれ，あたりはがれきに覆われていました。地元の消防団員と地域の何人かが捜索しており，一緒に捜索に加わりましたが，健太はなかなか見つかりませんでした。その後，毎日，小学校に出向き，捜索を続けたところ，4月2日になって千葉自動車の向かいのたんぼの中から見つかりました。この20日間は長く感じました。同月8日，郡山市で，義理の兄の喪主名義で，近親者のみの火葬を行いました。

あの頃，親たちは，子どもが見つかると，「よかったね」と声をかけあっていました。私も，捜索活動で，遺体を上げて身内に帰す手伝いをしていましたが，当時は，他人の多くの遺体を抱き抱えていました。今から思えば，みな普通の精神状態ではありませんでした。

実家は残りましたが，同じ地域には，親が大川小学校へ迎えに行き助かった子どもたちが住んでいました。周りの子の姿と成長ぶりを目にすると，健太を思い出してつらくなり，2011年の6月に妻ともども，弟の家へ移りました。その頃，一時期は死ぬことを考えており，やりきれない思いで，夜中に自動車を飛ばして大川小学校へ向かうこともありました。

保護者説明会　なぜ大川小学校では健太を含む74名もの子どもたちの命が犠牲になったのか，疑問に思っていました。地震発

生から津波の到達まで，時間，情報と手段がありながら，結局は三角地帯へ移動し，それも県道ではなく行き止まりの道へ進み，大川地区を襲った黒い津波に呑み込まれ，健太をはじめとする多くの子どもたちが犠牲になりました。近隣の雄勝小学校，相川小学校，吉浜小学校，飯野川第1小学校などは，いずれも的確な避難行動を行い，1人の犠牲者も出さずに助かっています。

　そのような疑問を抱えていたところ，校長は，まだ健太が見つかっていない3月29日に子どもたちを登校させ，「笑顔で元気な学校にしましょう」と無神経な発言をされました。4月9日の第1回保護者説明会には，子どもがどのような状況で亡くなったのかを知りたくて参加しましたが，生存したE教員から子どもの話は一言もなく，聞きたいことは聞けませんでした。第2回説明会は1時間のみで終わり，担当者が記者へ「遺族は納得しているようです」と伝えました。生存した子どもたちの証言メモは廃棄されました。その都度，傷口を広げるような苦痛を感じさせられました。教育委員会は最初から逃げる姿勢だったように映りました。我々遺族ときちんと向き合って頭を下げていれば，その後の経過は違ったものになったのではないかと思います。

　遺族有志は，福地集落で話し合いをしており，私たち夫婦も6月頃から参加するようになりました。津波事故当時の大川小の状況を見ていた人などからの情報を共有していきました。次第に，保護者説明会で教育委員会の側から情報を引き出せるよう，質問を工夫するなどして臨むようになりました。

人との関わりが救いに　震災後，石巻は被災者が多く，大川小学校のことを話せる雰囲気ではありませんでした。そうしたとき，佐藤秀明先生に出会い，他の地域で自分たちの感情を話す機会をいただきました。長野県松本市では，子どもを亡くした他の遺族と交流し，色々な会話をしました。自分たちの話にも耳を傾けてくれました。大川小事故遺族の今野浩行さん夫妻とは，長野県へ行き，地元の方とお話ししました。

　上記の遺族有志の話し合いに妻と参加して，津波事故をめぐる情報を得るとともに，遺族同士の交流も始まりました。私たち夫婦は，人と関わり，色々な人と接して外に出ることで助かりました。そうでなければ，引きこも

りになっていたでしょう。

退院直後の裁判での避難検証　保護者説明会後の大川小学校事故検証委員会の報告書にも納得がいきませんでした。記者会見の席で，「私は，一人息子を亡くして，これ以上失うものがないので，弁護士と相談して裁判に打って出てたいと思います。そして責任の所在をはっきりさせたいと思います」と口にして，提訴に向けた最初の一声を発しました。子どもの最後はどのような状況だったのか，なぜ逃げられなかったのかを明らかにし，教育委員会に教育者としての責任を認めてもらいたかったのです。その一方，自分がいわば裁判を起こした責任を感じて，もし敗訴したらどうしよう，多額の借金を抱えるかもしれない，という不安もありました。

2014年に提訴し，私は副団長としてできるだけ裁判に出席しました。しかし，同じ年に病気で7ヶ月間入院することになり，「健太と会う」ことも覚悟しました。他の原告たちに迷惑をかけ，幸い快癒しましたが，これまで大病することもなく元気に暮らしてきたため，子どもを失った悲しみやストレスによるものと考えざるをえません。記者会見に応じてメディアを通じて顔が知られていたためか，誹謗中傷が多く，石巻駅構内のトイレでは，見知らぬ人から「子ども使ってお金取りするのか」と心ない非難を受けることもありました。

裁判所の進行協議が事故現場で行われることになり，私は退院から間もない時期でしたが，健太のためにと思い，小柄なため，子どもになり代わって，校庭から裏山への3種類の避難ルートに要する時間を，徒歩と小走りで実験してみました。その結果，どのルートでも，小走りで1分足らず，徒歩でも2分足らずで到達できることを実証しました。

裁判官の叱責　第一審の裁判官は淡々としていましたが，請求は認められ安堵しました。市と県は，原告遺族の反対にもかかわらず，控訴しました。控訴審では，主任の左陪席裁判官が，怒鳴りつけるように感情をあらわにして学校側へ質問してくれ，遺族に寄り添ってくれた気持ちがして響くものがありました。判決では，教育委員会と学校運営責任者の組織的過失が認められ，原告全員がほっとして泣きました。

振り返ると，地震から被災にいたる経過の詳細は明らかにならなかったも

のの，裁判を起こして良かったと思います。子どもに対して申し訳なく，できることはしてあげたい思いがありました。また，自分の気持ちを，証人尋問で，言葉として表すことができました。裁判を起こさずに心の中に疑問をしまったままでいたら，おかしくなっていたことでしょう。

　全国には応援してくれる人もたくさんおり，何とか気持ちを奮い立たせて裁判に臨むことができました。この場を借りてお礼申し上げます。加えて，佐藤和隆さんの「美広ちゃん，俺は泣き寝入りできないよ」という言葉と，吉岡弁護士の「これは勝たなきゃいけない裁判なんだ」という言葉の2つが心の中にあり，裁判を続けることができたように思います。

校舎の遺構について　大川小学校の校舎を残すことについて，反対する人はいましたが，自分は賛成の意見でした。事故のことが忘れられてしまうし，息子と会える場所がなくなってしまうからです。

　しかし，裁判後，遺構が綺麗に整備され，校舎内へ入れなくなったこともあり，月命日のほか，足があまり向かなくなりました。先生が子どもを助けられず，子どもが命を落とした場所だと思うと，死んだことが悔しくなるのです。

　大川震災伝承館は，ふるさと館のようで，市として反省しているのであれば，大川小学校のことをもっと展示してもよいと思います。裁判のことも受け入れて，きちんと反省して表に出さなければなりません。人的な悲惨さを，市には理解して欲しいです。その上で，遺構を，震災の教訓を一番学べる場所に，教員の新任研修の聖地にして欲しいと願っています。震災は予測し難い部分はあるものの，人災は学んで教え直すことができるのです。

命の大切さ　東日本大震災は，大事なものを奪っていきました。あの日がなければよかったと思います。健太は2022年に21歳になっていたはずでした。船が好きだったので，船長になっていたかもしれません。

　命に対して無関心であってはなりません。大川小学校で起きたことに関心を持っていただきたいです。それが次の命を救うことにつながります。児童虐待のニュースがしばしば報じられますが，子どもは，生まれてきた以上，育てなければなりません。それが生んだ親の責任です。大人が小さな子ども

を守ってあげないといけません。家庭を持つと，家庭のために頑張れます。子どもあっての親と，痛感するこの頃です。

　健太が亡くなった後，遺品整理のため，勉強机の引き出しを開けると，奥の方に，封筒に入った朝顔の種が20粒以上見つかりました。小学校1年生の学習で用いたものと思われます。封筒の表にはなぜか，「みらいのじぶんへ　けんたより」と記されていました。どのような意味を込めた言葉なのか，不思議です。その後，種をプランターに植えると，大きく成長して蔓を延ばし，花を咲かせました。その花から種を取って，またプランターに植えて，毎年，花を咲かせています。

健太の机から見つかった朝顔の種

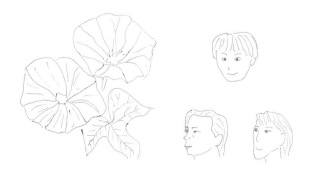

colum & poem

一市民として思うこと——朝顔の種に出会って

千葉直美（石巻市民）

新聞記事を目にして

ある新聞記事が目にとまりました。朝顔の花を手にする女性の写真が添えられていました。大川小学校で犠牲になった佐藤健太さん（当時小学校3年生）のお母様，佐藤とも子さんです。佐藤さんは震災後しばらくして，健太さんの机の引き出しの中に，「みらいのじぶんへ」と鉛筆で書かれた小さな袋をみつけました。中には健太さんが1年生の時に育てた朝顔の種が入っていました。佐藤さんが種を蒔くと，きれいな赤紫の花が咲いたという記事でした。

私はすぐにこの女性に会いたいと思いましたが，面識もなく連絡方法もわからず，そして，なによりご遺族に会うための心の準備がなく，お会いする機会はなかなか訪れませんでした。

大川小学校事故への見方

児童と先生たちが犠牲になった痛ましい大川小学校については，テレビや新聞といった報道からとても関心がありました。ところが友人，知人，それから同じ石巻の方々と気持ちを共有したいとそのことを口にすると，驚く反応が返ってくることがありました。「先生たちも犠牲になったのだから，子供の親が先生たちを責めてどうするんだ」，「裁判までおこして，どうしようというの」，「裁判に勝っても子供は帰ってこない」，「学校が悪いっていうの？　どうしようもないでしょ」という憎々しい表情と声。

自分は当然，多くの人たちが大川小学校の事故を，悲しい出来事として受け止めているとまったく疑いを持っていませんでしたが，同じ石巻市民が自分とまったく正反対の感情を持っていることを知り，ショックでした。親しい友人も裁判について強い口調で否定的な言葉を口にしました。その後，しばらく自分は誰にも話さず口をつぐんで，自分からは，この話題を避けていました。私の生まれ故郷，石巻。あの東日本大震災が発災した日も石巻の職場にいて強い地震を体験しました。あの日からもずっと住

み続けています。この愛する石巻で，あの大川小学校について口に出せないもどかしさ。否定されることの怖さから逃げていた時がありました。

ご遺族の佐藤とも子さんとの面会

佐藤とも子さんに，ついに 2017 年になって，自宅でお会いすることができました。知り合いに同行させていただいたのですが，数日前からドキドキしていました。佐藤さんは，石巻の市街地に引っ越していました。「あの日も，元気に朝ごはんを食べていたのに。ここにいたのに」と茶の間のテーブルの一辺をポンポンと軽くたたいたので，健太さんが座っていた姿が目に浮かびました。

あの日まで，確かに共に暮らしていた大切な家族。「行ってきます」と言って，「行ってらっしゃい」と言葉を交わし，夜にはまたご飯を一緒に食べることを当たり前に思っていた日常が一瞬に奪われました。あの朝顔の話になり，袋を見せてくださいました。健太さんの筆跡でしっかり書かれた「みらいのじぶんへ」という文字。健太さんは，野球が好きだったから野球選手になりたい夢を持っていたかもと佐藤さん。歳をとってからやっと授かった一人息子，産んでよかったと幸せだったと思っていたと繰り返しています。朝顔は，裁判の時だから息子さんの力をかりたいと願って蒔いたそうです。

2022 年，数年ぶりに電話でお話ししました。電話の向こうの彼女の声を聞き，なつかしさがこみあげます。出会いとは，そういうものかもしれません。直接，会った回数ではなく，気になる人というのは，なぜか心から離れません。健太さんは，2021 年 8 月で 20 歳になりました。周りの人が，成人の祝いにとケーキや，お酒が飲める年になったのだからとビールも持ってきてくれましたが，佐藤さんは「私にとっては 3 年生でストップした命。いつまでも子どもでいるのです」と言っていました。

未来へ

今，私には，大川小学校の話題を分かち合える信頼できる人たちがいます。同じ方向を向き共有し共感するつながりは地域を超えて県内外，国内外の輪が広がっていることを実感します。一人ひとりの力は弱く歩幅は小さいけれど，みんなで一歩一歩確実に前に進

み大きな歩みになると信じています。想像力を持ち，関わる人たちとの出会いを大切にして未来へ語り継ぎたいと思っています。

　健太さんの朝顔の種が教えてくれたように，花の種は土に蒔かれ水や太陽の光を受けて育ち，未来への可能性を秘めて咲きます。語り継ぐ活動という種は，未来にたくさんの花となって咲くでしょう。

　参考文献：「健太，朝顔開いたよ」朝日新聞（第2宮城県版）2014年7月31日記事（小野智美記者執筆）

　以下は，佐藤とも子さんの話を聞いて創作したポエムです。いつか一冊の絵本として発刊したいと考えています。

ポエム　朝顔の声

「おはよう」

今朝も聞こえる
赤紫の朝顔の声

お母さんも
「おはよう」と答える

一つ
また
一つと花が咲く

ある3月の寒い日，けんた君は，突然　空へ旅立ってしまいました
小学校3年生　9歳でした
野球が大好きな男の子でした

しばらくして
お母さんは，けんた君の机の引き出しの奥に

小さな紙袋を見つけました
手のひらにのるような　小さな袋
中を開けると朝顔の種が 20 粒入っていました
けんた君が 1 年生の時に育てた種です
袋には
鉛筆で
「みらいのじぶんへ」
と書かれていました。

けんた君は，人懐こくておしゃべり好き
お世話になった人たちに種をあげていました
近所や床屋の人，アイスやお菓子をくれた人たちに
感謝の気持ちをこめて
けんた君からもらった人たちは種をまき
「咲いたからねぇ」と言ってくれました
2014 年の 5 月
お母さんは
20 粒のうち 7 粒を植えました
10 日ほどすると
芽が一つでました
お母さんは大きな声で言いました
「お父さん，芽が出たよ！」
お父さんも家から出てきて言いました。
「けんたの朝顔　よくやった　よくやった」

一つじゃ，さみしいから　もう 4 粒まきました
すると，また一つだけ芽が出ました

お父さんとお母さんは，けんた君の写真の前に布団を並べて
毎晩眠っています。

「いつか，けんたに会えるよね」
「どっちが先かなぁ」
「お父さんかなぁ」
「お母さんかなぁ」
けんたに会いたい　会いたい
あの3月11日の朝も，けんた君は
朝ごはんを食べて，
元気に「行ってきます」と言って
学校へ行きました
「気をつけてね，行ってらっしゃい」と
お母さんは手を振って見送りました

けんた君には，どんな未来があったのかな
野球選手になる夢があったよね
けんた君が産まれた時，どんなに
お母さんもお父さんも嬉しかったか
まっすぐに二人を見つめて
大きな声で笑っていました

二つの芽はどんどん大きくなって，
やがてツルは，お母さんが立てた棒にしっかり巻きついて
ぐんぐん空へ向かって伸びて
7月
初めて　花を咲かせました。

二つのツル
お父さんとお母さんは一緒に
上へ上へと昇っていく二本のツルを眺めます

お父さんは，いつもけんた君の写真を車に乗せて
どこまでも連れて行きました

「ありがとう」
「お父さん　お母さん　ありがとう」
空からの贈り物
いつも一緒だよ

「みらいのじぶんへ」と書かれた袋の朝顔の種
お父さんとお母さんとともに生きる希望の花

いつも一緒です

5　父親として思うこと

只野英昭（大川小学校津波事故被災者家族）

自分のこと

　私は1996年から，大川小学校のある石巻市釜谷地区で消防団活動をしていました。実家はシジミ漁をしており，幼い頃から「地震＝津波」という生活をしていて，津波注意報が出ると漁船の養生をした体験がありました。チリ地震津波の際も，新北上大橋で潮位の観測や警戒警備をし，妻と子供たちは北上川対岸の高台にある北上中学校に避難しました。

　結婚後も両親と同居し，三世代6人で生活し，子どもたちは両親にとても大事にされ，可愛がられて育ちました。

未捺のこと

　長女の未捺が産まれたとき，分娩室の外で産声を聞いた時のことは今も忘れられません。内気な子で，まるで自分を見ているようでした。哲也が叱られているのを見ると，自分は叱られないようにと賢く考えて行動する利口な娘でした。褒めると伸びる子で，ピアノ教室にも通っていて，リクエストした曲を聞かせてくれました。

　兄の哲也が柔道スポーツ少年団に入り，送迎について行っているうちに，未捺も柔道を始め，受け身のとり方を教えてもらったりしていました。自分が中学・高校でしていた柔道を2人が始めてくれたのが何よりも嬉しかったです。

　学校生活では黙々と勉強をして，努力を惜しまない様子で頑張っていることを，担任の先生が教えてくれました。2010年には，社会科の授業の一環で裏山のコンクリート叩きに登っています。学級だよりに掲載された作文には，「楽しかった」と書かれていました。

震災時のこと

　3月11日朝，3年生の未捺と5年生で長男の哲也を，一緒に学校の途中まで車で送っていきました。車中では「今日のママの誕生日パーティーの司会は？　プログラムは？」と，その夜に行われるはずだった妻のお祝いの話を楽しそうにしていました。車を降りるときの「行ってきます！」が，自分が聞いた娘の最後の言葉でした。

　地震が起きたとき，私は石巻の工場で勤務中でした。携帯電話でワンセグ放送を確認したら大津波警報が発令され，日和山へ移動を開始している最中

にあちこちで液状化現象が起きていて水が柱の根元から流れ出していました。自宅や妻や父や母の携帯電話に何度電話をかけても，つながることはありませんでした。その夜は，同僚の自宅にお世話になりました。

　12 日の晩，ラジオで「大川小学校の 2 階で孤立している」というニュースが流れ，13 日の朝，迎えに行くため，同僚の自転車を借り，自宅に向けてこぎ出しました。途中で出会った釜谷地区の先輩に，「間垣の堤防が決壊して，釜谷には行けない。避難した人はビッグバン（河北総合センター）に避難しているそうなので一緒に行こう」と言われ，軽トラックに自転車を積み込み，ビッグバンへとたどり着きました。

奇跡的に助かった哲也

避難所になっていたビッグバンの入り口には，大川小父兄や釜谷地区の住民などが大勢立っていたので，学校の避難状況を聞きました。しかし，「学校逃げていなかった」というありえない答えが返ってきて，耳を疑いました。2 階の和室に横たわっていた哲也と，震災後初めて会うことができました。「生きていてくれてありがとう」と泣きながら話しかけると，「おっとぉ，泣くんだ」と驚いた様子でした。

　片目に眼帯をし，顔中傷だらけの痛々しい姿で横になっていた哲也に，3 月 11 日の状況を聞き出しました。

　「地震が起きた時にはまだ帰りの会の最中で，さようならの挨拶をするために立った瞬間に地震が起き，校庭への避難を開始した。校庭で待機状態になり，時間が経過した。いよいよ三角地帯に行くと決まり，自転車小屋の脇からなぜか釜谷交流会館の前を通り三角地帯へ向かうルートで移動した」と話しました。

　「目の前に川からあふれ出してきた津波によって家屋が粉砕する時の土煙が見えたので，山に向かって走り，一番急な斜面を草を掴みながら 2 ～ 3 メートル登り，津波が来ないか振り返ったら，突然後ろから津波に呑まれて山に打ち上げられ，気を失った」と話してくれました。これらの証言から，当日大川小の児童が校庭から移動したルートを知ることができました。

家族との無言の再会

哲也からの情報を参考にして，翌日から捜索の日々が延々と続きました。妻，父に続いて，20 日に長女の未捺が見つかりました。娘の眠る様な遺体を目の当たりにした瞬

間，自分も死にたい思いに駆られました。しかし，哲也を残して死ぬ訳には
いきませんでした。

　3人の家族の遺体も見つかったことから，4月8日に仙台の葛岡の火葬場
で火葬を行いました。初めに親戚と父の遺体を焼いた時は，哲也は泣きませ
んでした。「なぜ泣かないの？　ここは我慢しないで泣くところだぞ」と
言ったところ，次に妻と娘を焼く時に，哲也は大泣きしていました。つらす
ぎました。

　家族の葬式は，6月12日，震災から3か月を迎えて直ぐに行いました。
自分と妻が結婚した結婚記念日でした。13年後に誰が葬式をすると考えた
でしょうか。家族，友達，自宅，故郷を突然失った事実は，あまりにも大き
すぎて，気がおかしくなりそうでした。

裏山になぜ避難しなかったのか

大川小学校裏山のコンクリート叩きの
東側斜面では，シイタケ栽培の体験授
業が毎年行われ，緩やかな斜面であったことを覚えています。地区住民や子
ども達は，体育館の脇を通って真っ直ぐに進めば，この緩やかな斜面に行け
ることは，熟知していました。

　だからこそ，震災当日の三角地帯への避難ルートは，地元の住民である自
分にはとても思いつかない，あり得ないルートでした。80人余りの児童を
移動させる道ではないです。しかも，その先は行き止まりでした。

真実の検証を求めて

その頃から，石巻市教育委員会の説明に納得のい
かない遺族で検証を求める遺族有志が集まり，話
し合いが連夜続けられました。自分は遺族であり，生存児童の親でもあると
いう複雑な立場でしたが，逆に自由に動けるのではないか，当事者の哲也の
証言は遺族が一番求めているものに違いないと思い，あの日大川小学校で何
があったのか，真実を知りたくて検証メンバーに加わりました。その後，市
教委との話し合いが何度も持たれ，参加するたびに疑問点が見つかり，「何
かを隠している」という疑問が確信に変わっていきました。

　市教委は，亡くなった6年生の男子児童が「山へ逃げよう！」と訴えてい
た声を聞いたと話した児童の証言を消し去り，親の了解も得ないで児童に聞
き取り調査を行っただけでなく，聞き取り調査で指導主事は，哲也に「6年
生の男の子が『山に逃げよう』と言ったらしいけどそれって本当なの？」と

質問をしていながら，遺族との話し合いでは知らぬ存ぜぬを貫き通しました。事故後に交代した千葉校長は，哲也の証言に対して，「子どもの記憶は変わるもの」と，教育者としてあり得ない言動を目の前でする始末でした。

　大川小学校で津波に呑まれ，マスコミや我々遺族にずっと真実を話してきた哲也は，メディアも認めるとおり，同じことしか証言していません。何をもって，「子どもの記憶は変わるもの」と言い切れるのでしょうか。「人を造る」仕事をしている教育者が，この言葉を子どもに対して語るに至っては「教育とは何なのか」と考えざるをえません。

検証委員会から提訴へ

　検証委員会も結局踏み込んだ検証はしてくれず，このままでは全て仕方なかったことにされると思い，真実を知る為の手段として裁判を起こすことを決意しました。2014年3月10日，時効前日に石巻市と宮城県を提訴しました。

　自分たち原告遺族1人1人が代理人弁護士になったつもりで証拠・証言を集める日々が続きました。何度も行われた打ち合わせや避難ルートのデータ取り。哲也にも，被災当時の様子の詳細を，何度も証言してもらいました。親がどんなことをしているのかを教えるためでもありました。現実から目を背けるのではなく，どう向き合うかを教えるために。

　証言や証拠を集める作業を続けていくうちに，遺族説明会や検証委員会ではわからなかったことがいくつも解き明かされました。多くの遺族や地元住民の方々に，ご協力，ご支援をいただき，本当に助けていただきました。

真実に向かい合うことの意味

　裁判の冒頭の意見陳述で，自分は生存教員の証人尋問を求めました。尋問にこだわる理由は，震災前に児童たちに一番信頼されていた生存教員が，なぜ「嘘」としか思えない内容を証言して隠れているのか，亡くなった児童も生き残った児童も信じられない気持ちでいるからです。

　哲也は真実を語り続けて言葉にできていたからこそ，事実に向き合って語れるようになりました。哲也だけが特別ではなく，言葉を発することこそPTSDを克服することになると，自分たち親子は信じています。「非を認めて改める」，これを当たり前にしてさえいれば，我々遺族がわが子を亡くした後の辛い年月はなくてよかったはずです。わが子を亡くした上に，生き残ったわが子の言葉までも無きものにされる親の気持ちは，自分にしか言え

ない言葉だと思います。

　石巻市の教育関係者は，責任を逃れるために，ありとあらゆる手段を使って遺族に心ない対応を続けてきました。市教委の遺族説明会，文部科学省との円卓会議，第三者検証委員会。自分はすべて映像に記録してきました。そのほんの一部が，寺田和弘監督制作の記録映画『『生きる』大川小学校　津波裁判を闘った人たち』に収められています。

勝訴はその先に進む手段

提訴の結果，地裁での勝訴・高裁での勝訴，そして最高裁での判決確定を勝ち取ることができました。自分はずっと言ってきたことがあります。「裁判はその先に進む為の手段でしかない。」やっと，真実を知るための先に進むことができるようになりました。高裁の判決で勝ち得た「組織的過失」という画期的な判決は，これからの学校防災だけでなく，全ての防災において「事前防災の重要性」を示したものになるはずです。

　「非を認めて改める」という言葉を用いましたが，石巻市や宮城県は裁判の結果が出ても，「改める」ことを行おうとしていません。石巻市教育委員会の作成した防災教育副読本には，大川小の『お』の字すら書かれていないのが現状です。現在小学6年生までの子どもたちは，あの日を知りません。だからこそ，伝えなければならない，真実を解き明かさなければならないのです。あの日の真実を知るための活動は，まだまだ続きます。

「謝罪」

最高裁の高裁判決確定によって，石巻市長は全ての遺族に謝罪行脚を始めました。心のこもらない「謝罪」は，自分にとっては加害行為でした。アポも取らずに，市長・副市長・教育長が突然ピンポンと玄関ベルを鳴らし，返事もしないうちに玄関を開けて「押し売り」の「謝罪」という名の加害行為。しぶしぶ仏前の焼香を許し，市長の第一声は「お二人のお子さんの命を守れず申し訳ありませんでした」でした。震災後から，あの日の事・校舎保存・たくさんの行動を起こしてきた息子の哲也は，「死んでいた」ことにされていたのです。

シジミ漁師に

2022年6月，32年間働いた地元の製紙工場を退職し，只野家が代々続けてきた北上川でのシジミ漁を仕事にしました。75歳を過ぎた母から新米漁師として漁の技術を教わりながら，「べっこうシジミ」という石巻特産の大きくて素晴らしい味のシジミを採り，

洗浄し，販売しています。語り部としじみ漁師の日々を過ごしています。

おわりに　震災からの長かった年月，地元大川をはじめ，石巻，仙台はもちろん，全国の大勢の皆さんから，多くの励まし，ご支援・ご協力をいただいてきました。正直，つらいときがなかったといえば嘘になります。なんとかやってこれたのは，皆さんのおかげだと思います。吉岡和弘，齋藤雅弘両弁護士には，お礼の言葉もありません。皆さん，ほんとうにありがとうございました。

　何よりも，生き残った哲也に親父の恥ずかしい姿は見せられないという思いが強くありました。そうすることで，未捺と妻にも安らかに眠ってもらうことができると思っています。

　こんなつらい思いをするのは，私たちで最後にしたいです。全国の皆さんには，あの日とその後の日々から，二度とこうした事故を起こさないために，悲劇を繰り返さないために，何をすべきなのか，一緒に考えていただければと思います。

6　娘が亡くなった理由は説明できないまま

中村次男・まゆみ（大川小学校津波事故被災者家族）

＊主に次男の視点から記しています。

長女の香奈のこと　結婚後，尾埼集落の実家に住んでおり，2001年に長女の香奈が生まれました。香奈の誕生はまさに光

そのものでした。一人っ子で，料理好きで，地域の子どもたちを可愛がっていました。実家は，近くの神社の宮守として，年1回のお祭りの準備や祭事の進行次第を執り行ってきました。香奈もお祭りが大好きな子どもでした。

優しい子で，妻が妊娠のため自動車教習所へ通うことをあきらめたことを知り，「私が免許を取ってお母さんを乗せるよ」と言ってくれていました。「いつかアイドルになりたい」と，フリル付きのドレスを着て近所を出歩くこともありました。「ドレスを着た写真を家族で撮りたい」と言っていましたが，もう少し大きくなってからと思い，その希望をかなえてやることができなかったことは悔やまれます。

震災時のこと　東日本大震災の年，香奈は大川小学校の3年生でした。3月11日の震災時は，石巻市内の職場におり，妻の実家のある東松島市に寄った後，大川小学校へ向かいました。しかし，渋滞で時間がかかった上，小学校近くで戻るよう言われ，地震でできた路面の段差のため自動車で進むこともかなわず，徒歩でも行けないと止められ，「上品の郷」で夜を明かしました。妻は職場にいましたが，実家の母と高台に避難しており無事でした。

翌12日朝も，間垣の堤防が崩れており先へ進むことはできませんでした。13日に，大川中学校付近から，津波で流されてきた舟を起こして漕ぎ，ようやく大川小学校へたどり着くことができました。途中で何体も遺体を目にし，大川小学校でも，他の方と，がれきをかき分けて何体かの子どもの遺体を見つけました。

北上川近くの三角地帯へ戻ったところ，ブルーシートをかけられたものがあり，そこから香奈の運動靴らしきものが見えました。シートを開けてみると，2人の子どもが寝かされており，そのうちの1人が香奈でした。目をつぶって，衣類や履き物はそのままで，ヘルメットはかぶったままの状態でした。三角地帯の裏の山の木に，もう一人の子どもと一緒にひっかかっていて，市の職員が見つけてくれたとのことでした。娘に，「お父さん，何が何だかさっぱり分かんね。詳細は調べっからね」と誓いました。遺体は，ベニヤ板に乗せて舟で運び，遺体安置所になっていた飯野川高校へ移しました。

私は尾崎集落の消防団の班長だったので，尾崎集落の行方不明者の捜索活動に加わりました。自宅の1階部分に津波が流れ込み，家財道具は流され，

住めない状態となり，避難生活の後，仮設住宅へ移りました。子どもを亡くしたことは悲しく，希望を失ったようで，小学校の先生を責める気持ちになったこともありました。また，精神的に追いつめられて，佐藤秀明先生の心理カウンセリングを何度も受けて，つらい思いを聴いていただきました。

保護者説明会と裁判　保護者説明会へ赴きました。しかし，石巻市長が大川小学校の被害は「宿命」だと発言したり，市の教育委員会が大切な児童の聞き取りメモを廃棄したりするなど，子どもを守る立場にある人の発言や行為とは到底思えないことが続き，心が折れました。そのため，説明会を何度か途中で抜け，欠席したことがありました。

　裁判では原告に加わりました。同じ地域の人たちからは裁判をしないよう言われました。田舎なので，市と県に逆らい相手どる国賠訴訟などはとんでもないという雰囲気で，「非国民」，「はしけもん」（はじかれ者）のような扱いでした。しかし，娘がどのようにして亡くなったのかを知りたい思いがありました。地域には，大川小の児童を亡くした家が8世帯あり，原告は多い方が望ましいことから，呼びかけて，私たちを含む3世帯が名を連ねました。敗訴したら死ぬつもりでした。

　裁判は，仕事をしながらだったので大変でしたが，都合のつく限り赴きました。法廷は，テレビドラマで観るように，気軽に意見を述べることのできる場かと思っていたら，進行協議が多く，書面のやりとりが中心で，証人尋問も事前に提出した陳述書にもとづき，想像と異なりました。

　最終的に訴えは認められましたが，裁判に加わってよかったとは言えません。学校は子どもを守るはずのところなのに，校庭で約50分間の貴重な時間が使われたのはなぜか，結局明らかにならなかったからです。香奈に亡くなった理由は説明できないままです。

　損害賠償請求が認められたことで，批判を受けることもあります。とりわけインターネット掲示板の書き込みは誹謗中傷が多く，1度きりしか見ていません。「金の亡者」などと言われると，「お金は返すから娘を返して」といつも答えています。「お金をもらったのになぜ働くのか」と聞かれることもあります。原告遺族それぞれだと思いますが，私は仕事をやめると娘が喜ばないと思い，働き続けています。裁判のお金は，香奈を思い余生を過ごす夫婦の老人ホーム入所費用にあてようと，取り置いています。娘も許してくれ

ると思います。

震災を振り返って　大川小学校の遺構を残すべきであると主張したのは，同じ地域で私たち一世帯のみでした。校舎内の廊下に残っている香奈の名札は癒しになります。名札に触れて拝むだけで違うのです。香奈のお墓も定期的にお参りしています。しかし，大川震災伝承館を訪れたことはありません。

　東日本大震災は，人生で一番効きました。近親者が犠牲になった事故は初めての経験でした。自分がどうしたら助けることができたのか，自問自答する日々が続いています。フォーラムのパネリストなどを依頼されますが，語る気になれず，また怒りの言葉が出てしまいそうで，断っています。私たちの人生では，娘を失ったことがメインです。希望も生きる張り合いもなくなりました。

　香奈との思い出がつまった祭りの準備や神事には，参加することができずにいます。祭りの準備に関わると，香奈のことを思い出し，その元気な様子が浮かび，同時に津波の後に見つかった香奈の様子なども浮かんできて，平常心ではいられなくなるのです。子どもを助けてもらえなかったことで，神さまを信じることもできなくなりました。

　震災の復興支援をしている人の紹介で，イラストレーターに，香奈が青いドレスを着た姿で私たち夫婦と一緒に並んでいる絵を描いてもらいました。この絵の中で，香奈は私たちに微笑んでいます。その香奈の微笑む姿を見ると，心が和むのと同時に，香奈がいない現実を受け入れなければならないつらさも湧き上がってきます。

　2021年は香奈の成人式にあたる年でした。私たちの中の香奈は9歳のままですが，20歳になった姿を仮想して，晴着を買おうと思ったものの，お金を出す寸前でやめました。その代わりに，揃いのネックレスを4つ，香奈，私たち夫婦と飼い犬の分を購入しました。私たちの時間は，香奈を失った日から止まったままでいます。

自宅前の香奈によるイラスト

青いドレスを着た香奈

7　大川小学校の遺族の一人として

永沼由美子（大川小学校遺族会）

はじめに　あれから12年が経とうとしています。人生，生きている中での12年は，長いでしょうか。短いでしょうか。何もなかった頃の私には長かったのではないかと想像します。しかし，今の私は，大震災を経験し，その後の12年を過ごしているわけで，これから先も震災後の人生を過ごしていくわけです。そんな中での12年は，長くも短くもなく，ただ12年が経ったという事実のみなのです。

あの日の朝　平成23年3月11日，あの日まで，私は，毎日の生活におわれ，にぎやかな日々を過ごしていました。高校生の長男，中学生の長女，小学生の次男，3人とも野球をしており，高校，中学，小学校と違う学び舎にいたこともあり，本当にバタバタと，今，思えば，とても幸せな毎日を過ごしていたと思います。

　あの日は，石巻市中心部に職場のある私は，職場の近くの高校へ行く長男を乗せ，通勤する何気ない朝でした。家には，面倒を見てくれる祖母（私の母）と曾祖母（私の祖母）がいるので，朝が早いこともあり，中学生の娘も小学生の次男も起きてこない朝もあります。しかし，あの朝は，私と長男が靴をはき，「行ってきます」と言うか言わないかのタイミングで，次男が起きてきて「抱っこ」と言いました。寝ぼけているので，心の中で（時間がな

いのにな〜）と思いつつ，抱っこしました。そして，「行ってらっしゃい」と言われて出てきたのですが，それが次男との最後の思い出になりました。

この日の祖母と曾祖母の服は覚えていませんでした。そのことで，後に行方不明になり，探すことになる2人の遺体確認をする時に，少し手間取ることになるのでした。

遺族への対応　大事な家族を失い，家を失い，今後どうしたら良いかわからなかった私たちには，思いもよらないことが次々と振りかかってきました。親戚と地域の皆さんと，避難所の体育館で4ヶ月を過ごしました。小学校で亡くなった息子は先に見つかりましたが，それ以外の家族はなかなか見つかりませんでした。大川小学校の捜索の様子は聞いてはいましたが，見つからない家族を探していましたので，小学校の捜索には関われませんでした。その時の様子は，捜索に行った遺族からと報道で，あとから知ることになりました。

報道からもわかる通り，私たち【大川小学校遺族】への対応は，振り返ってみると，誠実ではなく，また，ごまかそうとするがゆえに，ねじ曲がって伝えられることが多く，それが辛い思いを背負うことにつながったと思っています。

遺族の慰霊祭　報道陣は，震災を語るために大川を除いては考えられない，と私たちによく言います。

「なぜ。」「どうしてですか。大川以外も被害は大きいですよね。」「大川以外でもたくさんのことが伝えられると思いますが，できませんか。」これは，私が慰霊祭の準備をするために，たくさんの報道陣とお話する際に言わせていただくセリフです。

大川小学校で行われる慰霊祭は，石巻市主催ではありません。どこかと共催するわけでもありません。遺族が遺族のために慰霊祭をするので，遺族主催なのです。

ある時は，どこからいらっしゃったかわからない方に「車を駐車する場所がない」と怒鳴られ，ある時は，全然知らない団体に「雨が降ってきたから，校舎の中に入っていいか」と言われました。校舎の中には入れなかった時の話です。

すべてに対応しているうちに慰霊祭の時間が来て，見渡せば，たくさんの

人，人，人。ありがたいのですが，対応できる限界を超えている人数が並んでいます。危ないから山に登ってはダメだと言われているのに，写真を撮りたいがために上がるカメラマンを止めに行き，降りてもらい，住職が拝む方向を歩く大川小学校見学の皆様には，拝んでいる間は中に入らないでほしいと案内に行くのです。あまりにも人がいすぎて，危ないので気をつけて歩いてほしいとお願いしているスタッフが，対応にあせり，石につまずき転ぶ始末。冗談のようですが，3.11の慰霊祭であった本当の話です。

　肩書のある方々が多数参列しているからと，慰霊祭の式辞で「ご挨拶はいただく予定か」と報道陣に聞かれ，「誰からもご挨拶はいただかない」と話すと，「なぜ」と聞かれます。それはこちらのセリフだと言いたくなります。なぜ遺族会主催の慰霊祭で，なぜ招待してもいない方から，肩書があると挨拶をいただくのか。私には分からないです。それも，慰霊に来てくださってありがたいのですが，事前に誰が来るのか，遺族会として把握していない場合もある中で。

　「過度な報道はご配慮いただくと助かります」と言い続け，最近は少しご配慮いただけるようになってきました。ご配慮いただくようになって，やっと多少，遺族が慰霊祭に参加できるようになってきました。あくまでも多少です。報道陣がいるがために慰霊祭に参加できない遺族は，まだまだ多いのです。今後も，努力を積み重ねるしかないのかなと思っています。

　一方で，報道が必要だと思っている遺族もおります。もちろん，それも真実です。必要なことでもあると思います。しかし，そもそも，遺族が参加できない慰霊祭では意味がないと思っているからこそ，ご配慮をお願いしているわけです。

　遺族が参加できる慰霊祭，また3.11と大川小学校を報道してほしいと思う遺族の意思，どちらも大事な思いであり，どちらも成立するように，できるかぎり調整して，積み重ねていかなければなりません。今後も努力していきたいと思っています。どちらも100％満足がいくわけではないかもしれないけれど，おおむね良好でおさめられたら，それでいいのかなと悩みながら，進んでいく道のひとつです。

捜索と遺族に終わりはない　「最後の一人を見つけるまで捜索を続ける」と言った市長が引退され，新しい市長に

なった年に「捜索費用の予算がとれない」と言われました。「予算がないので打ち切るけれど，予算がなくとも，人力や，できることで対応はする」との言葉はいただいたわけですが，その言葉をもらったものの，何か対応してくれているとはとても思えない毎日に，辛い日々を送っています。

　毎日泣いているわけではないけれど，対応がないように感じ，12年たった今も心が押しつぶされそうな思いを過ごしているのです。捜索にはいろいろな形があると思いますが，市の担当者が代わるたびに，引き継ぎはないのかと思いながら，毎回説明をし，頭をさげ，お願いし，日本語が通じていないのではないかと思う時もあります。きちんとした対応をしてくださる方も中にはいるのですが，寄り添っていただけたと感じることは少ないです。心はくじけます。もちろん辛いです。それでも，やれることを続けなければなりません。私たち遺族に，終わりはないのです。

　世の中では，震災から年月が過ぎ，どこか落ち着く場面があるのかもしれません。報道もそのような報道が多く，風化が心配されると報道されますよね。しかし，遺族には風化もなく，終わりもありません。こんなにさまざまな対応をしていたら，いつまでもそんな日は来ないのかもしれませんね。

一筋の光　その一方で，この本を作成しようと思ってくれた方々，原稿を書いてくれたたくさんの方々，震災を経験している人も経験していない人も，大川に関わりたい，関わって自分ができる何かをしてあげたいと思ってくれる人々との出会いは，辛い辛い思いの中の一筋の光とも言えるのではないかと思います。

　辛く苦しいことがたくさんあっても，震災がなかったら，自分の人生には関係なかったかもしれない人々とのたくさんの出会い，大川の遺族の生き方を見て，自分の人生を見直すきっかけになったり，進路を決めたり，結婚を決めたと言っていた若者たちがいます。今，生きている人生がかけがえのないものなのだと，今，生きているその事実だけが大切なものだと，大川と関わることで分かったのかなと思います。

　大川の遺族と関わってくれたたくさんの人たち，そんな人たちがいるから，私たち遺族は，がんばれるのかもしれません。

おわりに　何があるかわからない，震災のようなことも，その後に変わってしまった自分の人生も，これから先，何が起こるか

わからないこれからの時間も，すべてすべて悲しいことだけだったら生きられないのです。

　私に，いえ，大川小学校のこの出来事にいろんなかたちで関わってくれた方々，関わってくれている方々，本当に本当にありがとうございます。あなた方がいなかったら，きっと，こんな風な本はできなかったと思うし，前を向いて歩いていくことも難しかったかもしれません。だから，たくさんの縁と，たくさんの関わってくれる人の努力に感謝を申し上げたいと思います。

　そして，これからもよろしくお願いします。私もがんばります。

ある原告遺族の葉書

　暑中御見舞申し上げます。お変わりございませんか。

　御多忙の中，公判の度に足を運んでいただき，大変感謝しております。

　裁判も長期に渡り，目に見えないストレスにより体調の優れない原告団が続出しております昨今ですが，しかしながら3・11，あの日の子供達の苦しみ，辛さを思えば，私達の苦痛など屁でもありません。

　私の元にはいまだに戻ってこれないでいる娘の思い，もっともっと生きたかった息子の無念の思いを，私の心に深く刻み，完全勝訴する意気込みで，これからも闘ってまいります。

　私共夫婦は「裁判」を選択したことを最良の選択だったと自負しております。引き続き，私にできることを思案しながら頑張りたいと思っております。Aさんにおかれましても，引き続き，私共遺族に寄り添っていただけますよう，よろしくお願いいたします。　　　　　　　平成29年7月27日

行く道に花の咲かない道はなく

＊それまでほとんど言葉を交わしたことがなかった大川小遺族から，裁判中のある日に突然届いたこの葉書には，辛い裁判を闘っている遺族の心情がそのまま現れており，貴重な資料と考えられたため，許諾を得て掲載させていただきました。

8　まん中は子ども

佐藤敏郎（大川小学校6年生　佐藤みずほ　父）

学校の「念のため」　教師は，極限状態の中でパニックにならず，正しい判断をするスーパーマンではありません。それは教師に限らず誰にもできないことです。

多くの学校は，津波到達のだいぶ前に避難を開始しています。津波が来なくても逃げた学校もたくさんあるし，大川小より内陸の学校も逃げています。「逃げるかどうか」「どこに逃げるか」は事前に決めておくものです。

一方，備えが不十分で判断が遅れた学校は大川小だけではありません。津波が到達しなかったので助かっただけです。裁判では当日のことではなく，どのようにしてその日を迎えたのか，マニュアル・訓練は「本番」を想定したものであったのかという事前の取組みが問われました。ハザードマップも避難場所の設定も然りです。命を最優先にした備えであったのか，行政も研究者も報道も，私たち一人ひとりが結果オーライではない反省が必要です。

川のすぐそばの海抜約1mの校庭で，防災無線やラジオが避難を呼びかけていました。まさか津波は来ないだろうと思っても念のために避難するフェーズです。学校の「念のため」は，一般住民のそれと同じでいいはずがありません。子どもにとって学校は「たまたま通りかかった場所」ではないし，先生は「たまたま居合わせた大人」ではないのです。裁判官は教師の誇りにしっかり向き合ってくれました。

あの津波を予想するのは無理では？　という声もありますが「99％以上の確率で津波」という想定をふまえ，県も市も再三防災体制の見直しを指示していました。大川小のマニュアルでも津波は想定されています。でも，具体的な避難場所の記載はなく，職員間で共有もしていません。作っていたのは，命を守るためではなく教育委員会に提出するためのマニュアルでした。なぜそうなったのか，大川小だけの問題でしょうか？　防災のことだけでしょうか？　学校のことだけでしょうか？

防災だけでなく「学校の負担」が何かと問題になっていますが「忙しくて子どもを守っている暇がない」では本末転倒です。もっとシンプルに，もっと丁寧に子どもに向かうマネジメントが求められています。大川小学校事故

の検証を抜きにそれはあり得ません。

消された言葉　2011 年 4 月 9 日，第 1 回目の説明会は石巻市教育委員会の「地震で木がバキバキと倒れてきた」という明らかな嘘から始まりました。木は一本も倒れていません。6 月 4 日の 2 回目の説明会は 1 時間半ほどで一方的に打ち切り，報道には「遺族は納得した」「説明会はもうやらない」と語りました。最初からボタンを掛け違えています。

　6 月 4 日，市教委は「山に逃げようという男子がいた」と説明しました。助かった子どもたちが，つらい中話してくれた大切な証言です。「私たちが話さなければ（亡くなった）友だちの存在がなくなってしまう」と，校庭の様子を懸命に話してくれたのです。震災後 1, 2 ヶ月後で，記憶もたしかな時期に複数の児童が同様の証言をしていて，私も直接聞きました。ところが，いつのまにか市教委の報告書から消えています。聞き取り調査メモもすべて廃棄したとのこと。指摘を受けると今度は「子どもの記憶は変わるもの」と語りました。警報が鳴り響く校庭で必死に避難を訴えた声は，なかったことにされたのです。

　このような例をあげればキリがありません。ほんとうに恐ろしいのは「津波」ではありません。立場や前例，体裁，利権等のせいで，大事なことが見えなくなってしまうことの方が恐ろしいように思います。すべての人の中に潜むものです。

　説明会は 2012 年 1 月に再開し，3 月 18 日の 4 回目で「いつまでもテーブルのあちら対こちらではなく，丸くなって話合いをしていこう」という方向性にたどり着きました。4 月からその準備の打合せがスタート，市教委は担当者が代わったので，数回にわたって丁寧に説明しながら進めていたつもりでいました。

　ところが，石巻市は 6 月の議会で「市教委も遺族も入らない」第三者検証委員会の設置を発表。寝耳に水でした。そんな話は聞いていません。話合い準備の打合せは，検証委員会設置の打合せにすり替えて答弁されました。

　「たら，れば」になってしまいますが，2012 年 3 月に目指したように対話の形を築くことができていたら，と考えることがあります。最初は対立したとしても，子どもの命をまん中にすれば立場を越えて対話できると私は信じています。違う意見は潰し合うのではなく，ハモればいいのです。そのハー

モニーを子どもたちにも聞いてもらいたいと思っています。

検証委員会の迷走　検証委員会が始まる前の約 2 年間で，遺族や報道等は「意思決定が遅れたこと，避難ルートを誤ったこと」の 2 点を検証のポイントとして捉えていました。ところが，2014 年 3 月の検証報告書には「事故の原因は，意思決定が遅れ，かつ避難先を河川堤防付近としたこと」「なぜそうなったのかは明らかにできなかった」と述べてあります。つまり，もっとも肝心な部分はほとんど踏み込まなかったのです。最後の検証委員会で委員の半数以上が欠席したことでも分かるように，終盤は内容も委員のモチベーションもトホホでした。

2012 年 11 月，検証委員会の立ち上げにあたって，重視する点が次のように示されました。

「なぜきちんと判断して避難行動がとれなかったのか，それはマニュアルがきちんと定められていなかったからだというのであれば，では，なぜそのマニュアルがきちんとできていなかったのか。こういった “なぜ” を繰り返すことが非常に重要で，それによって背後にある原因を究めていくことができる。現場にいた個人の判断の誤りなどにとどまらず，それをもたらした背後の要因，それは多くの場合は組織の問題であるが，そういった問題に踏み込まなければきちんとした対策はとれない。様々な要因が重なり合って大きな事故・災害をもたらす。それらをすべて明らかにすることが検証として必要。事故調査や検証の目的が責任追及でないからといって，結果として責任が明らかになるからという理由で報告書の筆を鈍らせてはいけない。」事務局長は力強く語ったのでした。

ところが，検証委員会は多くの時間とお金を費やし「大川小にはラジオがあったのかどうか」「教室に残っていた掛け時計は本当に大川小のものか」…，表面的な考察に終始し，検証とはほど遠い内容になっていきました。津波の到達時間のグラフも読み違えて，遺族の指摘を受け訂正しました。

そして「これ以上事実が明らかになると責任を問うことになるので進められない」「事実は解明できなくても，提言はできる」といつのまにか方向転換をして提言をまとめました。

検証委員会が出した提言は大川小事故に基づいたものとは言えません。マニュアルの見直しや研修の充実など，事故がなくても挙げられる項目ばか

り。「監視カメラや簡易地震計を設置すべき」ともあります。学校はそんな機器がなければ子どもを守れないのでしょうか？ 教師のプライドも何もありません。この報告書に基づいた調査，研修等が，学校現場の仕事が煩雑になる要因にならないことを祈ります。

「範囲」ってなんだ？ 検証委員会が迷走し行き詰まっていた 2013 年 11 月 20 日，委員長は「私たちは決められたフィールド（範囲）でしか検証できない」と苦しそうに弁明しました。徹底的に究明すると言って始まったその検証委員会には「ここから出てはいけない」という範囲が実は与えられていたのです。検証が進められるはずがありません。

委員会の事務局は，それまで学校安全分野の実績のない社会安全研究所が随意契約で請け負いました。委員の選出についても疑問だらけです。学校管理下での事故なのに学校の現場関係者がいません。一方で，責任は追及しないと言いながら，弁護士が三人も入っています。さらに委員の一人は事務局長の父親！「たまたまそうなった」と言いますが，こうした場合，血縁関係者は避けるのが普通ではないでしょうか。

遺族に委員の名簿が届いたのは説明会の前日の午後です（検証委員会の資料が届くのは常に前日）。当時の私たちには為す術はなく，バタバタと進められてしまいました。

先述の「消された言葉」をはじめ，市教委が曖昧にしたものは検証委員会でも曖昧のままでした。学校でこれだけのことが起きているのです。検証委員会に「範囲」が与えられていたとしても，それを突き破ろうという人が一人もいなかったのでしょうか？ 悔しくなかったのでしょうか？ 子どもの命が，言い訳やごまかしで語られどんどん遠ざかります。

責任を問われないようにする組織構造。「責任」は果たすものではなく，逃れるものになっています。「重く受け止めます」と言い続け，やがて担当が代わります。検証委員会も荷物を放り出したまま船を降りました。大切だと分かっていても，取り組むまでに時間を費やしたり，十分踏み込めずに形式的・表面的になったり…，みんな同じ構図です。

事務局は，質問が集中した最後の記者会見の議事録を「うっかり録音しなかった」と作りませんでした。我々の録音データを渡すと「予算が…」と渋

りながら作成しました。

　遺族がいつまで騒いでいるのかと思われても構いません。ドアをたたき続けます。

こっち，こっち　学校で多くの児童・教員が犠牲になるという前例のない事故。遺族も行政も，報道する側も，それを受け取る側も前例がありません。どう伝えればいいのか，限られた字数，時間の中で苦慮しています。これまでも意図しない伝わり方が何度もあったし，言葉が一人歩きして誤解を生むこともありました。それでも関心をもち，自分ごととして考える方々が数多くいて，その輪は確実に広がっています。時間はかかっても，その熱は伝わるし，固い壁をきっと溶かします。

　大川小学校の事故を受け，通達・研修・会議が増えましたが，具体的な避難場所を防災マニュアルに一行書き込むために必要なのはどんな研修でしょう。

　かつて笑顔にあふれた学校があって，あの日突然それが失われた事実に向き合う。悲しみの向こうに校庭を走り回る子たちが見えてきます。そのさらに向こう側に未来があります。校歌で歌われた「未来」です。

　2019年12月，市長・教育長ら市教委，県教委関係者を初めて案内した時のこと，いつの間にか，子どもたちが集まってきて手を引いてくれている感覚になりました。「市長さん，こっちが教室だよ」「教育長さん，このホールで歌ったんだよ」「ほら，ここまで津波が」「こっち，こっちだよ」…。

　その前日もボランティアの皆さんが清掃にきました。花も植えられています。ガレキに埋もれたあの日から，多くの方々の手によって学校はいつもきれいです。子どもたちはそれも伝えてほしいようでした。いろんなことがあり，たどり着いた今日はスタートラインです。

　子どもの顔が思い浮かぶかどうか，子どもに聞かせられる言葉かどうか。
　方向性は見えてきました。こっちです。

※大川伝承の会ではwebページ「震災遺構大川小学校ガイド」を更新しています。
　ご活用ください。http://311chiisanainochi.org/?page_id=6186

9 未来の命を守るために

平塚真一郎（大川小学校津波事故被災者家族・中学校長）

　あの日まで，ある意味において大川小学校は「安心・安全な学校」の一つでした。子供を大切に，熱心に指導してくださった先生方。学校を信頼し，何かあれば協力を惜しまなかった保護者。そしていつも我が子のように，子どもたちを温かく見守ってくれた地域住民。大川小学校には，素直な子どもたちの笑顔があふれていました。大川小学校は，そんな日本のどこにでもある学校の一つだったのです。

　しかし 2011 年 3 月 11 日を境に，その状況は一変します。未曽有の大震災。仕事で大川地区を離れていた保護者の多くが，ラジオ放送「大川小学校孤立」の一報に，山に避難している先生たちと子供たちの姿を思い浮かべていました。その期待は後に，無残にも壊されることになります。そして，「なぜ，我が子が死ななければならなかったのか」という，永遠に答えの出ない問いを遺族は抱えることとなったのです。

　大川小学校事故について語るとき，「なぜ」に対する議論ばかりがクローズアップされますが，震災直後に見つからなかった児童，教員の捜索現場の壮絶さも語らないわけにはいきません。警察，消防，自衛隊，ボランティア，それぞれの立場で懸命に捜索する姿は，本当にありがたく，頼もしく感じました。

　そんな現場でも，日が経つにつれ，一人また一人と減っていき，津波被害の捜索は過酷を極めていきます。そして我が子を失い，絶望の淵に立たされた遺族が，自らの手で子供たちを探さなければいけないという筆舌に尽くしがたい現実。それも簡単に探したい所を探せるわけではなく，関係各所への陳情，お願いもさることながら，資金の捻出を含め，障壁となる課題は山積していました。

　「指の一本でも，骨の一欠片でも見つかってほしい」という，どんな姿でも我が子に会いたいというその思いと，ただただ帰ってきてほしいという気持ちは，第三者には到底理解していただけるものではありませんでした。震

災から5ヶ月後，変わり果てた姿の我が子が帰ってきたとき，捜索を支援してくれた方々と，手を取り合って涙して喜ぶというありえない状況が存在したことを思うと，二度とこんな経験をする人を出してはいけないという決意が，今の私的な講演活動の原動力となっています。

　多くの犠牲者が出た東日本大震災。その中でも最も犠牲の多かった最大被災地石巻市。「なぜ学校管理下で多くの犠牲が出たのか。人災にほかならない。」「子どもたちは津波（天災）で亡くなったのだ。仕方ないことだろう。」大川小学校事故に関して多くの意見が飛び交う中で，その問題を児童遺族の心情に寄り添って語るか，亡くなった先生方（学校側）の立場に立って語るかで，意見は大きく違いました。それらの意見は，「なぜ，我が子が死ななければならなかったのか」という問いに，明確な答えを与えてはくれませんでした。

　そんな中，感情の相容れない客観的な視点で，大川小学校事故を検証する第三者委員会の設置について，私が文部科学省に申し入れたことが，結果として形となりました。
　平成25年（2013年）に始まった検証委員会は，およそ一年で，報告書を提出することになります。限られた時間と限られた情報の中で，事故の概要についてまとめなければならなかった検証委員の方々のご苦労には敬意を表しますが，残念ながらその結論は心のモヤモヤを晴らしてくれるものではありませんでした。しかし一方で，報告書は2つの点において価値があるものだったと私はとらえています。一つは「尊い命は，救えた命であった」と公的に認められたこと。二つ目は，学校関係者を含め，大川小学校周辺の地区民が多く亡くなっていることから，「あまりにもわからないことが多くある」ということでした。このモヤモヤを晴らすことこそが，後世に教訓として残すべきものであると今は考えています。

　「頭では理解できるが，心がついていかない。」教員と学校事故遺族という両方の立場で事故を捉える時，その狭間で揺れ動く自分の感情に向き合うことがあります。その気持ちを端的に表せば，前述の言葉になるのでしょう。

震災から5年後，そんな心情をつぶさに表現したのが，当時，大川小学校被災校舎をどうしていくかという公聴会で発した言葉に表れています。以下に記しておきます。

〈平成28年（2016年）2月13日　石巻市公聴会より〉

　私は震災時，大川小学校で娘を亡くした平塚と申します。この度は，このような意見を述べる場をつくっていただき感謝しております。

　　石巻市民アンケート。「解体」を望む大川地区民の数。54.4%。
　　大川小遺族アンケート。「解体」を望む遺族の数。58.5%。
　この数は少ない数でしょうか？「保存」を望む外部の人が無視できる数でしょうか？
　この数の意味を，この数の重みを考えてほしいのです。メディアには出られない58.5%の遺族の「声」を聴いてほしいのです。
　想像して下さい。我が子が帰ってこない喪失感を。泥の臭いにつつまれた瓦礫の中から我が子を掘り出すことを。数時間，数日前まで確かにあった温もりが，突如奪われたという事実と悲しみを。あの校舎の中で，帰らぬ家族を発見したつらさを。「救えたはずの命」が帰らぬものになった親の「無念さ」「悔しさ」を。
　想像して下さい。もう生きて帰ることなんて望みもしない。せめて，骨一本でも我が子の手がかりが見つかればと津波で一変したふるさと大川の地を，来る日も来る日も掘る姿を。遺体が見つかったことを，ともに捜索した方々と手を取り合い涙して喜ぶ姿を。5年経とうとしている今も，いまだに家族の元に帰ってこられない我が子の一部でもと捜索し続けている遺族がいることを。できれば校舎を壊して，周辺の探しきれていないところをくまなく捜索したいという思いを。
　想像して下さい。ただ，ただ，亡くなった方々に静かに手を合わせたいだけなのに，大型バスで乗り付けた観光客に哀れみや好奇の目を注がれることを。それが嫌で近寄れないことを。あの校舎をバックに，記念写真を撮る姿を見せられることを。メディアに大川小という言葉が踊るだけで，

胸が締め付けられる思いをしている遺族がいることを。

　ここで起きたことは「悲しみ」などと一言で片付けられるものではないのです。「遺族の『悲しみ』はわかるけれど，残すべき」という意見があります。遺族の「悲しみ」は遺族にしか分かりません。その悲しみは一生消えることはなく，我々遺族は深い悲しみをこれからも背負っていくのです。

　だとするならば，せめて，せめて，悲しみにつながるものは取り除きたい。

　54.4％。58.5％。この数は少ないでしょうか。その解体を望むこうした遺族や地域の人々の苦しみや悲しみといった犠牲はやむを得ないものでしょうか？これから何十年と我慢しなければならないものでしょうか？

　旧大川小学校校舎の解体に賛成します。あの場所は子どもたちの笑顔と地域の方の温かさに包まれた場所でした。あの無残な姿の校舎は，もう今ではそうした場所ではないのです。

　悲しみを想起させ，遺族に苦しみを与える旧大川小学校校舎は，必要ありません。あそこを，遺族の，そして集う方々の心安らぐ場にしてほしいのです。

　私は震災後，娘に会えるのなら死ぬのも悪くないと思っていました。生かされたものとして亡くなった人の分も生きることが使命と思っていました。それは違いました。たくさんの人にいただいた支援や励まし。それに応えることは自分の人生を生きること。出会う人を笑顔にすることなのだと考えるようになりました。生きている人が自分の人生を生き，心からの笑顔を取り戻すこと。そのことが天国にいった方々をも笑顔にする。そう思うのです。

　想像して下さい。家族や地域を愛した，天国にいった子どもたちが，親が苦しむ姿を，どんな表情で見ているか。

　地区民54.5％。大川小遺族58.5％。半数以上の31家庭。この数は少ないでしょうか。学術的な価値の前では無力でしょうか。こういった公の場やメディアの前では話せないけれど，私と同じ思いをもっている遺族や地域の方々がたくさんいることを知ってください。そして声を大きくした人や数だけで，間違った方向に導いた結果が大川小の悲劇を起こしたことを

知って下さい。メディアに訴えられない58.5％の遺族の声を少数意見と扱わないでください。

　津波の恐ろしさを伝え，後世に語り継ぐ方法は他にもあります。命を救うのは教育です。あの校舎ではないと思うのです。大川小で起きたことの教訓は教育の世界に身を置くものとして必ず生かします。

　最後に，我がふるさと石巻には5年が経った今でも当たり前の生活を取り戻せないでいる人達がたくさんおります。捻出が懸念されている震災遺構の維持管理費。そのお金は負の遺産ではなく，人々の笑顔を取り戻すことに使ってほしい。そして天国に旅立った皆さんも笑顔にしてほしい。それが本当に後世に残すべきものであると私は考えます。

　この公聴会の後，石巻市は校舎保存を含む，公園整備計画を策定することになります。私は，震災遺構検討委員に任命され，その残し方について意見を述べることになる訳です。「残すなら，遺族に配慮した形でちゃんと残してほしい」「後世に負担をかけない方法を考えてほしい」という2点が，私の主張でした。

　現在は，求めがあれば，この震災遺構の前で，話をさせてもらうことがあります。思いは一つ。どういう形であれ，私の経験と言葉が，未来の命を守るために生かされるのであれば，言うことはありません。これからも，教育に携わる者として，命と心と笑顔を守る活動に邁進していく所存です。

＊亡き娘・長女の小晴（震災当時，大川小学校6年生）への思いについては，拙稿「天国の笑顔のために」細野不二彦・平塚真一郎・井出明『きみは『3.11』をしっていますか？―東日本大震災から10年後の物語』（小学館，2021年）41-84頁をご参照下さい。

10　一様ではない「遺族」の思い

狩野孝雄（大川小学校津波事故被災者家族）

三女の愛のこと

私は，代々，針岡集落に居住し，妻と姉妹 3 人の子どもがいます。震災当時，長女は高校生，次女は中学生，三女は小学生でした。三女の愛は，いつもにこにこと笑っていて，可愛い子でした。大川小学校 6 年生になっても，天真爛漫なままで，夜，私が仕事から家に帰ると，「トランプしない？」と誘ってきて，一緒にトランプで遊んだのが良い思い出です。

震災時のこと

地震の時は，石巻港近くの会社に勤務しており，間一髪で津波から逃れました。自動車で逃げる後方に，高さ 1メートルくらいの第一波を見ました。内陸部に避難し，自宅へ向かいました。愛は，大川小学校の先生たちがついているから大丈夫と考えていました。

　津波の翌日，釜谷へ向かうと，間垣の堤防が切れており，辺りは跡形もなく，これはただごとではないと思いました。自宅に到着し，河川から離れた奥にあるため被災していませんでした。妻と次女も無事でした。

　その後，他の児童の親とともに歩いて，愛の通う大川小学校へ向かいました。途中でがれきの中に大人の遺体を見かけ，これはまずいと思いました。小学校から戻ってきた知り合いに，「子どもたちはもうだめだ」と言われました。探したものの見つからず，愛はだめだと思って，その日の夜，号泣しながら家に戻りました。一緒に行った親と，「娘のことで泣くのはお嫁さんに出す時だと思っていたのに，こんなことで泣くとは思わなかった」と話しました。

　大川小学校とその周辺で，会社を 1 月ほど休職して捜索活動を続けました。震災直後に捜索にあたっていたのは，地元の消防団や自分を含む児童の保護者で，手で掘っていました。一帯に被災した地域は多く，大川へ警察や自衛隊が来るまで時間がかかりました。愛はなかなか見つかりませんでした。

　4 月 28 日に，大川小学校の 49 日合同法要があり，式の途中で，捜索で親しくなった警察官から「小学校 6 年生くらいの女性の遺体が上がりました」

と報告を受けました。全身が見つかり，下着などで愛と分かりました。もう遺体は出てこないかと思ってあきらめていたので，家に連れ帰り，お墓に入れてあげられるので，逆に嬉しかったです。

保護者説明会　保護者説明会は，4月9日の第1回のみ出席しました。その時は，まだ見つかっていなかった愛が津波で流された方向や場所を知りたくて参加したものの，肝心のそのことは分かりませんでした。誰が悪いのかなど，保護者から怒号が飛び交っており，もういいやとうんざりして，説明会にはそれ以降出席していません。

震災当日，校庭には，児童と先生のほか，地域住民が来ていました。自分がもしそこにいて，先生から山に逃げようと仮に言われたとしても，「山は崩れるからやめましょう，釜谷に津波が来たことはありませんから」と言って止めたでしょう。他所から赴任してきた先生方には，子どもたちと運命をともにしてもらって，申し訳ない気持ちもあります。遺族同士で意見交換をしたことはありませんが，色々な見方があると思います。

説明会には，生存したE先生が来ると事前に聞いていました。E先生は，気さくな感じで，子どもに寄り添って楽しませて学習させようとする良い先生でした。私は，震災前にPTAの役員をしており，E先生とは一緒にお酒を飲むなどして親交がありました。説明会で見るE先生は，びくびくして話しており，人が変わってしまって，このまま自殺するのではないかと心配しました。もし会ったら，「大変だったね」と言いたいです。責めるわけにいきません。かえって，大川に赴任したことで申し訳なかったね，という気持ちの方が強いです。

その後のこと　針岡集落では10人以上子どもが亡くなり，同じ檀家だったので7月末に合同で葬式を行いました。親戚も亡くしました。愛のことを思い出すと，今ものどの奥の方が熱くなり，涙が流れます。徐々に周りの人に支えられ，妻となぐさめあって，娘たちに明るく接してもらって，生活しています。現在，長女は結婚して孫が2人います。

遺族会は，最初は行っていましたが，あまり活動も捜索もしなくなって，参加しなくなりました。裁判に参加した遺族については，勝訴して良かった，報われた，頑張ったね，と思います。誹謗中傷や殺害予告までされていましたし。他方，自分は，お金をもらっても愛が生き返る訳ではないので，

裁判に参加する気持ちはありませんでした。遺族それぞれだと思います。

　震災当時のことをほじくり返しても，せっかく落ち着いてきた心がざわつくだけです。地元の新聞で，大川小事故「遺族」の意見と書いてあるものを読むことがあります。せめて，「一部の」遺族の意見と付け加えてくれるとよいと思います。「遺族」の思いは一様ではありません。

大川小事故について思うこと

振り返ると，避難路，避難場所を，地域住民とPTAが一緒になって整備していれば，こんなことにはならなかったと思います。そうすれば，地震の後，先生方はそこに児童を誘導することができました。その意味では，今回の被災は，我々地域住民の責任の部分もあります。地域住民の防災意識は低く，釜谷まで津波が来ると思っていませんでした。

　大川小の校舎は，震災から数か月の間は，もう見たくないので壊して欲しかったです。他方，娘たちは，母校でもあり大好きな学校なので壊して欲しくないと言っていました。その後，瓦礫だらけだった学校は，自衛隊やボランティアの方々にきれいにしていただいて，気持ちは少し変わっていきました。今は，51対49くらいで，校舎が残っていてよかったと思います。ただし，早く崩れて欲しいという気持ちも半分くらいあり，複雑なところです。

　全国あちこちから校舎を見に来て，語り部の話を聞いてくれる人たちがいるのは，良いことと思います。津波の威力を知り，ここまで津波が来たことを考えてもらえれば，ありがたいです。観光名所のようなことになるのは抵抗がありましたが，気持ちは段々変わってきました。みなさんが線香や花を上げてくれて，ありがたいです。

　月命日の11日は，校舎の裏の慰霊碑へ行きます。同じような気持ちの顔見知りが来ているので，気兼ねせずに済みます。校舎側の慰霊碑に行くと，訪問者が話している内容が耳に入り，正しくないこともあるため，耐えられないことがあります。校舎側にはあまり近づかず，妻に誘われると行き，ろうそくを立て，掃除する程度です。大川震災伝承館は，入ったことはあるものの，展示はさっと見ただけです。他の遺族の活動に，さほど関心はありません。

大川地区について

大川地区は限界集落です。津波で，地域の中心だった長面と釜谷のまちはなくなり，過疎化してなく

なってもやむなしかと思っています。地域の産業などの再生は，賛成でも反対でもなく，傍観しています。針岡の自宅周辺の集落では，和気あいあいと暮らしています。互いの家族は顔見知りで，都会のような薄っぺらい関係ではなく，お互いの動静をよく知っており，自分にとって，とても住みやすい，昔ながらの「村」です。しかし，他所へ移った娘たちは戻って住みたいと言いませんし，人により必ずしもそうではないかもしれません。

伝えたいこと 全国で，地域の避難路と避難地は，整備しておく方が望ましいと思います。どの地域でも，100 パーセント災害がないことはありません。東日本大震災は，これまでの備えを考え直す機会になりました。

大川小の子どもたちが遺したものをうまく活かして下さい。子どもたちの犠牲で，何かしら人類が教えられることがあればと願います。2011 年 3 月 11 日は何だったのか，大川小津波事故を考えるきっかけにして，世界に「こんなことがあったよ」と伝えたいです。

11 真衣に話したいこと

鈴木典行（大川小学校津波事故被災者家族）

真衣に話したいことがいっぱいあるんだよね たまに夢で逢うことはあるけれど，いつまでたっても 12 歳なんだよね。

大人になった真衣を見たいと思っていたけれど，この頃は「それでも良いのかな」って思うようになってきました。

だって，パパが天国に行ったときに真衣をすぐ見つけられるように，変わらないでいてほしい。

なんて思っています。

真衣はいつも天国から見ててくれるからわかると思うけれど，パパは大人になった真衣に気づかないかもしれない。

だから 12 歳のままでいてくれた方がすぐ見つけられると思います。

また一緒に遊んで，一緒にバスケしたいです。

第2章　遺族の思い

待っててね。

　あの時から今までに，たくさん泣いて・苦しんで・精神的に病んでしまい。
　でも，いつも真衣が側にいてくれてパパを支えてくれたんだよね。
　だからこそ，たくさんの人の前でお話（語り部）が出来るようになったし，たくさんの人たちとの出会いもあったし。
　そんなパパの話を多くの人たちが聞いてくれるのは，いつも隣に並んでくっついていてくれるからだと思っています。
　ありがとう。
　澪ちゃん（三女の妹）と一緒にいると，顔が真衣になったり，声が真衣の声になったりで，いつも近くにいることがわかります。
　真衣の憧れの星奈ちゃん（長女の姉）も，大人になって立派な美容師（スタイリスト）になって活躍しています。
　真衣は，先生になりたいって，5年生くらいから中学校の教科書を見て勉強していて，先生になることを楽しみにしていました。
　残念に思うけれど，年下の面倒を見たり優しい真衣だから，天国でも子供たちの面倒見ているんだろうなーって，勝手に思っています。

　あのさー，東京オリンピックの聖火リレーも一緒に走ったよね。
　真衣の名札を胸に付けて走ろうと思ったけれど，走る直前で注意されて外しました。
　でも，ポケットに入れてしっかりと一緒に走ることができました。満足感いっぱいです。
　パパの靴に気づいた？
　あの時の靴は，練習用だったバッシュ履いて走りました。
　だからこそ，真衣と一緒に走った感も強かった。
　多くの人たちからの声援をいただいて，大きく手を振って…。嬉しかったし，達成感いっぱいです。

　語り部をしていると，捜索して見つかった時のみんなの顔が思い出されま

す。

　毎回のように思い出して辛くはなるんですが，大川小学校で亡くなった児童のことを知っていただいて，災害が発生したときにどのような助かる方法があるかを考える時間にしてもらっています。

　伝えるだけではなく，一緒に考えられる時間って必要かな〜って思っています。

　あんなことが二度と起こらないように（災害が起きても人が死なないように）と思って伝えていますが，伝わっているかな〜，なんて思っています。

　真衣がいなくなってから，時は過ぎて行くばかりです。

　でも，泣いてばかりでもいられないしね。

　真衣もパパを見ていてわかると思いますが，精神的に苦しい時って誰とも話もしたくなかった（家族以外とは話すことすら嫌だった）。

　そんな時に「やることないかなー」と思い，自転車（ロードバイク）にチャレンジしました。

　これが，自分の気持ちを変えていきました。

　被災地をロードバイクで走りながらゆっくりと見て，車で走っては感じられないこともたくさん感じて，それが自分にとって最高の趣味となりました。

　県内外での自転車友達もできました。

　今まで考えてもいなかったマラソンにも挑戦しています。

　大勢の仲間との交流も素晴らしいと思いますが，一人でできることも見つけられたら思います。

　次は何をしようかなー。「そうだ。語り部を英語でやろう。」

　そんなことを考えています。

　パパの勝手な思いだけどね，一人で苦しんでいる人ってたくさんいると思います。

　一人でもできること，一人でも熱中できることを探すことができれば，ちょっとは明るくなれるかと思います。

　そんな人と交流をもちたいです。喋らなくても，体を動かしたり熱中することがあれば，一緒に楽しめると思います。

　パパは周囲の環境に恵まれていて，遺族の皆さんと大川伝承の会で一緒に伝承活動したり，他地域の方との伝承活動などの交流を持たせていただいています。そして，幼なじみとの 50 年以上の交流やロードバイクでの友達。

　一人になりたいときは，マラソンしたりロードバイクで走ったり。

　そして，いつも家族がそばにいます。

　真衣は，見えないだけでみんなと一緒にいます。

　自分だけが感じていることなのだと思いますが，語り部や講演をしているときは，いつもそばにいるのがわかります。右隣にいる感じがします。

　話し始めるときには，見えないスイッチが ON するんです。どこかにボタンがあって押してくれています。

　普段の仕事以外では口数は少ないパパですが，真衣がスイッチ ON することによって，与えられた時間を真衣と一緒にお話をできているんだなーって思っています。

　ロードバイクで辛い坂道を上るときも，後ろから押してほしいんだけど……。

　「甘えるな（真衣）」⇒「はい（パパ）」

　今までたくさんの誹謗中傷のある中で，「嫌だな」って思ったことが数えきれないほどありました。

　語り部で取り上げていただいたとき，大川小学校に関することで取り上げていただいたとき，聖火ランナーで取り上げていただいたとき。ほぼ毎回のようにターゲットにされてきました。

　でも，他のメンバーも活動している中で，自分だけ凹んでいるわけにもいきませんし，語り部の活動は継続していますし，これからも続けていこうと考えています。

　もう嫌だ。あの時のような，たくさんの子どもたちを抱き上げて，あの時のような子どもたちの顔はもう見たくないです。生意気でも，いつも元気な子どもが大好きです。

　パパは原告にはなりませんでしたが，原告団を応援して一緒に活動してき

たと勝手に思っています。

　だからこそ，判決内容も，これからの学校防災やこれからの防災意識・危機意識を高められるようになった感じでいます。

　真衣は，これからも家族を見守ってください。

　日本中の子どもたちを災害から守れるように見守ってください。

　これからも災害は発生します。そんな時に，モノは壊れても，人の命は壊れないように。そう強く願い，真衣へのメッセージとします。

　また夢で逢いに来てください。

　パパはまだ天国へは行かないよ。

　んじゃね。

2 映画『『生きる』大川小学校 津波裁判を闘った人たち』

1 遺族が紡いだ映像記録

寺田和弘（ドキュメンタリー映画監督）

プロローグ　映画は「2011 年 3 月 11 日午後 2 時 46 分，東北地方太平洋沖を震源とするマグニチュード 9 の巨大地震が日本列島を襲った。この東日本大震災で数多くの学校が被災した。しかし 74 人の児童と 10 人の教職員が津波に呑まれ命を失った（児童 4 人は未だ行方不明）のは宮城県石巻市にある大川小学校だけだった。地震発生から津波到達まで約51 分ラジオや行政の防災無線で情報は学校側にも伝わりスクールバスも待機していた。なぜ我が子は学校で最期を迎えたのか。この映画はその答えを探し続けている親たちの記録である」というプロローグから始まります。

それを象徴する 1 枚の写真があります。

震災 3 日後の大川小学校

この写真は，原告遺族の只野英昭さんが震災３日後の朝，ようやく大川小学校に辿り着いた時に撮影しました。道路も橋も寸断され，警察や自衛隊も来ていませんでした。遺族はそれぞれの手段でようやく学校近くに辿り着き，最初に見たのがこの光景でした。学校周辺には大量の土砂が積もっていますが，よく見ると，複数の足跡が学校に向かっています。遺族の方々は素手に近い状態で，子どもを探し続けました。お互いに「（子どもは）見つかったか？」と声をかけ合い，遺体が見つかった遺族に対しては「よかった」と言い合いながら探し続けたといいます。学校で10人の先生方も犠牲になっています。しかし被災時に学校に不在だった校長も，市の教育委員会の人も誰一人，こうした捜索活動に参加しませんでした。

遺族が記録し続けた「証拠映像」

「あの日に何があったのか」と「あの日からどのように遺族が扱われたのか」というこの２つの点が大川小学校の問題で大きな焦点となるのですが，映画は「あの日からどのように遺族が扱われたのか」ということに軸足を置き，展開しています。

その柱となるのが，遺族が撮影し続けてきた「ビデオ映像」です。保護者説明会や大川小事故検証委員会（第三者委員会）の様子を遺族は撮影し続けました。200時間以上にのぼります。しかし，こうしたやり取りの中で，遺族の絶望は深まっていきます。

石巻市教育委員会（市教委）が保護者説明会を最初に開いたのは４月９日でした。当時，学校にいた教職員11人中，１人だけ助かった教務主任の先生が遺族の前で語ったのは，この日が最初で最後でした。そして，遺族と市教委との信頼関係が決定的に崩れたのは２回目の説明会でした。また，その後，第三者委員会を経てもなぜ，遺族は裁判を起こさなければならなかったのか。その様子も遺族が撮影し続けた「証拠映像」に記録されています。

我が子の代理人弁護士となって

児童23人（19家族）の原告遺族と共に挑んだのが，吉岡和弘弁護士と齋藤雅弘弁護士です。通常，こうした大事件は，多くの弁護士が参加し，弁護団を形成しますが，大川小児童被災国賠訴訟は，最初から最後まで２人だけで担当しました。

裁判での最大の懸案事項は津波ですべての証拠が流されていたことでし

遺族の撮影した保護者説明会の映像より

た。目撃証言を探そうにも、どこに誰が避難しているか分からない。そのため吉岡弁護士は遺族に対して「弁護士任せにせず、皆さんが我が子の事実上の代理人弁護士となり裁判で闘うべきだ。それが津波で亡くなった子どもたちに対する親の務めではないか」と話したと言います。

　そして、原告となった遺族は、事実上の代理人弁護士となって、それぞれ伝手をたどり証拠を集めました。津波到達地点や学校周辺の状況を明らかにするため測量会社に依頼。それを元に、校庭から裏山まで避難するのにどれ位時間がかかるのか、また子どもたちが移動したとされるルートの時間を測りました。こうした検証をしていく中で、繰り返し明らかになるのは「我が子は死ななくて済んだ」ということでした。

　映画の中で、齋藤弁護士が私の質問に言葉をつまらせるシーンがありますが、それはこうした原告遺族の地道な努力をみてきたからでした。

「生きる」というタイトル

最後までなかなか決まらなかったのがタイトルでした。ある時点までは「大川小学校津波裁判を闘った人たち」というタイトルだけにしようかと考えていました。しかし、最後の撮影を終えて、制作メンバーと話し合いを重ねて行く中で「生きる」という言葉が浮かび上がってきました。黒沢明監督は1952年に生きるというタイトルの名作をつくり、詩人の谷川俊太郎さんも生きるという詩を発表しています。そうした中、「生きる」というタイトルにすることにしり込みしそうにもなりました。でも映画を見ていただけるとかぎかっこのついた「生きる」の意味が分かっていただけるのではないか、意味は分からなかったという方にも許していただけるのではないかと期待しています。

親による裏山への移動の検証

大川小学校校舎廊下の亡き娘の名札を
なでる中村夫妻

映画『生きる』ポスター

colum

映画『生きる』で語られた言葉から

○今野浩行さん　　子どものところに行きたい，っていう気持ちもあるわけさ。ただ，残された者（妻）もいるから，簡単には死ねないっていう思いもあって，なかなかその辺の関係性は難しいよね，俺はだよ。震災当時は，俺，「死にたい」ってずっと言っていたから。でも今，もう10年以上経ってさ，その辺の変化っていうのは。やっぱり奥さんがいるっていうのは，大きいんだよね。

それが，ここ最近は，「死にたい」って，前は口に出して言っていましたけれど，そういうことはなくなりましたね。やっぱりその，病院に行こうっていうのは，生きようとしている。そこが，震災直後と今現在では，大きく違うのかなと思います。

今回の（仙台高等裁判所）の判決を見ると，きちんと子どもの命が余裕をもって救える，本当に，未来のこどもの命を救うために必要な我々の主張が認められ，本当に，命を救う裁判での判決になったのかなと。

（2018年4月26日，仙台高等裁判所（控訴審）判決後の記者会見にて）

裁判官が言った言葉です。「学校が，子どもの命の最期の場所になってはならない。」裁判官はこう言いました。「もっとも安全で安心できる学校であってほしい。」先生たちには，そういう学校をぜひつくっていただきたい。

（2022年1月8日，防災を学ぶ高校生への講話にて）

○今野ひとみさん　　裁判官の方が，証人尋問の時に，証人に対して，もう怒りをあらわにした言葉を発した時に，よ

うやく「私たちの思いが司法の場で伝わったんだ」と。うん，それが一番でしたかね。

　（脅迫した犯人に対して）子どもを亡くした親の痛みを分かってもらえないんだろうな。裁判にいたるまで，色々な思いがあったし，「もう本当にこれで良いんだろうか」とか，思ったときもありましたし。うちの主人なんかも，心臓の手術もしたし，本当にこう身体を壊してまでも裁判に臨んでいたにもかかわらず，そういう「お金目的」とか，そういうのでしか見れなかったのかなとか思って，すごく悲しい気持ちになったし。もう，何て言うんだろう，何回も殺されたような感じですよね，気持ちの中では。

　うちの主人は，あまりお酒も飲めなかった人なんですね。それなのにやっぱり，自分の身体もどうなっても良いやみたいな感じで，すごい一杯飲んだりとか。それに対して，私がきつく言ったってだめだし，まあ，そういう子どもを亡くして気持ちになるのも，自分もそうだから分かるし。ただまあ，自分の命は大事にしてもらいたいなという思いもあるし。だから，私も子どもたちの仏前に拝むときは，「お父さんを守ってね」っていうので，そういうお願いしか，今はできないんですよね。

　○佐藤和隆さん　裁判とか何とかしなくても，教育の現場で起きたことだから，早い段階で，様々なことが明らかになると思っていました。

　それが，石巻市教委（教育委員会）と２年話し合い，一切なりませんでした。

　頼みの綱の第三者検証委員会，それもだめでした。

　ここ何日か考えたんですけれども，あとは，考えられる手段というのは，法的手段しかないのかなと，ずっと悩んでいます。今でも悩んでいます。

　もっともっと，良い手法があるんであれば，誰も裁判なんてやりたくないですよ。やりたくないから，色んなところに訴えかけて，話して，話し

すれば分かる分かると思ってやってきて，今日の今日ですよ。
（2014 年 2 月 23 日，大川小学校事故検証報告書説明会後の遺族記者会見にて）

　「なぜ」。もう 5 年以上，ずっと，「なぜ」，「なぜ」なんですよ。「なぜ死ななくちゃいけなかったのか」。裁判では，その部分は明らかにはなっていません。

　　　　　　（2016 年 10 月 26 日，仙台地方裁判所（第一審）判決後の記者会見にて）

　今日は，裁判所の説明を聞きながら，説明の一つ一つが本当に胸に刺さり，心ある判決をいただいたなということで，感無量の時間でした。

　　　　　　（2018 年 4 月 26 日，仙台高等裁判所（控訴審）判決後の記者会見にて）

○只野英昭さん　　判決の骨子の部分をずっと聞かせてもらいながら，ずっと涙を流していたんですが，「やっとここまで来れたか」という思いが一つと，「ここまで来るのに 7 年もかかったのか」という二つの思いが複雑に入り乱れて，「やっとスタートラインに立てたのかな」っていうところが率直な自分の気持ちでした。

　　　　　　（2018 年 4 月 26 日，仙台高等裁判所（控訴審）判決後の記者会見にて）

　ウソから始まったわけですよ，簡単に言えば。「あの日何だったのか」っていうところの説明がウソから始まって，それを本当にしようとして，一生懸命，嘘で固めようとしたためにこういうことになってしまって。本来であれば，自分は裁判を起こすような事案じゃないと思います。
　まだまだこの先，これからはやらなきゃいけないことがあるわけですけども，これを当事者がやるのではなくて，ちゃんとシステムとして，当事者がやらなくてもいいような世の中にしていければなと。この判決が，そういうものにつながっていけばいいなと思っております。

　　　　　　　　　　（2019 年 11 月 23 日，専修大学でのシンポジウムにて）

◯紫桃隆洋さん

（娘の千聖が）本当はね，20歳過ぎて，成長して，綺麗になって外出していたんだろうけども。でも，亡くなった5年生，11歳のそこから，頭に浮かばないんですよね。小学生の思い出だけがあるので。その頃の走り回っていた様子，父親に甘えながらお小遣いをねだる姿とか，毎日のようにね，一年中，その思いは消えないですよね。

◯紫桃さよみさん

この学校の跡地に足を運ぶこともできませんでした。それが10年経って，こういう形でこの場に立たせていただいているのは，ひとえに皆さんの協力と理解といろんな思いが，私たちをこの場に立たせてくれているんだということを，皆さんに本当に感謝したい気持ちです。

「語り部」という言葉を，私はあまりしたいとは思いません。なぜなら，母親の思いが先に立ってしまって，裁判とか検証とかという，その重い活字のような世界には，私はどうしても立ち入ることが許せない自分がいます。

亡くなった娘は，私の笑顔が大好きでした。なので，私はひっそりと泣きます。娘にバレないように，頑張って，泣いて笑って，残りの人生を，娘の分まで，娘が残した何かのために，私は一生懸命生きていこうって，今日も今ここで，確信しました。

（2021年11月21日，大川小学校での原告団による語り部の会にて）

2 映画『生きる』を観て

吉岡和弘（弁護士）

行って帰ります……　「行って帰ります」と挨拶する地方があるといいます。

「行ってきます」と元気に家を出て，当然，帰ってくるはずだった我が子が帰ってこない。学校というこの世で一番安全な環境に身を置いていたはずの我が子が，なぜ帰ってこないのか。走れば1分で駆け上れる裏山があると言うのに，どうして先生たちは裏山に避難させてくれなかったのか。

津波に呑まれる瞬間，我が子のもとに，どんな風が吹き，どんな色の海水がどのように襲ってきたのか。我が子は，どのように津波に呑まれたのか。我が子の最後をしっかりと把握することが親としての義務ではないのか。

遺族らは「子どもらの最後を知りたい」との一心で石巻市らに説明を求めました。

しかし，石巻市長からは「これは宿命だ」と言われ，教育委員会は生存児童の聴き取り資料を廃棄しました。唯一助かった教務主任は自分が助かった経緯を話すばかりで，「なぜ校庭からの避難が遅れたのか」という点については沈黙しました。最後の頼みの綱の第三者検証委員会は，「校庭からの避難が遅かった」，「三角地帯（北上川付近）に向かって避難した」ことが事故の原因だと結論づけました。

「そんなことは分かっている。知りたいのは我が子がなぜ50分間もの間，校庭に待機させられたのかだ」と問う遺族らに対し，学校側からの真摯で誠実な答えはありませんでした。裁判などする事案じゃないのに，裁判をするしか手はないのか…。遺族らは苦悶しました。

つまらないからやめろ……　宮沢賢治の「雨ニモマケズ」には，「北に喧嘩や訴訟があればつまらないからやめろといい…」との一節があります。日本社会には，今なお，「裁判などはしてはならない」という法意識が通奏低音のように国民の身体に染みついています。

その一方で，我が国の行政組織内には，「行政は誤りを犯さない，犯してはならない」という行政の無謬性論がはびこっています。「官」側に立つ者

らは，そうした無言の圧力に押されるように，「ミスは犯していない」と言い張り，「真実を知りたい」と願う遺族たちと衝突します。全く正反対のベクトルが働く中で，遺族らに残された手段は裁判しか他に術はない状況に追いやられていくのです。

裁判で負けたら二人して死のう……

「走れば1分の裏山があるのに，我が子は校庭に縛りつけられた」と憤る遺族。「裁判で負けたら二人して死のうと話し合って原告になる決意をしました」と話す遺族。「誰も裁判なんかしたくないですよ」と胸のうちを明かす遺族。これまで裁判と無縁の市井の人たちがやむにやまれず困難な訴訟に立ち上がります。

米村滋人東大教授（民法）は，大川小高裁判決を論評する中で，「もしも，この判決がなかったなら1万8千人余りの犠牲者を生んだ東日本大震災は日本社会に何も教訓を残さなかったと思う。この判決は大川小の子どもたちと日本社会が変われる重要な第一歩になる判決になると思う」とコメントしました。

真摯な対応をしない学校側に怒りを抱く人たちが，他に裁判しか方法はないと苦渋の選択をして原告となっていく過程は，日本人の法意識に対する挑戦の過程でもあり，私たちに「権利は闘いとるもの」であり，「権利の実現は市井の人たちがもたらす」ことを教えてくれます。

金が欲しいのか……

提訴後，「金がほしいのか」との多くの誹謗中傷が原告ら遺族に浴びせられました。新聞社には，原告団の中心を担う3人を「殺す」，「火をつける」との脅迫文が送付され，その男は逮捕されています。この間，原告ら遺族とその家族らは，恐怖に怯え，まるで「二度殺された気分」と当時の心情を明かしました。

これら心ない言葉を投げかけた人たちが，この映画を観て，心ない投稿をした誤りを悔い，「事実」を正確に把握することの大切さを痛感させることになるでしょう。侮蔑的表現や誹謗中傷が飛び交う今日の社会模様が，映画『生きる』を制作させる背景のひとつになっているのかもしれません。

お子さんの命の値段は4〜5000万円です……

原告ら遺族は，我が子の最後の真実を知りたくて裁判を提起しました。私と齋藤弁護士は，原告ら遺族に「我が子の事実上の代

理人弁護士になって真実を究明してはどうか」と呼びかけました。しかし，我が国の裁判では，賠償を求める者が「請求の内容を特定」し（主張責任），「それを裏付ける証拠を用意する」（立証責任）ことになっています。一見当たり前に見える裁判のルールは，原告ら遺族に，我が子の命に値段をつけよと迫るものでした。また，「いつ津波到来を予見できたか」（予見可能性），「どこに逃げろというのか」（結果回避可能性），津波で証拠が散逸したというのに，そして，どんな津波が起きるか分からない原告ら遺族側にこうした非情で過酷な主張を迫るものでした。

原告となった遺族らは，事実上の代理人弁護士となって，各自，伝手をたどり証拠を集め始めました。原告らは，雨の中，癌で闘病中の原告の一人が必至で裏山を駆け上る姿を撮影し証拠化しました。そうした原告らの採証努力の様子を見るにつけ，被災者側に立証責任等の負担を迫る我が国の裁判は，余りに一般常識からかけ離れてはいないか。我が国の裁判はこれでいいのか。果たして公平な裁判なのか。寺田監督は，私たちに現行裁判制度のあり方を問いかけます。

まだ，そっちにいなさい……

かけがえのない最愛の子を失った遺族。生きる希望を喪失し，「死にたい。息子のもとに行きたい」と漏らし続ける夫婦。そのうち，「こいつ（妻）がいるということは重い」と夫は呟き，「まだ，そっちにいなさいと子供が言っているよ……」といさめる妻。そうした何気ない夫婦の会話の中から，ともに「生きよう」と立ち上がっていく二人の姿。さりげなく，秀逸で美しい会話を映し出す場面は，夫婦の存在理由の根源のようなものを私たちに見せつけます。

娘と共に生きていく……

我が子を失ったあの日から11年。「二人だけだとやりきれないので犬を飼いました」という遺族。漁師になり「なるべく感情を出さずに生きてきました」と述べる遺族。これまで大川小学校にさえ足を運べなかった母親は，語り部の会でマイクを握り，「やっと大川小に来ることができました。今日ここで娘の分まで，娘とともに生きていく決意をしました」と語りました。最愛の子を失い，生きる希望を失った者たちが，我が子の記憶を抱き，悲しみを育みながら，我が子とともに「生きる」決意をしていく場面を，寺田監督は丁寧に映

し出します。

代理人の忸怩たる思い……　「平時からの組織的過失」という画期的判決を原告ら遺族が引き出していく過程を，寺田監督は2時間4分のドキュメンタリー映画にまとめてくれました。

　私たち訴訟代理人は，「裁判」という厳格なルールの前に，遺族らが提訴に至る想いなどを十分に裁判に反映できずにいたことを悔やみ続けてきました。原告ら遺族は，求めた裁判像と現実の裁判との間に深いギャップを感じたことでしょう。

　寺田監督は，そうした私たち代理人の忸怩たる思いを払拭させるかのように，裁判に挑んだ原告ら遺族らの未燃焼の心情を的確に映像化してくれました。

　映画『生きる』を観た原告ら遺族は，やっと「裁判をやって良かった」との思いに浸ってくれるのではないかと，密かに期待しています。

記憶し続ける……　人間の記憶というものは，とても残酷です。あれほど脳裏に刻み込んだはずの出来事を，わずかの時間経過とともに忘れていきます。「平時からの組織的過失」という高裁判決は，新しい法律を一つ立法したに等しいほどの価値ある判決ですが，私たちは，この判決を記憶し続ける努力をしないと，すぐにこの判決を忘れてしまいます。

　今般，映画『生きる』が制作され，後世の人たちが，様々な視点や角度から，安全確保の未来像を描くツールとして利用し，また，そのことが，大川小児童らを記憶し続けることになります。映画『生きる』は，心ある人たちから珠玉の名作と評価される映画になるでしょう。

colum

鑑賞者の感想より

　『生きる』試写会とシンポジウムが終わってから，ずっと主人と映画について話しました。話が尽きることはありませんでした。このことが，この映画の魅力そのものだと思います。

　つまり，『生きる』は，裁判制度，判決内容，防災，責任者・リーダーの在り方，組織の事なかれ主義・隠蔽体質，家族の絆や愛情，誹謗中傷などなど，本当に多くの要素を含んでいるということ，そして，映画は記録映像やインタビューがメインで，必要最低限の字幕説明しかなかったので，映画を見た側は，映画の中に，それぞれの立場で自由に考え学んでいく課題を見つけ，語りあうことができることだと思います。

　家に戻ってから，主人が，せっかくのご縁で映画を見たのだから，石巻に行ってみようと言いました。私自身，東北の震災については，関心はあるものの直視する勇気を持てずにいましたが，『生きる』が背中を押してくれました。

　現場に立ち，生きたかった児童たちの声を受け止めてきたいと思います。
　　　　　　　関根優紀子（会社員，2022 年 6 月専修大学・試写会＆シンポジウム参加）

　小学生の子どもを持つ母として，あの日大川小で何が起きたのかを知りたくて映画を拝見しました。

　大川小のことはニュースで知っていましたが，映画を拝見して時系列で理解できました。映画を見ながら，涙が止まらず静かに嗚咽していました。

　毎朝「行ってらっしゃい」「先生の言うことを良く聞いてね」と，小学生の娘を送り出します。先生の言うことを聞いていたから，亡くなってしまった子どもたちがいる。じゃあ，「先生の言うことが正しいかどうか自分の頭で考えて，しっかり判断して学校で行動してね」とは，なかなか言えません。

　シンポジウムで今野さんが，「自分の子どもは教訓になるために生まれ

たわけではない」と話した言葉が胸に刺さりました。大川小で亡くなった子どもたちは，決して特別でなく，もしかしたら我が子であったかもしれない。

「学校が子どもたちの最期の場所になってはならない。」その通りです。「なぜ起きたのか」をしっかり検証して世の中に知らせること，再発させないことが大事だと思いました。

学校教育を受けてきた人，組織で働く人，これから子どもを持つ人，全ての人にこの映画をみてほしいと思います。

　　清水祐子（会社員・二児の母，2022 年 6 月専修大学・試写会＆シンポジウム参加）

一言ではとても言い表せませんが，「観て良かった」と心から思います。

いただいたパンフレットを拝読し，改めて映画の中のご遺族一人一人の顔，表情が目に浮かび胸が震えています。

この作品はドラマチックさや分かりやすい演出，何かはっきりとした答えを提示する，といった手法から離れているところ，作り手の意図を感じさせないところが最大の魅力だと私は思います。

ナレーションや演出，音楽も最小限という作りは作品のテーマを浮き立たせ，かえって集中して見れました。

しかしながら，ご遺族の子どもたちへの「想い」と救えなかった無念さへの寄り添いが画面の端々から感じられ，観ていて非常に心が揺さぶられました。

遺族がなぜ訴訟を起こしたのか，そこへ至る道筋を淡々と描写することで，教育現場や行政の隠蔽体質があらわになっていました。

目に見えるはっきりとした「悪」は存在せず，社会の在り方が悲劇につながってしまった，そして，その社会というものは映画を観たすべての人と繋がっている，皆が社会の一部で，大川小学校で亡くなった子どもたちと無縁ではないのだ，ではその「私」はどういう社会であって欲しいのか，その社会を実現するために何ができるのか，何をするのか，といった大きな問いも提示されていると感じました。

　ご遺族一人一人の発する言葉の深み，重み，亡くなった子どものことを語る時にあふれる愛情の大きさが素晴らしく，人は大きな悲しみと共に生き続け，闘うこともできるという人間の可能性を見せられました。

　「生きる」は，そうした様々な感じ方ができる，力強く深みのあるドキュメンタリーでした。子どもたちの命を守る責任は社会に生きる大人にあると思いますので，一人でも多くの大人に「生きる」を観てもらいたいと思います。

会津初穂（会社員，2022 年 4 月東京・完成試写会参加）

　私にも 10 歳の娘がいるので，ご遺族の方々のお気持ちは察するに余りあるほどです。また，ご家族それぞれに状況も違い，それぞれの感情があるのは当然で，それでも裁判をするために立ち上がった皆さんは，最初は親として子供の最期の状況を知りたい，というシンプルな動機だったと思うのですが，私は映画を観終わって，その方々が 3 月 11 日まで産み育てた「子どもたちの声」を聞いた気がしました。

　原告遺族の方々は，親としてその声を届けるために，心に傷を追いながらも闘ったのだと思います。

　恐らく，この映画の制作者の方々も，「子どもたちの声」を届けるという使命を感じられているのではないでしょうか。

　だから，この映画を観る者として，引いては社会の一員として，「子どもたちの声」を受け止めたい，受け止めなければならないのだと痛感しました。

　当事者にならなかった私たちは，社会で生きていく以上，自分が行政や教育に携わり組織に飲み込まれて誠意のない対応をする者，原告遺族，そのどちらの立場にもなりうるのだと，考えるべきだと思います。

　だからこそ，原告遺族に一方的な同情をするのではなく，自分が加害側だとしたら（皆がいつそのような立場になってもおかしくない），そうならないためには日々の中で何ができるのか，何をすべきなのか，自分自身の足元を見つめ直すきっかけになりました。

　この悲劇惨劇が起こってしまったのはある一部の限定的な事柄だと片付けるのではなく，同じ時代に生きている大人たち皆に責任があるのだから，決して繰り返すな，それが大人の役目だということが，亡くなった子どもたちからのメッセージだと思います。

坂巻美千代（会社員，2022 年 4 月東京・完成試写会参加）

3 映画『生きる』で伝えたいこと

寺田和弘（ドキュメンタリー映画監督）

遺族の気持ちになって　「監督はこの映画で一番何を伝えたいですか？」と，まず聞かれます。本来であれば「○×○×です」と，即答するべき質問ですが，私にとって一番，答えるのが難しい質問なんです。

　いくつも事実を知ってほしい，感じてほしいことがあるためです。ただ，あえて言えば，裁判を起こしただけでなぜ遺族が辛い思いや，いわれのない誹謗中傷を受けなければならないのか，その根底には何があるのか，映画を通して，遺族の気持ちになって考えてほしいと思っています。

　そのために，私なりにちょっとした工夫（演出）をしました。この映画には状況などを説明するナレーションや文字の情報はほとんど入っていません。説明や文字が情報として入ってくると，映像を第三者的に見てしまう可能性が高く，それを避けたいと考えたからです。

　見ている方の気持ちを誘導する音楽もほとんどかかりません。音楽は監督ではなく，音楽効果という専門職のプロが担当します。私と同じように考えてくれたのかは分かりませんが，編集をした映像を見て，音楽がほとんど入らない作品に仕上げてくれました。

映画制作の転機　最初からこのような映画にしようと考えていたかというと，実は違います。当初は，多くのドキュメンタリー映画のように，事実関係を明らかにし，問題点を明示して，主人公となる遺族を通して，困難にどのように立ち向かったのか，どのような内心の葛藤があったのか，視聴者の方々が広く"共感"しやすい作品にしようと考えていました。しかし，ご遺族が撮影されてきた映像を見る中で，私の考えは変わりました。

　この映画は，津波が大川小学校を襲った後，我が子を見つけるためにお父さん，お母さんたちが必死になって駆けつけた，その日から始まります。「あの日何があったのか」「なぜ我が子が学校で最期を迎えたのか」ただそれだけを知りたくて，石巻市教育委員会や事故検証委員会が行う説明会などに参加し，それを記録し続けました。映画の骨格部分はその映像で構成されて

121

います。

　遺族が記録した映像を繰り返し見続けても，遺族の求めた答えを探し出すことはできませんでした。その一方で，説明会をするたびに遺族と行政側の溝が広がり，深まっていくように感じました。そして私は，この様子は映画を見てくださる方々にも追体験してもらいたいと考えるようになったのです。

答えのない映画　追体験してもらいたいという思いの一方で，とても失礼な言い方をしますと，簡単に遺族の思いに共感してもらいたくない，大川小学校で起きたことを理解したフリをしてほしくないとも思っています。

　映画の中でも触れていますが，裁判を起こしたご遺族は約3分の1です。原告遺族の中でも，考えや思いはそれぞれ違います。私もまだ一度も話したことがない方もいます。

　まだまだ分からないことが多い，いや，それどころかご遺族が求め続けている「あの日何があったのか」，「なぜ我が子が学校で最期を迎えたのか」ということすら，未だに全く解明されていないのです。つまり，この映画には答えはありません。それでも何か，映画を見て，感じていただければ，受け取っていただければうれしいです。

バリアフリー版も制作　先ほど「状況などを説明するナレーションや文字の情報はほとんど入っていません」とお伝えしましたが，それでは視覚や聴覚に障害などを持つ方は，この映画を観ることはできなくなってしまいます。そのため，日本語字幕や音声ガイドが入ったバリアフリー版も制作しました。

　このバリアフリー版を制作していく中で，私の考えにまた変化がありました。実は当初，私はバリアフリー版の制作に消極的でした。バリアフリー版の制作をはじめたのも，文化庁の助成がおりたからという理由からでした。

　でも，音声ガイドを制作している方から，いろいろ話を伺うなかで180度考えが変わりました。端的にいうと「バリアフリー版を作らなければ障害を持っている方の見る権利，知り権利を奪うことになる」ということに気が付いたんです。

　そのため，ただ単にバリアフリー版も作りましたではなく，すべての人に

バリアフリー版を見ていただける質の高い作品に仕上げたつもりです。私は
バリアフリー版を「Bバージョン」と言っています。それぞれ感じるものは
違うと思いますので，ぜひ，Aバージョンと Bバージョンの両方，劇場で
見てください。

ご覧いただく方々への期待　　　この映画は小学生や中学生の方には，少し
難しい作品かも知れません。それでも私は
小学生や中学生の方々にも見てもらいたいと思っています。

　なぜなら，大川小学校で亡くなったお子さんたちは，みなさんと同じ年頃
でした。つまり，この映画はみなさんのお父さん，お母さんが，みなさんの
ために闘った記録とも言えます。普段は優しく，時に厳しい，お父さん，お
母さんは，どんなことがあっても，みなさんの味方であると，この映画を見
て感じとってほしいです。そして 10 年後，20 年後，大人になった時に，も
う一度，見てください。この悲劇を二度と繰り返さないために。

◆ 第3章 ◆
津波・学校事故を考える

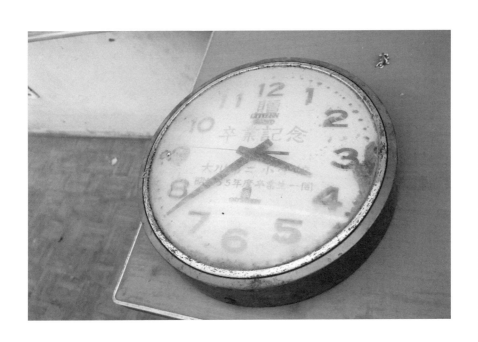

1 大川小学校津波事故を考える

1 学校管理下での災害や事故・事件から命を守るために

美谷島邦子（一般社団法人いのちを織る会代表理事）

御巣鷹山での紫桃さんとの出会い

日航機墜落事故があった御巣鷹の尾根に，2013 年 8 月 12 日，さまざまな災害や事故のご遺族が登られました。その中に，2011 年 3 月 11 日，東日本大震災の津波により 84 人が犠牲になった宮城県石巻市立大川小学校で次女千聖さん＝当時（11）＝を亡くした紫桃隆洋さんの姿がありました。ひまわりの花束を抱えて登ってきた紫桃さんは，「遺族として相通じるものがあるのではないかと考え訪れた」と話してくれました。そして，「こんなに険しい山だとは思わなかった」と驚き，「28 年間も登山道を整えて慰霊するのは素晴らしい。われわれももっと思いを語り合い，情報を共有していきたい」と話しました。

大川小学校事故検証委員会委員を務めて

東日本大震災で，学校の管理下として最悪の大川小学校の惨事は，遺族の要望を受けて，文部科学省の指導のもと，第三者で組織する「大川小学校事故検証委員会」が設置されました。私は 8・12 連絡会事務局長と 9 歳の子を事故で亡くした遺族の立場で，検証委員会の委員として 1 年間，石巻と東京を頻繁に往復しました。検証委員会は，責任追及ではなく，事故の原因究明と再発防止に力点を置き，大川小，石巻市教育委員会，石巻市などの災害の備えに対する甘さを指摘し，2014 年 2 月，提言をまとめました。200 ページを超す報告書には，学校防災の課題が詰まっています。

事後の対応についても，国や行政の課題が浮き彫りになったその提言を関係各機関は具体的な検討と対策をして欲しい，失敗を責めることだけでなく「安全確保への意識を高めて欲しい」と，今も願っています。その導き出された多くの教訓は，遺族たちが想像を超える苦しみの嵐の中で，身を削りな

がら発信し，2年間調べ続けたことが土台にあります。「真実を知りたい」と発信したその発言の重みは，「命の重み」。社会が，遺族でなければ語れない言葉に真摯に耳を傾けていく過程は，今後も続けていかなければならないと思います。また，検証委員会では亡くなった先生方の遺族からも話を聴きました。苦しみの底から絞り出す再発防止を願う言葉に心うたれました。

遺族への真摯な対応とケアの必要性

同じように肉親を亡くした者として感じたのは，被災者の声は「素人だから，感情的なもの」と考えられ，客観性や科学性を重視すべき検証を妨げるものとして位置づけられ，検証の場から排除される傾向が強いことです。しかし，遺族の発する言葉には，真実を求める重い響きが込められています。被災者支援の一つは，真実を求める遺族へ真摯な対応をし，説明に努めることだと思います。同時に，残された者への精神的ケア，経済支援，生活支援を迅速かつ継続的に行っていくことです。特に，精神的ケアをもっと包括的に進めていくことを求めたいです。また，検証作業の役割も遺族と確認し合い，遺族の負担を少しでも軽減していくための方法やシステムが必要だと思っています。

「なぜ，亡くなったのかを知ることはつらいが，何よりも必要。誰の責任かという白黒を求めているのではない。自分のこの苦しい気持ちの，この怒りの落ち着く先を何とか探したい」と言われたお子さんを亡くしたご遺族の言葉が心に今も響きます。科学的な，公正な，誠意ある事故調査や検証は，納得への大きな力となります。遺族に納得はないが，その芽を作ることにはなります。そして，遺族に必要なのは，なんでも語りあえる仲間と場所。その輪の中で，少しでも前を向こうとしている人たちを求心力にして生きて欲しいです。

「自らのこと」として心に刻む大川小学校津波事故

震災から11年経ちました。私は遺族と言葉を交わしたいと大川小学校を毎年訪れています。昨年は，雨が降り注ぐ大川小学校の窓の向こうに，行方不明の息子さんを探しているお父様の姿を目にし，涙が止まりませんでした。遺族は時の流れの中で悲しみを閉じ込めさせてしまう，ピエロのように表面では笑い顔をしても，仮面の下にはいつも涙が流れています。そのとめどない涙は，もう人には見せられなくなるか

らなおさら仮面をかぶり笑っています。どうか，一緒に泣ける仲間と時間を大切にしてほしいと願います。

大津波は，故郷をのみ込みました。かけがえのない命を奪い，地域の人々の日々の生活の地を奪い，仕事をも奪いました。その跡でうずくまりながらも，明日に向かって懸命に生きようとしている人々の姿がありますが，一人ひとりが抱える悲しみはますます深まっています。それが，被災地の今なのだと強く感じています。私たちは，この災害を「自らのこととして」心に刻みたい。

検証委員会の委員をし，多くの遺族の人と延べ50日ほど仮設住宅で話をうかがい，ここで一番感じたことは，最初の対応が大切だということでした。最初の対応を間違ってしまうと最後までボタンの掛け違いは響きます。これは，事故でも災害でも同じ。そして，誰でも被災者，被害者になる，誰でも災害や事故に遭う，自分は大丈夫という正常バイアスにかかってはいけません。そして，被害者を二重三重に苦しめないためにも防災計画，被害者支援計画の策定が必要です。日頃から，命を救うための訓練が必要です。

安全を築き上げるために　被害者の悲しみを引き受ける

安全には終わりがありません，安全は守るのではなく，築き上げるものだと思います。安全を測るのは，今までの失敗や事故の数ではなく，災害や事故の痛ましい経験を知識として共有し，安全を守るために，実践してきたその数です。そして，安全対策には正解がありません。正解は存在するものではなく，作り出すものだからではないかと思います。日頃うまくいっていることからも学び，失敗をみんなで検証するそんな遠回りが，人命を守るための正解に近づくと思います。

どんなに技術が進んでも安全への最後の守り手は，人間の意識です。そして，安全を高めるには被害者からの発信が必要です。時は悲しみを閉じ込めるけれど，悲しみをなかなか溶かしてはくれない。大切な人を失ったその悲しみを，社会が共に引き受けていくことで，少しずつ失われた日常性を被害者は取り戻すことができるのだと改めて思っています。

（2022 年 10 月 3 日記）

2　議論の中心は子どもたちのはず

高橋シズヱ（地下鉄サリン事件遺族）

誰のための話し合い　テレビ画面に，ある企業のごく普通の会議室が映っていました。テーブルを囲む椅子の中に，ひときわ目立つ「オレンジ色の椅子」が一脚置いてあります。すると，ラフな服装の社長が説明します。

「議論の対象になる人がそこに居ても，胸をはれる議論ができているのか，結論が出せているのか，そのことを忘れないために置いている」と。

陸前高田から仙台へ　2018年春に，陸前高田から仙台までの被災地を巡りました。

コースから外せなかったことは，神戸の「1.17 希望の灯り」が分灯された被災地の一つ，陸前高田の友人を訪ねること，そして，オウム真理教の破産管財人を務めた，故阿部三郎弁護士の自慢の故郷だった女川に行くことでした。

震災から7年経って，各地とも直後の生々しさは片付けられ，整地が進んでいました。

南三陸町から南下し，新北上大橋を渡ると，そこで目に飛び込んできたのは，被災した石巻市立大川小学校でした。暖かい日差しの中，駐車場から歩いていくと，子どもたちの明るい声ではなく，人垣に向かってハンドマイクで切々と語っている男性（遺族）の声が聞こえてきました。その校庭から，ぐるりと見えてくる北上川の土手，三角地帯，裏山，学校……これらは，新聞やテレビではわからなかった高さや距離，傾斜，空気，眺望を，この身に確認させるものでした。

ここで話を聞いた誰もが，「どうして？」と感じたはずです。

どうして50分も校庭に居続けたのでしょうか？

どうして高台（裏山）に避難しなかったのでしょうか？

どうして安全な避難の判断と指導ができなかったのでしょうか？　……

その日は，たくさんの不可解さと無力感を抱いたまま，女川に向かいました。

『生きる』試写会　このドキュメンタリー映画を最初に観たときは，遺族の生々しく，憤まんやる方ない言葉に圧倒されました。すでに，古代の遺跡のようになってしまった校舎は訪れていましたし，遺族の話を聞き，被災当時の写真も見ています。しかし，スクリーンから飛び出してくる声がやまびこのように耳にこびりついて，動悸が収まらず，映画の流れが頭に入ってこないほどでした。

その後，もう一度試写会の情報を得て，観に行きました。

どうして大川小学校だけが，児童74人と教職員10人もの犠牲を出してしまったのでしょうか。何度観ても，遺族の葛藤の場面が心に突き刺さり，私自身に重なっていきました。

組織の保身　大事に育ててきた我が子が，「未来を拓く」はずの学校の管理下で犠牲になってしまった，その真実を知りたい。至極真っ当な遺族の要望に，学校も，石巻市教育委員会も，事故検証委員会も誠実に応えませんでした。

かつて，地下鉄サリン事件から二年目のニュースは，「(当時の)クリントン大統領は，『日本の人々と共にこの痛みと損失を記憶する』という声明を出しました。このような言葉は日本政府からは聞こえませんでした」と報じました。元米大統領の声明は東日本大震災の被災者の方々にも通じるメッセージです。

その後，サリン事件の被害者，遺族，弁護団は，衆議院議員会館で集会を開きました。被害者への補償を訴えるもので，趣旨は，霞が関を狙ったテロ事件であること，数々の殺人・殺人未遂事件を起こしていたオウム真理教を警察が捜索しなかったことなど，国にも責任があると考えたからです。ところが，警察庁，法務省，外務省，文部省，労働省，厚生省（当時の省庁名）等々は皆，判を押したように，「持ち帰り検討します」と答えたのです。霞が関で被害に遭っていたかもしれない省庁の誰一人として，「何か良い手立てはないだろうか」と考えることはなかったのです。

テロ事件にせよ，大震災にせよ，第一に念頭に置くべきは，犠牲者，被災者，被害者のことではないでしょうか。

説明会の場で，遺族は，「子どもの命を真ん中に置いて考えましょう」と「オレンジ色の椅子」を提示していたにも関わらず，相対した人々の，そこ

に無邪気な児童の顔を見い出すこともせず，事実をはぐらかして保身に走る様子に，憤り，失望したと思います。

　あの日，校庭に留められた児童たちは，優柔不断な先生たちの様子をもどかしく思っていたことでしょう。皮肉なことに，その遺族たちは，学校，市教育委員会，事故検証委員会に同じような苛立ちを感じることになってしまいました。

裁　判　真実が究明されないまま，遺族たちは，やむなく石巻市と宮城県を相手取り，国家賠償訴訟を提訴しました。一審，控訴審とも原告が勝訴しました。判決に不服の市と県は，上告と上告受理申立てをおこないましたが，最高裁が棄却して，控訴審判決が確定しました。

　遺族は記者会見で，「嘘から始まった学校」「裁判を起こすような事案ではない，システムとして当事者がしなくてもいいようなこと」などとコメントしました。愛する我が子の死から8年7ヶ月の様々な出来事と判決の意義を，複雑な気持ちで噛みしめていたことと思います。

　思い起こせば，私も弁護団と一緒に，被害者救済のために，事件に関係する省庁や各地の自治体を廻ったとき，「遺族がこうして頭を下げてお願いしているのです。どうか考えてください」と懇願し続けていたのですが，後日，弁護団の一人が，「遺族にあんなことを言わせてはいけない，と思った」と話してくれました。

　どうしていつの時代も，遺族が必死で真実を求め，慣習からもたらされる無作為と圧力に立ち向かわなければならないのでしょうか。

未来に向けて　原告代理人の著書『水底を掬う──大川小学校津波被災事件に学ぶ』に，「遺族は三度被害に遭った」と書かれているように，他人からの誹謗中傷と脅迫もありました。遺族には耐えがたい三次被害です。昨今，SNSによる悪質な投稿が問題になっていますが，このような後ろ向きの思考から未来は何も生まれません。

　「オレンジ色の椅子」にいる子供たちの犠牲に報いる再発防止策を，教育行政に携わる一人一人が真剣に，胸をはれる議論をして，恥ずかしくない結論を出していれば，未来が拓けていたことでしょう。

　この貴重な教訓を，遺族の体験談や著作物，記録映画等を通して，決して忘れないようにしましょう。

3　大川小学校津波被災事件から学ぶべきこと

小佐井良太（福岡大学法学部教授）

はじめに　大川小学校津波被災事件については，密接に関連した二つの問題に着目する必要があると考えます。一つは，学校管理下で起きた子どもの死亡事故をめぐる「事後対応」及び事故の調査検証をめぐる問題，もう一つは，紛争解決手段としての裁判をめぐる問題です。

　周知の通り，大川小学校津波被災事件では，学校管理下において74名もの多くの子どもたちの命が喪われ（うち4名は今も行方不明），先生たちも10名が亡くなっています。その被害の大きさだけでも大川小学校津波被災事件は東日本大震災時の学校管理下で起きた最悪の事態に違いないのですが，さらに加えて，被災後の学校や石巻市教育委員会の事態／保護者遺族たちへの対応の仕方にも大きな問題があったと言えます。これまで多くの学校死亡事故・事件で問題視されてきた，いわゆる「事後対応」の問題です。

「事後対応」をめぐる問題　大川小学校津波被災事件における「事後対応」の問題は，被災後の保護者説明会や第三者検証委員会をめぐる一連の経緯全体にかかわりますが，その詳細については本書第1章を読んでいただきたいと思います。その最大の問題は，学校管理下でこれほどの事態が起きたにもかかわらず，学校と石巻市教育委員会が最後まで十分な事実確認と調査検証を行おうとはせず，保護者遺族たちに対して十分な説明を行わなかったことに尽きると言えます。

　本書に示された訴訟に至る経緯からも明らかなように，保護者遺族たちは「あの日，大川小学校の校庭で何が起きたのか。なぜ，子どもたちは裏山等への適切な避難ができずに亡くなってしまったのか」という「問い」を被災後一貫して持ち続けていたことが理解されます。保護者遺族たちは，学校や石巻市教育委員会，第三者検証委員会に対して事故の調査検証が必要であることを訴え続け，被災状況に関する十分な事実確認と説明を行うよう求め続けたにもかかわらず，最終的に十分な回答を得られませんでした。そうした中で，保護者遺族たちにとって事件の「真相を知る」ために残された手段は裁判以外になく，最終的に裁判の選択に至ったことが理解されます。

裁判に対する期待とアンビバレントな思い

こうした経緯から原告保護者遺族たちが裁判の場に期待したことは何よりも事件の真相究明であり，親としてわが子の最期の姿を知ることを通して少しでもわが子に近づくことではなかったかと思われます。しかし，裁判の場で事実を究明することには限界があり，特に期待していた唯一人の生存教諭への証人尋問が結果として実現しなかったことは，原告保護者遺族たちにとって心残りであったものと思います。仮に被災後の早い時点で，学校や石巻市教育委員会が自ら積極的に事件の調査検証を誠実に行い，保護者遺族たちの投げかけた「問い」に一定程度答えることができていたならば，あるいは保護者遺族たちの裁判の選択をめぐる判断やその意味づけは，もしかすると異なったものになっていた可能性もあったかもしれません。

　一方で，裁判を提起するためには法形式上，学校の設置管理者である行政（石巻市，宮城県）を相手取って損害賠償を請求する以外に手段はなく，亡くなったわが子の命を金銭的に算定するプロセスを避けて通ることができません。このことは，原告保護者遺族たちにとって損害賠償の金額により喪われた命の重みを示すことができるという積極的な意味合いを持つ一方，「わが子の命をお金に換える」ことについての葛藤やディレンマを抱えることにもなり，裁判に対するアンビバレントな（両義的な）思いにつながったのではないかと考えます。さらに，高裁判決直後のあるいは高裁判決が確定した後の記者会見での発言内容等から察するに，苦闘の末に勝ち取った高裁判決についても，原告保護者遺族たちには，なぜ，そもそも「苦闘の末に」「勝ち取ら」なければならなかったのか，当たり前のことがただ当たり前に認められるために，なぜ，これほどの労力と時間を自分たち遺族が費やさなければならなかったのかとの思いが，ようやく意義のある「まっとうな判決」を得たとの安堵の思いと同時に，アンビバレントな（両義的な）問いとして残り続けていたように思われます。

高裁判決の意義と被害回復の根源的な不可能性

別に指摘がある通り，二審・仙台高裁判決は，学校及び石巻市教育委員会の津波防災に関する事前の備え（想定されていた宮城県沖地震に対する事前の備え）が十分でなかったと指摘して，学校設置者である石巻市及び宮城県の法的責任を認めた大変画期的な判決であり，これからの

将来的な学校防災・学校安全の取組みを進める上での非常に大きな一歩となったことに間違いありません。その意味で高裁判決は，まさにこれからの子どもたちの／私たちの「未来を拓く」判決でもあったと言えるでしょう。しかし，そうした画期的と評される高裁判決といえども，原告保護者遺族たちにとって決して手放しで喜べるような判決ではおそらくなかったことに，私たちは十分留意する必要があるでしょう。どれだけ画期的な判決を得ても，亡くなった子どもの命が戻るわけではない被害回復の根源的な不可能性がありながら，それでもなお，親として亡くなった子どもたちのために戦った／戦わざるをえなかった裁判であったことを，私たちは適切に理解する必要があると言えます。

裁判に対する社会の無理解とバッシングの問題

しかし，こうした点について，その経緯や実情を知らない／あるいは積極的に知ろうとしない人たちが，残念ながらまだ少なくない現状があるように思います。大川小学校津波被災事件をめぐる裁判の背景や経緯，原告保護者遺族たちの「思い」を十分に理解することがないまま，日本社会でしばしばみられる法や裁判に対する無理解，当事者が問題を紛争として争うことや「声」を上げること，金銭賠償請求に対するアレルギー的な忌避感等をおそらく背景として，これまでネット上の書き込みやSNS上の投稿等で原告保護者遺族たちに対する一方的な誹謗中傷や心無い非難，バッシング行為が見られ，中には脅迫事件として刑事裁判にまで発展した事件があったことは大変に憂慮すべき事態であったと言えます。近年，SNS上での誹謗中傷問題が社会問題化して一定の対応が進められている現状と併せ，私たちの社会における紛争解決手段としての法や裁判が果たす役割とその意味について，正しい理解を広げ深めるためには何が必要かを私たちは真剣に考えなければなりません。

事故の調査検証体制の確立に向けて

また，学校や保育・教育の現場等で子どもの命にかかわる重大な事故が起きた際の適切な「事後対応」を保障する問題，並びに事故の調査検証体制の確立と整備をめぐる問題は，今後，私たちの社会に必要な取組みの一つと言えます。このうち前者の適切な「事後対応」の保障については，大川小学校津波被災事件での「事後対応」問題に関連して2015年9月に文部科学省

「学校事故対応に関する調査研究」有識者会議で保護者遺族に対するヒアリングが行われ，翌年の2016年3月に策定・公表された文科省「学校事故対応に関する指針」に一定の反映がなされています。大川小学校津波被災事件での「事後対応」をめぐる問題が認識された結果，国全体のしくみとして学校事故発生時の適切な「事後対応」を確保する枠組みが「指針」の形で整備されたものです。この点では一定の前進を見たと言えますが，肝心の大川小学校津波被災事件での「事後対応」については，裁判の場でも「事後的不法行為」を構成するとして原告保護者遺族の側からその違法性を前提に損害賠償請求がなされたものの，残念ながら一審・仙台地裁判決，二審・仙台高裁判決ともこれを認めませんでした。この点は，法学的な観点から見た今後の検討課題と言えます。

　もう一つ，後者の事故の調査検証体制の確立と整備をめぐる問題については，上記文科省「指針」策定後もなお課題を残していると言えます。この点に関して，大川小学校津波被災事件の二審・仙台高裁判決後の記者会見で，ある原告保護者遺族が「本来ならば，これ（裁判／訴訟を通じた事件の真相究明）は（遺族）当事者がやるものではない。システムとして（遺族）当事者がやらなくてもいい社会であるべき」との趣旨を発言されていることが大変示唆的です。この点は指摘の通りで，本来，お子さんを亡くした保護者遺族が必死の思いで裁判を戦わずとも，事故の法的責任をめぐる判断とは別に，必要な調査検証が確実に行われる仕組みを社会的な制度として構築・整備する必要があると言えます。私自身は，一人の研究者としてこの問題に今後，微力ながら取り組んでいきたいと考えています。

4　高校生と大川小学校をつなぐ

森岡　崇（慶應義塾志木高等学校教諭）

「法学入門」の授業　　私は高校の教員です。私が勤務する慶應義塾志木高等学校は埼玉県にある慶應義塾の一貫教育校（普通科男子校，1学年6クラス，約240名）で，生徒たちは基本的に推薦により慶應大学へ進学するため，いわゆる受験から解放された高校生活を送ることに

なります。そんな環境の中で私は，3年生向けの自由選択科目「法学入門」
を担当しています。幸い毎年約100名の生徒が受講してくれています。

　生徒は，1学期に基礎となる憲法・刑法・民法の大枠を学習した後，2学
期以降は具体的な事例を中心に，場合によっては法律を外から眺める学習を
していきます。題材は「LIFEと法」というテーマのもとで選定していま
す。人の生命・生活（人生）と関わる法の実践（判例など）を見ることで，法
の身近さや法の限界，そもそも法って何だろう，といった問いも含め，自分
の足元，あるいは将来についても色々考えてもらいたい，との希望を持って
のことです。具体的には，ハンセン病，人工妊娠中絶，安楽死と並んで，今
年はついに，大川小学校の問題を扱うこととしました。

　こう書けばシンプルなのですが，大川小学校を扱うまでには，実は大変込
み入った「私の問題」との葛藤がありました。以下おつきあいください。

大川小とどう向き合うか

　自分が大川小学校の問題を扱ってよいものな
のか？

　圧倒的な当事者がいる本事例について，私はどの面さげて生徒に話ができ
るのだろうか？

　私が現地を訪ねてもよいものなのだろうか？　そもそも現地を訪ねること
自体，だれかの迷惑にはならないだろうか？　しかも今更？……

　圧倒的な当事者がいる事例の前で，ただただ立ち尽くす私の偽らざる心情
でした。それでも本件が頭から離れることはなく，何年も時間ばかりが経っ
ていきました。

　「東日本大震災による津波，原発事故について私たち学生が学ぶことにつ
いては，亡くなった方に対して不遜だなどと賛否が分かれると思いますが，
どのようにお考えですか。」

　これは，2022年度の修学旅行の折，講演会にお招きした佐藤和隆さん（大
川小学校遺族）に対する本校生徒からの質問の一つです。

　この問いは，大川小学校に近づけぬまま立ち尽くしていた私自身の姿と見
事に重なるものです。それでも，上告棄却により判決が確定（2019年10月
10日）したことがきっかけとなり，とにかく現地に行ってみなければと覚悟

を決め，私は車で現地を訪ねてみました。

　その日，15年以上乗っている愛車のカーナビは震災前の釜谷の街並みを映していました。しかし，目の前には荒涼とした砂ぼこりと大川小学校の校舎。ただただ言葉を失うばかりでした。

　現地に行ったからとてすべてわかるはずもなく，でも，行かなければわからないことはたくさんあります。その後機会を見つけては大川小学校を訪ねる中で，当事者の方たちと知り合うこととなりました。大川小学校という場を基点に，ご遺族や関係者の方たちからお話をうかがうことができるようになったわけですが，そう考えると，あの校舎が残されたことに，とても感謝しています。大川小学校で何が起きたのか，疑問に思う人たちが集まる場として，大きな機能を果たしていることにあらためて驚くとともに，校舎が残された意味を再確認しています。

　それでも，現実に生活する人たちがいる現場に，私が「外から」闖入することに変わりはなく，それは社会学の議論を持ち出すまでもなく問題含みであることに変わりはありません。その中で，私と現場のかかわりをあらためて見直していくこととなりました。

法と裁判の限界　　もしかしたら，本件被害は準備不足の中でたまたま津波がトリガーだった事例であり，そのトリガーは火山噴火かもしれないし，がけ崩れかもしれないし，台風かもしれません。そう考えれば災害国日本に住む私にとって，本件は決して「他人ごと」ではなく，むしろ「他人ごと」と考えることは傲慢以外の何物でもないのではないか。そしてそれは，未来を想定することの困難さをあらためて思い知らされる出来事だったのではないでしょうか。

　さらに本件は，「なぜ大川小だけが津波の犠牲になったのか？」という基本的な疑問に対する教育委員会はじめ県や市の対応のおかしさから，訴訟にまで発展した事例です。最終的に「勝訴」はしましたが，被告側は上記の基本的な疑問にはいまだ全く答えていません。

　これは，裁判という制度，あるいは法律というものの限界といっても良いと思っています。生徒たちは控訴審判決の全文を読んでいますが，次のように説明し，判決文の論理の在り方とそこから必然的にこぼれ落ちてしまう大切な何かにつき，再度確認してもらいました。

　本控訴審は，役所が義務を果たさなかったことが責任として追及された事案ゆえ，裁判の論理は必然的に，

　Ⓐ　そもそも役所に義務はあったか？　そしてどんな義務だったか？

　Ⓑ　役所に義務の懈怠はあったか？

　Ⓒ　義務の懈怠と児童の死亡との間に因果関係はあったか？

のルートの確認となった。言い変えれば，このルートに乗らないものは裁判の場に持ち込まれないのだ，と。

　強制的に被告を反省させる判決はありません。被害を金銭換算し，損害賠償の形にしなければ訴訟はできません。しかも，何の落ち度もない100%被害者の人たちが，自分たちで立ち上がらなければ原状回復すら行われない，という事実。

　また，判決文を読むと，あまりに細かな証拠一つひとつのしつこいまでの積み重ね方に，生徒たちは驚いたと言います。それは，盤石な理論構築をするために必要なことですが，実はその証拠も，被害者自身が自分たちで集めなければならなかったのだ，という事実を，確認する出来事でもありました。

「わたしごと」としてとらえる

でも，これらすべて，あの日の大川小学校に限ったことではないはずです。

　そしてそれは，生徒にとっても同じです。生徒自身と大川小学校，このかかわりが見えぬまま，「あの日あの場所でこんなことがありました。」以上。それでは，控訴審判決を読むことにほとんど意味はなく，全くの他人ごとで通り過ぎてゆくことになりかねません。その理由は，現場との距離感とは，どこまで「わたしごと」としてとらえるのか，という点がカギだと考えるからです。教員である私の仕事は，大川小学校と一人一人の生徒をどこまでつなぐことができるのか，「わたしごと」として意識してもらえるようにできるのか，にあると考えています。

　私たちが生きている今日この現在は，あの日あの場所でいのちを奪われた子供たちが生きたかった未来です。そして大川小学校は「未来を拓く」とこ

ろでなければいけません。これは佐藤敏郎さん（大川小学校遺族）から現地を
ご案内いただいているときにうかがった話です。

　お話を聞きながら，生徒との学習の方向が示されたように感じました。私
が大川小学校を授業で扱う意味も，少しイメージできた気がします。

5　「寄り添う」という言葉が持つ価値と可能性
──大学生は大川小学校津波事故から何を学んだのか

戸田　香（京都女子大学法学部非常勤講師）

とらえるのは「言葉」　　筆者は関西にある放送局につとめる傍ら，複数の
大学で政治学やその関連科目を教えています。講
義では災害をテーマにすることも多いのですが，阪神淡路大震災を経験した
関西においてさえ，東日本大震災の詳細を知る大学生が減少しているのを実
感しています。そこで，本稿の目的は，筆者の講義を事例に，大川小学校津
波事故を議論することで学生らはどのような学びを得ていくのかを検討する
こととします。まず講義内容を示し，学生らは何を学んで，どこまで到達し
たのかを論じ，学生らは事故を検討することで，言葉の持つ価値と可能性を
見出したことを明らかにしていきます。

「寄り添う」判決とは　　講義は『『生きる』大川小学校 津波裁判を闘っ
た人たち」を製作した寺田和弘監督を招聘して
行いました。監督は映画を抜粋した動画を再生し，津波発生時の状況，遺族
らが訴訟を提起するに至った経緯，裁判を経て変容した遺族の思いなどを示
し，学生と討議を行いました[1]。

　監督から示された主なテーマは，遺族の思いと司法制度の乖離で，その乖
離を埋めたものが判決であったというやや逆説的な関係性についてでした。
講義では，判決内容は「寄り添う」という言葉で説明されました。「寄り添
う」という言葉は，事故後，多くの場面で，遺族，原告弁護士，監督らが頻

1　京都女子大学法学部で 2022 年 7 月 15 日に専門科目「政策学」の講義内で行われ，3, 4
　回生約 20 人が受講した。「政策学」とは社会にある多くの課題を「政策」を通じて解決し
　ていくことを目指す学問で，政策の成り立ちやその実践例を学ぶ。

繁に用いていたということですが，管見の限り，事故を検証する上で，その理由についてはこれまであまり着目されてきませんでした。そのため，事故を論じる講義でこの言葉に焦点があてられたのは斬新であったと思います。

　誰が，誰に寄り添ったのか。遺族らは我が子が亡くなった状況の解明を求め，それが行政側から十分に説明されないと認識すると，司法の場に期待しました。一方，現行の司法制度では，遺族が求める解明を行うには限界があり，遺族は期待した結果を裁判からも十分に得られませんでした。しかし，遺族らは「心ある判決をいただいた」と裁判官に感謝の言葉を述べたのです。求めていた解答が得られなかったにもかかわらず，遺族はなぜ感謝したのかが講義では問いとして提示され，それは司法には遺族に「寄り添う」姿勢があったためではないか，と議論の端緒が示されました。

学生らは何を学んで，どこまで到達したのか

　次に学生らは何を学んだのか，リアクション・ペーパー[2]から明らかになったことを述べます。

　まず，発災当時小学校高学年であった学生らは東日本大震災との関わりにかなり個人差があることがわかりました。「大船渡市へボランティアに行った」「映画『Fukushima50』を見た」「当時馬術選手で，厩舎が倒壊し，直前まで練習をしていた馬が息をしていなかったのが衝撃だった」など身近に感じる学生がいる一方，事故については「初めて知った」「訴訟について新たに知ることばかり」という学生がほとんどでした。

　ペーパーでは大きくは2点が示されました。1点目は「寄り添う」とは何か，2点目は行政組織と遺族との関係とは何か，についてでした。

　1点目です。学生らは「寄り添う」という言葉の持つ価値と可能性に，筆者の想定を越えた学びを見出していました。司法の中立性を前提としてもなお，遺族の思いと司法制度との乖離を埋める架橋として「寄り添う」という営為は存在しうるのだと学生らは感動すら覚えていました。「裁判では争点にならないものに，遺族がどのように納得できたのかを知った」「裁判にかかわっているのは全て心を持った人だと忘れないでいよう」「どのような政策が地方に寄り添うのか。寄り添うとはどのようなことか」と述べられてい

─────────────────

2　学生らが受講後，得た学びを記述して提出する課題の1つ。

ました。公務員志望の学生は「地元は南海トラフ地震で津波での浸水が予想される。公務員になったら，地域の方々に寄り添える立場を忘れないようにしよう」と記述していました。

　2点目です。行政組織と遺族との関係が余りに乖離していたことへの衝撃が語られ，その架橋となるのは行政から遺族への「説明責任」であり，逆に遺族から行政へは「信頼」であるという双方向の関係性に辿り着いた学生も少数ながらいました。「遺族は行政を信頼していたと思った。しかし行政が文書を破棄したり嘘の説明を行ったりと，遺族や住民の信頼に応えていない」「説明責任を果たしていない対応に驚いた。誠実な対応をしていれば，事実は変えられないにしても，遺族との間にここまでの禍根は生まれなかったはず」という意見もありました。

ある学生が考えたこと

　講義翌日に行われた映画の試写会に参加し，全編を視聴した松田のぞみさん（3回生）は，「遺族に寄り添えたのは（高裁の）裁判官だけだった。裁判所以外に遺族に寄り添えた組織は他になかったのか」と話しました。また，説明責任と信頼の関係性について「行政は仮に説明責任を果たしたとしても，遺族からの信頼は得られなかったかもしれない。それでも遺族から見ると，まず説明されることが信頼構築の一歩になる」と関係の非対称性を越えていくことが不可欠，と言及がありました。

言葉の持つ価値と可能性

　講義で学生らは「寄り添う」の意味には到達しましたが，行政組織と遺族をつなぐのが「説明責任」と「信頼」の関係性だとする地点まではやや遠いようでした。制度上，住民は自らの代表である政治家を経由して行政に政策の執行を委任しています。映画ではまさにここが示されているのですが，学生のみならず，社会がこの委任の構造を十分に認識していない限り，学びとして得るのは難しいと推測されました。

　しかし，学生らは事故から「寄り添う」という言葉に新たな価値と可能性を見出しました。誰が，誰に寄り添うのか。それに左右された遺族の慟哭と葛藤。それこそが映画という映像表現と交錯して，学生らが得た学びであったと思います。なぜなら，「寄り添う」という言葉は，「裁判」や「司法」をとらえるには一見似つかわしくないからです。映画を視聴し，遺族の慟哭と

葛藤を知った後，その言葉は，似つかわしくないものから意味と力を持った存在に生まれ変わり，学生にとっての大きな学びにつながったと考えました。

6　悲しみ，傷つき，対立，祈り，そして育み
──紛争解決学の視点から

石原(長)明子（熊本大学大学院人文社会科学研究部准教授）

水俣と福島を経て，大川に出会う　東日本大震災によってもたらされた人間関係の分断や傷つきの問題にこの 10 年余取り組んできましたが，大川に通い始めたのは，震災からしばらくたった 2015 年に，震災報道に取り組んできた NHK の大野大輔ディレクターに声をかけられてのことでした。

　震災の日，私は，内戦等で傷ついたコミュニティの再生と和解を研究するために米国にいました。震災後に最初に日本に戻ったのは，2011 年 7 月のこと。栃木県那須塩原の友人の団体を見舞いに訪ねた後，導かれるように，郡山市，福島市と北上し，飯舘村からの方，伊達市の方など，原発事故の被災者の方々と出会いました。福島のお母さんたちはいいました。「こんなときだからこそ皆で力を合わせたいのに，バラバラになっていくんです」。

　大きな悲しみの中での決断の違い，何より原発事故後の政府等の対応や政策に翻弄されて，家族や地域の人たちが分断や対立に追い込まれていく。それを見て私は耐え難い気持ちなりました。以前住んでいた水俣と同じ悲劇が繰り返されようとしていたからです。

　水俣は，健康や命が奪われた痛みの上に，地域の人々が分断に追い込まれていきました。水俣を知った者の責任として，二度と繰り返してはならないという思いで，原発事故被災者の人間関係の分断の課題に取り組み始め，福島と水俣の交流プログラムなどを開始しました。そのような私に大野さんが「大川小学校の被災者や関係者も，同様の苦しみの中にある。報道してきた自分も悩んでいる」といいました。それをきっかけに，大川小学校に足を運び始めました。

予防のための課題 大川小学校被災と，その後の対応プロセスで起こったことには，災害，事故，事件の「予防」と「事後対応」について紛争解決学の視点で考えていくべき課題が，数多くあると感じます。

最悪の結果を「予防」するという側面では，災害当日，助かるための様々な考えをもった大人や子供がいた中で，なぜ「最悪の結果」を選ぶことになったのか。そこには，安全バイアス認知，集団浅慮，権威勾配等，紛争解決学の合意形成（集団意思決定）にかかわる多くの課題があったと感じました。

医療事故や航空機事故の分野では「人間の判断は間違えるもの（to err is human）」を合言葉に，人間の認知や意思決定の浅はかさを前提にしたうえで「最悪の結果」を防ぐための事前の仕組みづくりを大切にします。学校安全でいえば，学校組織，教育委員会，市・県・文科省，そして社会全体として，何重もの命を大切にする意識と仕組みづくりが大切で，災害リスクの判断と備え，学校人事の問題，組織トップ不在の場合の意思決定システムなど，大川小学校被災から学び，今後の「予防」につなげていくべきことが多くあると思います。

事後対応の宿題 しかし，「予防」以上に，紛争解決学から見て，考えるべき「宿題」が投げかけられていると思うのは，「事後対応」です。大川では，大切な人が亡くなっただけで耐えがたいのに，「事後対応」で多くの傷つきが繰り返されました。

災害直後の「説明会」はどうあるべきか。誰が，何を語るのが望ましいのか。行政の対応は，なぜ心がないものになってしまうのか。本当は，行政の人も人間のはずなのに。生き残った当事者や責任者（教員）の声はどのように聞くのがよかったか。そもそも「説明」でよいのか。本当に必要なのは，聞きあい，語り合い，可能ならば立場を越えてともに泣く場なのだろうと思います。

第三者調査委員会は，なぜに遺族や当事者の心の声に応えられないのでしょうか。「客観的事実」を求めるといいますが，遺族が求めるのは「事実」ではなく「真実」なのかもしれません。「守秘義務」があるといいますが，それが無用に不審を生むことがあるかもしれません。そもそも第三者が調査

する意義はなんでしょうか。当事者がそこに加わる，あるいは当事者の調査を社会支援する仕組みの方がいいのかもしれません。

　裁判の意義と限界についても考えさせられました。裁判する人としない人の溝。裁判を決意する人の多くは「本当のことを知りたい」と裁判をする。でも外からは「誰かのせいにしたいのか」「金がほしいのか」といわれのない批判をされる。調和を大事にする日本社会で裁判をすることの文化的障壁，責任を「お金」の形でしか表現できない裁判という仕組みの問題もあります。

傷ついた社会──正義か癒しか

紛争解決学では，コミュニティの皆が傷ついた社会を「傷ついた社会（trauma-tized society）」といいます。悲しみや傷つきを乗り越えようとする方法は，人それぞれ異なります。静かに祈りたい人，語り伝えたい人，裁判等で明らかにしたい人など。そのすべてが，過去の悲劇を糧に前に進むには大切なのに，異なった取り組みをする人同士が敵のように傷つけあってしまう。内戦地も，水俣も，大川も共通しています。

　「傷ついた社会」では，とくに「正義」を求めることと「癒し」や「つながり」を求めることが相反するかに見えることが，しばしばあります。悲劇を経験したとき，人はまず，何があったのかを知りたいと思い，そして，このようなことがあってはおかしい，おかしいことは究明され正されるべきだという思いをもちます。これを「正義のニーズ（求め）」といいますが，現在の社会制度では，そのニーズの実現のため，第三者委員会による究明や裁判という手段が用いられることが多くあります。そこでは，一つの客観的事実を求め，異なった見解同士の間で対立的に議論が展開されます。

　一方で私たちは，悲劇を経験したとき，涙し，祈り，理解されたい，一人ではないと感じたい，という思いも持ちます。これは「癒し（つながり）のニーズ」ともいえます。「癒し」は英語でhealという言葉ですが，この言葉は，holy（聖なる）やwhole（全体的）とも同じ語源をもつそうです。「癒しのニーズ」は，死者の魂とつながり，生きた者同士がつながり，私の過去と未来が再度つながりを取り戻し，私の身体と心がつながりを取り戻し，全体性を取り戻したいという願いなのだろうと思います。

　このようなことが二度とあってほしくないという「正義のニーズ」と，死

144

者の魂や生きた者同士の魂がつながりあう「癒しのニーズ」は，本来矛盾するものではないのに，客観的事実や原因の究明，勝敗をめぐる裁判という仕組みの中で，まるで対立するものであるかのように追い込まれてしまうことがあるのです。

対立から共創へ　紛争解決学では，裁判や第三者委員会のような「客観的事実」の希求は，悲劇を踏まえて前に進んでいくための大切な最初の一歩として位置づけられています。そして，その次には，裁判等で敵同士として戦ったもの同士が，互いに人間として認め合い，ともに未来に歩んでいくための対話や共創のステップが大切であるといわれています。それは，「客観的事実」の希求を越えて，「私とあなたの間にある真実」をともに創り上げていく道のりでもあります。私は，加害者と被害者あるいは傷ついた人同士の対話や共創を支援する修復的正義という分野を専門にしていますが，この対話や共創は，単に話をするというだけでなく，アート，祈り，ともに命を育むプロセス（農や漁や料理や食など）を通じて自然な対話が生まれるものといわれています。

　大川をめぐって，震災後に育まれ，今注目を集めている映画の活動，竹あかりプロジェクト，慰霊碑，オリーブづくりや漁などは，大川小学校関係者が，第三者委員会や裁判などの苦しい最初の10年のステップを経て，祈りと命の共創というステップに入った兆しのような気持ちがします。そして大川は，大川だけの問題ではなく，日本全国あるいは世界にとって大事な，命の大切さを伝えていく拠点になる気がしてなりません。

大川の祈りに助けられて　普段は熊本に住む私ですが，のちに期せずして，東日本大震災を機に石巻に移住した人と家族となりました。夫は復興支援で石巻に移住をし，医師・行政職として仕事をしたのち，2022年にがんで石巻にて急逝しました。大川小学校は私たち家族にとっても，節目ごとの祈りの場所，今となっては思い出の場所になりました。夫を亡くした夏，お盆のときに家族で旧大川小学校跡地での「第一回おかえりプロジェクト」を訪ねる機会をいただきました。紙灯篭に亡くなった人への思いを書いて灯すプロジェクト。震災の犠牲者への祈りを主な目的とする会でしたが，紙灯篭に言葉を書きながら，私は亡くなったばかりの夫のことを思わざるを得ませんでした。

　書きながら，今まで泣けなかった分，涙があふれてきて，大川のやさしさ
とそこにある祈りに，私自身が守られて助けられた気持ちがしました。あと
で関係者に聞きましたが，私が書いた「ありがとう，ごめんなさい，赦して
ください」という言葉の中で，「ありがとう」以外の文字がその日に降った
雨で消されていたそうです。大川の祈りの雨が私の代わりに泣いて，流して
くれたのかもしれません。

　悲劇を経験した大川小学校の下には大地が広がっています。そこには，大
川地区のやさしい自然と，そこに今まで生きてきた人たちの歴史や眠った命
があるのだと思います。大川は，未来の命を大切にする社会づくりの原点と
して，きっと未来の私たちをずっと見守ってくれると思っています。

〈参考文献〉

アーノルド・ミンデル『対立の炎にとどまる――自他のあらゆる側面と向き合い，未
　　来を共に変えるエルダーシップ』（松村憲／西田徹訳，バランスト・グロース・コ
　　ンサルティング株式会社監訳）（英治出版，2022 年）

ハワード・ゼア『責任と癒し――修復的正義の実践ガイド』（森田ゆり訳）（築地書館，
　　2008 年）

Carolyn Yoder, *The Littlebook of Trauma Healing: When Violence Strikes and
　　Community Security is Threatened* (Goodbooks, 2005). (Chapter 4 と Chapter 5
　　の邦訳は，キャロライン・ヨダー『トラウマの癒し：暴力が襲い，コミュニティの
　　安全が脅かされたとき』「第 4 章：癒されないトラウマの連鎖サイクル」「第 5 章：
　　連鎖サイクルを断ち切る：トラウマからの回復と癒し，そして安全」（石原明子訳）
　　熊本大学文学部論叢 107 号（2016 年），108 号（2017 年））

7　震災復興と大川小津波事故

増田　聡（東北大学大学院経済学研究科教授）

地区防災計画　　　農漁村的な性格の強い地域コミュニティの存続を支えて
きた要素として，居住・生業に関わる場所や活動の拠
点，共有地・共有財産の存在とその管理を含む暮らし方のルール・規約，歴
史・文化・風習から生まれた地域統合のシンボルの存在が重要だと考えられ
ます。東日本大震災における津波被災地では，教育・福祉施設や公民館など
の集会施設が流され，災害危険区域の設定で住むための場所を失い，避難

所・仮設住宅への入居や集団移転・自力再建先を世帯毎に，あるいは世帯構成員毎に決める中で，以前の近隣関係・社会的繋がりは希薄になってしまいました。さらに，死傷被害やその後の高齢化や世帯分離による人口減少により，互助的な契約講の解散や寺社祭礼の中断・中止も各地で進んでいるなかで，防潮堤建設と新市街地造成，公共施設・災害公営住宅の物的環境整備だけでは，人々の生活を再建・復興することは困難です。

　特に現地再建を選びにくい津波災害では，被災前から「事前復興」活動を開始し，「地区防災計画」の自主的な策定を通じて，被災後も継承すべき，あるいは再編・存続させるべきコミュニティ活動や施設整備のあり方を前もって考えておき，安全性が高く効率的な災害復興をめざさなければなりません。事前復興では，災害が発生した際の状況を様々に想定し，被害を出来るだけ減らせるようなまちづくりを行い，避難計画の策定・訓練（避難時期・場所・ルート，災害弱者対策），建物・土木構造物の防災性能の強化，防災拠点（役所支所や消防・医療機関，情報システム等）の設置を進めておくことが大切です。

予見可能性　大川小事故の裁判を巡っては，学校周辺での津波災害発生に対する「予見可能性」と「結果回避可能性」の2点が最も重要な争点になりました。「予見可能性」に関しては，その前提となる「被害想定とそれを巡るリスク・コミュニケーション」のあり方が問い直されました。国や県が公表してきた被害想定・ハザードマップを参照する場合，この学術領域の限界を理解している専門家以外にとって，死傷者数や震度分布・浸水域などの数値や図面のみに関心が向きがちです。想定の前提となっている地球物理学・地震学などに関わる自然科学的仮定，地盤や構造物の災害時挙動に関する工学的仮定（設計条件），人々の避難行動や防災活動に関する心理的・社会経済的想定は，一般の人達には余り伝えられてきませんでした。

　その後，内閣府（2020.04）「千島海溝・日本海溝巨大地震モデル」の公表を受けて，最大クラスの津波が悪条件下で発生した場合に想定される浸水範囲・水深を検討するため，宮城県津波浸水想定の設定に関する検討会による新たな津波浸水想定（2022.05）が公表されています。その際には，東日本大震災時の浸水実績，あるいは復興計画策定時の浸水シミュレーションとの違

いや，悪条件の内実（満潮位，越流時の堤防破壊，地盤沈降など）が話題になりましたが，それまでは，被害想定が内包する不確実性（バッファーゾーン設定）や「想定外」に残した課題の存在は，分かりやすい形で地域住民に伝えられる機会はありませんでした。控訴審判決では，科学的知見の収集や分析において，一般住民より遙かに高い義務を課しつつ学校の組織的対応力を高めることを求めていますが，その前提となるリスク・コミュニケーションが成立していなければなりません。

結果回避可能性　大川小裁判のもう１つの争点であった「結果回避可能性」について控訴審判決では，学校から提出される教育計画と危険等発生時対処要領（危機管理マニュアル）を教育委員会が精査し，不備な個所（適切な避難場所・ルートの設定など）の改善指導を行っていれば，事故は回避可能であったと結論づけました。より一般的には，複数シナリオに従った被害想定を行い，復興政策・施策の効果と優先順位を比較考量できる体制が必要です。これを，学校現場だけではなく地域コミュニティとの協働にまで広げれば，地区防災計画の策定に行き着きます。災害対策基本法の改正で生まれた同制度（2014年4月施行）は，一定地区（町内会や学区など）の居住者及び事業者が共同して行う狭域レベルでの自発的な防災活動を自治体防災計画の体系内に位置づけるための制度です。全国的な展開はこれからですが，「結果回避可能性」を高めるためのボトムアップ型計画として，地域・地区の特性を直接反映することが容易になります。

　また，災害の事前対策〜応急体制〜復旧・復興計画を担う諸組織の行動指針と相互関連は，市町村が策定する地域防災計画に示されていますが，学校防災では，県教育委員会－石巻市教育委員会－学校のラインでの指導・対応が中心となります。他方，学区レベルの計画では，防潮堤・河川堤防等のインフラ整備を担う土木部局，自主防災組織や緊急対応を担う消防部局，生活再建のケースマネジメントにあたる福祉部局との情報交換・連携強化が大切で，生活圏での施策の総合化・現地化が不可欠となります。

事後的不法行為　裁判の中では，津波直後の救護活動や遺体の捜索，保護者説明会の開催方法，担当者・市長等の発言，聞き取り資料の破棄，検証委員会の運営と取りまとめ方など，原告ら遺族が求めていた「事後的不法行為」の責任は否定されました。震災復興・生活再建と

いうより広い枠組みから見ると，これらの課題は，住民が参画しやすい防災まちづくり活動の一貫として，事後検証できるような場を持つことも重要だと考えられます。

地域統合のシンボル　震災遺構となった大川小学校には，災害伝承や防災教育の場としての役割が求められていますが，元のコミュニティから離れざるを得なかった地域の人びとにとっては，慰霊や記憶の再確認のために，あるいは語り部活動のために，集まり対話することができる「地域統合のシンボル」としてあの場所に残されました。建物自体は時間経過とともに経年劣化していきますが，150年近い開学の歴史と地域との繋がりをもってきた施設として，展示内容や伝承行事の企画・見直しも含めて，周辺環境・施設の保存・継承・再生のあり方について，卒業生や旧学区民・教職員，復興の支援者の方々が主体的に関われる形で，将来に向けた話し合いが広がっていくことを期待しています。

8　記憶の交差点——震災遺構大川小学校

山内宏泰（リアス・アーク美術館館長・学芸員）

　被災者の人生を根本から変えてしまった東日本大震災の発生から10年以上が経過しました。国が主導する復旧・復興・創生期間は2021年度末をもって概ね完了したとされていますが，被災者が受けた心の傷は，わずか10年で完治するほど浅くはありません。

　2012年——東日本大震災発生の翌年10月，国は国営復興祈念公園（追悼・祈念施設を含む）を岩手・宮城・福島の各県に1か所，国費で設置することを決定しました。この施策を受け，宮城県は2014年10月末，同県石巻市南浜町に国営復興祈念公園設置の方針を固めました。しかし「復興祈念公園が県内1か所では不十分」との意見が各被災市町村から数多く寄せられたため，国は国営公園とは別に，各市町村で1か所までの公的な復興祈念公園（追悼・祈念施設を含まない）設置に国費を負担するとの新たな方針を打ち出しました。

　復興祈念公園設置案は，震災遺構を含む被災エリア全体を公園化する案
と，公園と遺構を分離して設置する案に大きく分かれます。岩手県の高田松
原津波復興祈念公園には複数の震災遺構が含まれており，かつ伝承館も設置
されています。同じく，宮城県の石巻南浜津波復興祈念公園の場合も公園内
に伝承施設が設置されていますが，公園からわずか200mほどの距離に位置
する石巻市震災遺構門脇小学校は独立した形で保存，公開されています。

　当初，震災遺構の保存と復興祈念公園の設置は国土交通省主導による国営
復興祈念公園設置計画にすべて含まれる形で検討されていました。しかし，
被災各地で遺構保存を望む声が高まったことを受け，国は2013年11月に
「各市町村につき1か所まで，遺構保存のために必要な初期費用を負担する」
との新たな方針を示しました。これにより，当初国営公園化抜きでは保存が
困難と考えられていた震災遺構を，各市町村が独立した形で保存できる可能
性が見出されました。気仙沼市震災遺構（旧向洋高校），石巻市の門脇小学
校，大川小学校などの遺構は，そのような制度的変遷を経て保存並びに伝承
施設化が決定されました。

　客観的判断基準が存在しない震災遺構の保存，解体について，その是非は
多くの場合，地域住民の感情と遺構に直接関わる者の意思によって決定され
ています。ゆえに多くの死を記憶する遺構の保存決定には，想像を超えた忍
耐と覚悟が必要とされます。

　気仙沼市では当初社会的注目度が高かった「第18共徳丸」の遺構保存を
計画しましたが，市民の合意形成を図ることができず，最終的には船主の意
思によって解体撤去が決定されました。保存に至らなかった最大の理由を，
筆者は「地域住民の覚悟不足」だったと認識しています。「あの船が街を破
壊した。見たくない，一刻も早く撤去してほしい」そういった住民感情を越
える保存の意義，使命，「なんとしても未来を守る」という覚悟を共有する
までには至らなかったということです。

　災害遺構の保存に当たり，被災地では概ね2種類の保存目的が掲げられま
す。一つはいわゆる災害伝承と防災，減災教育，鎮魂と慰霊のため。他方は
観光資源として利活用するため。もちろん，観光資源とする場合でも何らか

の伝承活動は行われますが，保存目的は「地域住民生活，産業等の復興拠点」ということになります。2004年のスマトラ島沖地震津波によって約16万人が犠牲となったインドネシア，アチェ州の津波災害遺構，「PLTD APUNG1（陸に打ち上げられた発電船）」は，船内を伝承資料館とすることで観光資源化されています。遺構周辺の土産店や露店で働く人々は，その場で被災し，家族，家，仕事などを失った人々であり，遺構施設は被災者たちの生活の糧とされています。同様の津波被災を経験した東日本大震災被災者の目には「遺構で金を稼ぐ不謹慎な行為」と映るかもしれませんが，実態として，日本に存在する災害遺構並びに関連施設についても，観光資源化を完全に免れた形で公開されている例は非常にまれです。

　石巻市震災遺構大川小学校には観光資源としての顔はありません。この遺構保存，公開の目的は，失われた命，失われた地域の暮らしと文化，そして犯してしまった過ちと向き合うことです。「人々の命を救った奇跡」を語る震災遺構も存在しますが，大川小学校に奇跡や希望といったものはありません。その場を訪れた者は，多くの死に触れ，悲しみや怒り，後悔の念とともにたくさんの愛に触れることになります。

　震災遺構大川小学校は，そういった様々な感情と身体的感覚を交錯させる場，過去，現在，未来を行き交う人々をつなぐ「記憶の交差点」として，その使命を静かに遂行しています。

2　裁判を考える

1　訴訟の経緯と意義

齋藤雅弘（弁護士）

1　訴訟の提起に至る経緯と理由

　大川小児童の遺族は誰もが，走れば1分足らずで上れる裏山があったのに，どうして教員らは子どもたちをそこに避難させなかったのか，この日，地震が起きてから津波が襲来するまでの状況や我が子の様子，その間，大川小で何が起きていたのか，そして，我が子はなぜ亡くならなければならなかったのか，その真の理由を知りたいと切望しました。これは，いかなる事故や災害でも我が子を亡くした親の自然な心情ですし，誰もが抱く気持ちであったと思います。

　遺族は，この「何があったのか」「それはなぜ，どうして起きたのか」を知りたいと願い，石巻市教委との間で保護者説明会を合計10回にわたり重ねました。しかしながら，保護者説明会では「真実」を知ることはできなかったばかりか，市教委の説明には虚偽があったり，出席した市長から遺族の心情を傷つけるような発言がなされたことなどもあり，石巻市に対する遺族の不信感がさらに強まりました。その後，文部科学省の仲介で設置された「大川小学校事故検証委員会」の検証でも，遺族の求めた「なぜ」「どうして」は解明されず，石巻市はこの検証委員会の結論が出されたことをもって[1]，本件事故の説明や検証を打ち切ってしまいました。そのため，遺族は法的責任を追及することを通じて，本件事故の「真実」を明らかにする以外に取れる方法がない状況に追い込まれました。

　このような経緯から，犠牲となった児童23名の遺族（19家族）29名が原告となり，時効期限ぎりぎりの2014年3月10日，石巻市と宮城県を被告と

1　検証委員会の「報告書」では，大川小の事故の直接の要因は，①避難開始の意思決定が遅れたこと，②地震発生後の避難先を北上川の河川堤防付近としたことにあったとしており，検証前から分かり切っていたことを結論として繰り返し，なぜ①と②の結果となったのかの理由は解明されていません。

する国家賠償請求訴訟（以下「本件訴訟」）が仙台地裁に提起されました。遺族は，当初，裁判など起こすつもりはなかったにもかかわらず，市教委側の対応からやむなく提訴に至ったことは，時効成立直前の提訴であったことからもよく分かります[2]。

2　訴訟の経緯

本件訴訟の1審（仙台地裁）では，判決言渡の期日を含めて10回の口頭弁論期日（うち2回の期日では，大川小の元校長，事故当時の校長と石巻市河北支所の職員，児童を迎えにきた保護者の証人尋問及び原告団長による原告らを代表した原告本人尋問）と7回の弁論準備期日，5回の進行協議期日（うち1回は裁判官による大川小の現場見分）が開かれ，2016年10月26日に原告側勝訴の判決（判例時報2387号81頁）が言い渡されました。1審判決に対しては，一部勝訴に止まった原告遺族側も，また敗訴した石巻市及び宮城県側からも控訴がなされ，控訴審（仙台高裁）で引き続き石巻市と宮城県の国賠責任の有無を巡って審理が続けられることになりました。

控訴審では，合計で9回の口頭弁論期日（うち2回は近隣の大川中学校の元教頭，市教委の学校教育課長と総務課長補佐及び1審でも証言した当時の大川小校長の証人尋問），8回の進行協議期日（このうち1回は控訴審裁判官による現場見分）が開かれ，2018年4月26日に1審より賠償額を増額する原告遺族側勝訴の判決（判例時報2387号31頁）が言い渡されました。

原告遺族側は，控訴審でも津波襲来後の事後的な不法行為が認められなかったことに不服はありましたが，児童の安全を守ることについて市教委や学校の「組織的過失」を認める画期的な判断が下されたこともあり，最高裁判所への上告や上告受理申立ては断念しました。これに対し，石巻市と宮城県は，控訴審判決には重要な法令解釈等の誤りがあるとして上告及び上告受理申立てを行いました。

しかしながら，最高裁は，2019年10月10日，石巻市と宮城県の上告及

2　訴訟の提起をするつもりがなかった遺族を訴訟に追い立て，その結果，裁判で石巻市や宮城県の法的責任が認定され，高額な賠償を命じられてしまったことは，リスクマネジメントにおける失敗例の一つの典型ではないかと思います。本件事故は，このような観点（リスクマネジメント）の観点からも正しく理解しておく必要があります。

び上告受理申立てをいずれも退ける決定を行い，仙台高裁の控訴審判決が確定しました。

3　本件訴訟の判決の内容

仙台地裁（1審）判決　　国家賠償法に基づき石巻市や宮城県の責任が認められるためには，大川小児童の生命・身体の安全を守るべき立場にある公務員（教員等）が，大川小に津波が到来して児童が命を落とす具体的危険があることを予見しうる状況にありながら，児童を高台など安全な場所に避難させず，その結果，襲来した津波によって児童の命が失われたことを証明する必要があります。この場合，特に重要なのは東日本大震災で引き起こされた津波で児童の命が失われることについての予見可能性の有無と，津波襲来時に実際に児童の命を救えたか（結果回避可能性）の有無（通常，この2点が国賠責任の要件である「過失」を構成する要素と考えられています）が責任判断の結論を分けることになります。

　1審は，石巻市の広報車が北上川の河口の松林を超えて迫って来る津波を現認して引き返し，高台避難を呼び掛けながら大川小前を通過したなどの事情を踏まえ，当時，現場で児童に対応していた教員らは，大川小に津波が到達して児童の生命・身体に危険が及ぶことが予見できたと認定し，また，大川小には裏山があり，津波到来の7分前であっても裏山に避難させていれば児童の命を救えたので，児童の避難誘導に当たっていた現場の教員らに過失があり，実際に裏山に登らせれば児童の命が助かった（結果回避が可能だった）と判断して石巻市と宮城県の責任を認めました[3]。

　1審判決は，一言で言うと，本件津波の来襲時に大川小にいた教員らの「現場過失」を認定し，石巻市と宮城県の賠償責任を認めたものです。東日本大震災で発生した津波被災に関する訴訟は十数件提起されていますが，その殆どが予見可能性がないなどとして遺族側の敗訴となったり，低額の和解で終了していますから，1審判決が津波による被災の法的責任を正面から認定したことは評価できます。しかし，1審判決のような判断は，災害が発生

3　宮城県については石巻市の国賠責任が認められたことにより，国賠法3条1項に基づく大川小の教員らの給与負担者の責任が肯定されました。

した現場における予見可能性と結果回避可能性で責任判断をするという判断枠組み（「現場過失」の判断）ですので，東日本大震災のような巨大な自然災害が起きたときに，パニックにならずに冷静で合理的な判断をするのは難しい実態があるのに，責任を現場の人間に負わせることは適切ではないとの批判がしばしばなされます。このような受け止め方からすると，1審判決は，大川小で児童が亡くなったことの責任を全て現場の教員に還元させてしまうような法的判断となっています。このような意味で，1審判決の判断は学校の教員には厳し過ぎるという批判や反発も招きました。

仙台高裁（控訴審）判決　これに対し，控訴審は1審とは異なり，「現場過失」ではなく「組織的過失」と呼ばれる責任判断の枠組みで石巻市と宮城県の国賠責任を認めました。この「組織的過失」とは，概ね次のような意味をもつ法的責任の判断の方法です。

国賠責任は，通常，公務員が過失により違法な行為を行って損害を生じさせた場合に，その公務員に代わって国や地方公共団体が責任を負うという考え方に基づいて成り立っています。そのため学校事故では，通常は校長A，教頭B，教員Cがいれば，A〜Cという個人を対象にして過失や行為の違法性を判断しますが，控訴審判決は教員ら個人を判断の対象として捉えるのではなくて，校長という職務にあるA，教頭という職務にあるB，教務主任として教員の職務にあるCというように，職務との関連をもって責任主体となる公務員をとらえ直します。このようにとらえ直した主体について前述した過失や行為の違法性の有無を判断するという考え方をとったものです。ここではA〜Cという個人が問題なのではなくて，校長や教頭，教務主任の職務にある教員であること自体をとらえて，これら職によって運営されている組織の運営者あるいは管理者としての責任というものを判断するという判断枠組みを採用しました。

大川小事件の控訴審判決が出される前から，学説や裁判例でもこのような考え方による責任判断の枠組みを採用するものがありましたが，自然災害による学校事故にこの考え方を当てはめて責任を判断したのは，大川小事件の控訴審判決が初めてであり，画期的な判断と言えます。

また，控訴審判決のもう1つ重要なポイントは過失の前提となる予見可能性の対象です。1審判決は東日本大震災で実際に発生した地震によって引き

155

起こされた津波が，大川小に襲来することを予見可能性の対象としていますが，控訴審判決は，宮城県が2004年にまとめた報告書で発生を想定した地震（想定地震）による津波（想定津波）の来襲を予見の対象としています。この報告書では，「想定地震」が周期性の高い地震であり，今後30年以内に99％の確率で発生すると指摘されていました。この指摘を踏まえて，控訴審判決は「想定地震」による「想定津波」が発生する予見可能性を認め，その予見可能性を前提に「平時」からそれに対する備えをしておくべきであると判断しています。

　また，学校の設置管理者や学校，校長は，学校保健安全法26条から29条に基づき学校における安全確保に関する危機管理マニュアルの作成や避難訓練等が義務づけられていますが，控訴審判決はこれを根拠にして，市教委や学校，校長等には「平時」における安全確保義務があるとしています。

　その上で，控訴審判決は，児童の命を守る義務は学校の設置管理に当たる公務員たる校長や教頭，市教委等の「根源的義務」であるとして，大川小（校長ら）と市教委は本件地震が起きる1年前には，危機管理マニュアルの作成と整備（具体的な高台避難の場所，避難開始要件の明記，避難訓練の実施，内容に不備がある場合の市教委の確認，チェックによる適正なものに指導すべきことなど）が法律上の義務であったのにその義務怠った（違法な職務行為であった）という判断をしました。

　控訴審判決が判示している安全確保義務は「平時」からの整備・対応義務とされていますし，学校だけでなく市教委も含めて情報を共有して組織として対応しなければいけない義務だと判示しています。また，教員らは地域住民より高度な科学的知見の収集や分析義務があるということを言っていますが，この点は，控訴審判決に対し，現場の教員等からかなり異論が述べられました。現場教員からすれば，自分たちはただでさえ忙しくて大変なのに，そんなことまでやっていられないという批判です。

　しかしながら，控訴審判決は，現場の教員だけにこれを要求している訳ではありません。地方公共団体の市長部局の人たちとの連携・協働を踏まえて，高度な科学的知見の収集，分析をしてくださいと言っているのです。決して現場の教員に責任を全部転嫁させるような判断をしてはいません。むしろ方向としては逆を向いているということになります。ここを間違うと控訴

審判決の意義が減殺されてしまいます。

　次に，控訴審判決が「平時」の安全確保義務を認めている点ですが，その意義は安全確保義務の発生を具体的な危険発生の予見と切り離すことを意味します。安全確保義務の発生時点が遡りますので，災害の場合には実際の災害発生の時点より前の段階での義務となりますから，時間的な余裕や対応の余裕を認める判断ということになります。分かりやすくいえば，控訴審判決は「事前に安全確保をしておいて下さい」，むしろ「事前にやらなければだめですよ」ということを言っているわけです。

　実際にも大きな災害が発生したときに，発生現場で冷静で合理的な対応や判断ができるかと問われると，それは誰でも難しいわけですから，難しいからこそ事前にやっておいてくださいと判示していることになります。

　こうして見てくると，控訴審判決の判断は，結局，学校の児童だけでなくて教員も救われる判断なのです。それだけに止まりません。大川小の事故の場合，地震が発生したのは下校時間でしたので，スクールバスが待機をしていましたが，運転手は会社に無線で連絡して相談をした結果，大川小の判断が出ないのでその場で待機を指示された結果，この運転手も津波の犠牲になりました。学校の判断が遅れたことで犠牲になったのです。また，大川小の児童の多くはスクールバスで帰宅しますので，児童の到着をバスの停留所で待っていたため避難が遅れて津波の犠牲になった祖父母や保護者もいます。大川小の避難の決定が遅れたことにより，児童と教職員だけではなくて，スクールバスの運転手のように学校業務に関連する人や地域住民にも被害を発生させているという実態があります。しかし，控訴審判決にように，「平時」の安全確保義務が認められれば，避難決定の時点が早くなり，こういう被害も救われることになるのです。このことは控訴審判決のとても重要な側面です。

　それからもう一つ重要なことは，「現場過失」を問題にするような判断は，実際に災害が発生したときに，教員の能力によってどのような対応が可能かに相違が生じ，安全の確保の結果に差が出てくることを承認せざるをえません。何が起きても沈着冷静な教員がいる学校では，教員がパニックにならず児童が安全に避難できるでしょう。しかし，災害や安全確保に対する知識や経験に乏しく，判断力に欠ける教員がいる学校では，教員がパニックに

なって大川小の場合と同じように「救える命」が救えない結果に繋がります。しかし，あらかじめ一定の水準を保った避難マニュアルを用意し，避難訓練もしてあれば，どんな資質の教員がいても，マニュアルや訓練した経験に従って対応すれば，安全確保ができます。控訴審判決の「平時」からの「組織的過失」の判断の枠組みの重要なポイントはここにもあります。

　さらに控訴審判決は，ハザードマップの限界をきちんと認識し，その限界を踏まえて責任判断をしています。ハザードマップは，政府がその作成に関するマニュアルを出しており，そこではハザードマップの限界なり適用あるいはその仕様における注意点が指摘されています。ところがこれが現場におりてきて，市区町村でハザードマップをつくる際には，それがきちんと伝わっていませんでした。その結果，ハザードマップが逆の受け取り方をされてしまい，ハザードマップ上で浸水域になければ「安全である」という誤った認識を生じやすくなります。このことによって命を落としたというケースも東日本大震災では多数あります。この点に関し，ハザードマップの限界をきちんと指摘し，それを踏まえた対応を「平時」の義務とすることで，学校の児童，生徒の命だけではなく，近隣住民の命も救うことにつながります。控訴審判決の判示した責任判断の枠組みは，このような意義も有しているのです。

　教育現場で何を優先すべきかの再認識を控訴審判決は迫っています。命を最優先で守らなければいけないときに，現場の先生だけがそれを負いなさいと言っているわけではないことが，控訴審判決の重要な点だということです。

4　控訴審判決の射程

　大川小の控訴審判決の判断は，津波災害の事案における学校事故に関するものですが，これまで指摘したことからも分かるとおり，学校防災だけではなくて地域や企業の防災，あるいは防災以外の社会的な危険や危害への対応の仕方についての法的な考え方に示唆を与えてくれます。

　さらに，災害の場面に限らず，例えば詐欺的な商法を展開している悪質業者の責任判断においても応用が可能ですし，欠陥住宅など建築関係の問題において一つのプロジェクトに複数の者が組織として対応する場合の責任判断

にも応用ができるのではないでしょうか。パック旅行などでは旅行会社や移動手段，宿泊サービスの提供者などが複合的に関与していますが，旅行中に起きた事件や事故の責任や，警察対応における職務権限行使の責任が問われるケースにおける警察組織の責任判断にも援用可能です[4]。

　また，現代の医療現場は一人の医師ではなくチーム医療やプロジェクト医療と呼ばれている医療行為が広く行われていますが，この中で何かミス（医療過誤）が起きた場合にどのように責任判断をしていくかは難しい問題ですが，ここでも組織的過失の考え方を援用することができると思います。

　大川小の控訴審判決が示した「組織的過失」の考え方は，東日本大震災のような災害で犠牲になられたような方々を救うことを可能とするとともに，これからの私たちの社会における安心と安全を進化させるものでもあるのです。

〈参考文献〉

河上正二・吉岡和弘・齋藤雅弘『水底を掬う──大川小学校津波被災事件に学ぶ』（信山社，2021年）

吉岡和弘・齋藤雅弘「津波と学校防災─大川小被災事件から1〜3」みすず705・707・709号（2021年7月・9月・11月号）所収

吉岡和弘・齋藤雅弘・角田美穂子「プロローグ『大川小学校児童津波被災事件訴訟』から，私たちは何を学ぶのか」角田美穂子・フェリックス・シュテフェック編著『リーガルイノベーション入門』（弘文堂，2022年）所収

リチャード・ロイド・パリー『津波の霊たち─3.11 死と生の物語』（濱野大道訳）（早川書房，2018年）

池上正樹・加藤順子『あのとき，大川小学校で何が起きたのか』（青志社，2012年）

池上正樹・加藤順子『石巻市立大川小学校「事故検証委員会」を検証する』（ポプラ社，2014年）

4　河上正二「『組織的過失』について」『中田裕康先生古稀記念 民法学の継承と展開』（有斐閣，2021年）所収777頁参照。

2　大川小学校事故訴訟高裁判決
——被告側弁護士の視点から

野村　裕（弁護士・元石巻市総務部総務課法制企画官）

　2018 年 4 月，あと数日で高裁判決の言渡しという時期に，顔見知りの新聞記者から電話があり，「大川小控訴審の判決の見通しは？」と問われました。

　私は，「『事前の備え』を問題として，被告側をいかなる論理で敗訴させることができるのか，まったく想像がつきません。しかし，裁判所の法廷での態度からすると，敗訴するのだと思います」と答えました。

　そのとおりの結果になりました。

　東京の法律事務所に所属していた私は，東日本大震災後，2013 年 5 月から 3 年間，石巻市役所に赴任し，常勤の弁護士職員として，被災者の住まいの再建の復興事業その他に取り組みました。

　赴任当初は大川小学校事故検証委員会が進められており，私は一切関与がありませんでしたが，2014 年 3 月の提訴後，訴訟代理人ではなく，被告石巻市の職員の立場で（2016 年 5 月以降は非常勤職員として），判決確定まで関与しました。

　本稿では，被告側弁護士の視点から，高裁判決に限って，何点かポイントを指摘させていただきます。

　以下，高裁判決を批判する内容を含みますが，すべて筆者個人の見解です。

　筆者が知る限り，石巻市は，最高裁が上告を受理せず高裁判決が確定してからは異論を述べることを控え，未来の命を守るために高裁判決を活かすという方針を堅守し，先進的な学校防災に取り組んできています。

　もっと言えば，石巻市は，訴訟が争われていた時期を通じて，終始，大川小学校事故の問題を収束させること，この事故をめぐる石巻市民の間の感情の対立を解消することを最終目的として対応していたと感じます。

　東日本大震災では，石巻市民 3,600 人以上が犠牲となり，また，大川小学校が所在していた釜谷地区では，地震発生時に地区内にいた住民 209 人（大

川小児童・教職員は含みません。）のうち実に175人が犠牲になりました（死亡
率83.7%　大川小学校事故検証報告書）。大川小学校事故が，学校管理下におい
て多数の児童が被災した最大・特別な事故であったことは間違いありません
が，それと同時に，釜谷地区という一地区が壊滅する災害であり，石巻市が
一自治体として最大の人的犠牲を被った災害の中に位置付けられるものでも
ありました。訴訟の原告側を含むご遺族や釜谷地区の住民の方々はもちろ
ん，それぞれに被災し，家族や友人を亡くすなどしたあらゆる石巻市民が，
様々な感情・意見を抱いていました。

　そのため，石巻市は，なるべく穏当・誠実に訴訟対応を行い，ある意味
"型破り"であった原告側の訴訟追行を受け入れることを基本姿勢として，
感情的対立を無用に増幅しないようにと努めました。このような表現を原告
側の皆様に受け止めていただくことは難しいものと想像しますが，震災直後
から約1年間の混乱した時期に石巻市・市教委がいくつか誤った対応を重ね
た後は，その大きな失点を少しでも回復したいとの思いで歩んできたことは
事実です。

　そのように訴訟を追行するとの方針は，裁判所が，公正に審理し，客観的
な判決を下すことへの信頼を前提にしていましたが，以下に述べるとおり，
その信頼に応える判決ではなかった。筆者は，そのように受け止めていま
す。

　高裁判決の判断内容に言及する前に，どうしても強調しておきたい点があ
ります。それは，高裁判決が，結果的に，「裁判所」対「第1審被告（石巻
市・宮城県）」の判決となってしまっている点です。

　高裁判決[1]の形式上の特徴は，「争点に係る当事者の主張」が，まるごと，
判決の「別紙5」として切り離されてしまっていることです。ところが，
163頁にも及ぶ長文の判決本文中で，「別紙5」は一度も引用されていませ
ん。

　この点に着目して判決本文を読むと，判決の主要部分が，「第1審被告ら
は，……と主張する。（しかし……採用することはできない。）」の繰り返し

1　https://www.courts.go.jp/app/hanrei_jp/detail4?id=87735

に終始していることに気付きます。

　本来，訴訟の構造上，「第1審原告の主張に対する第1審被告の反論」で
あったはずが，高裁判決は，第1審原告の主張内容は曖昧にしたまま，「第
1審被告の反論内容に対し，裁判所独自の理屈で再反論」することを重ねて
います。しかも，裁判所が高裁の審理中で詳しい争点整理を避けたため，両
当事者は裁判所の「再反論」の中身を判決を読んで初めて知ることになりま
した。結果的に，裁判所の「再反論」の内容の重要部分にも，控訴審で満足
に議論・審理されなかった内容が多く含まれることになりました。

　高裁判決の内容面では，「組織（的）過失」が認められた，といった切り
口で評価されることも多いかと思います（ただし，高裁判決本文ではこのワード
は使われていません）。

　大川小学校は宮城県が公表していた津波浸水予測では予想浸水域外とされ
ており，大川小体育館が津波発生時の避難場所として指定されていました。
それにもかかわらず石巻市の法的責任を導く論理の中で，高裁判決は，校長
等の学校関係者個々について独立に評価せず，市の防災担当者や市教委の落
ち度を指摘し，それを援用して，校長等の過失を認めました。

　これが，個々の行為者の過失に還元できない組織全体の過失を認定した[2]
ものであるならば，その認定の際には，組織の実情が重要な前提となるはず
です。

　この点，石巻市は，2005年4月，周辺の1市6町が合併して現在の市域
になりました。大川小学校は旧・河北町に属していました。合併により教育
委員会も一つになりましたが，震災の前年2010年7月まで，旧町の各役場
（合併後の総合支所）にも教育委員会の事務所が置かれていました。つまり，
東日本大震災は，ようやく教育委員会が名実ともに一つになった矢先に発生
しました。

　合併の結果として，震災当時，石巻市内には小中学校が合計64校もあり
ましたが，高裁判決は，「大川小の実情に最も精通しているのは大川小自身
であるとは必ずしもいえない」「同一の小中学校について，継続的にその実

2　消費者法判例百選［第2版］101事件（238頁），米村滋人東京大学教授執筆担当部分。

情を蓄積しやすい立場にあったのはむしろ市教委であるといえる」と論じています。しかし，石巻市に限らず，自治体の教育委員会に配置される人員の体制を考えたとき，実態から乖離した認定であると感じられます。

　国，自治体（都道府県・市町村）と各地区，教育委員会と各学校にまたがる防災・減災の取組みに関して，組織の壁を越えて責任ある体制を構築すべきことはそのとおりです。そうであればこそ，教育現場に説得力を持って響く，地に足のついた議論が必要と思います。

　最後に，訴訟に関わっていた当事者として，法律解釈の先にある事実認定・あてはめの部分の問題についても一点指摘したいと思います。

　高裁判決は，震災が発生した当年度の2010年4月30日を基準時点として，校長等の「津波被災の予見可能性」を認めました。このような直近の時点が基準とされたのは，高裁判決が法的根拠とする学校保健安全法の施行日が2009年4月1日であり，高裁判決が引用する宮城県・石巻市による防災の取組みの多くが平成21（2009）年度中に行われたものであったこと，判決が重要なポイントとする河川堤防に関する複数の専門的文献が2009年の文献であったことなどが理由と考えられ，上記基準時点をより早い時点に遡らせることは，高裁判決が採用した論理からは困難であったと考えられます。

　このように基準時点を定めた上で，高裁判決は，新たな避難場所を準備すべきであったと論を進め，「本件想定地震による地震動によって崩壊の危険のある裏山を第三次避難場所として選定することも不適当」として，釜谷地区外の「バットの森」を選定すべきであったとしました。その上で，2010年4月30日から2011年3月11日までの約10か月間で，校長らは，「バットの森」を避難場所に指定すべく地区住民と協議し，説得すべきであり，かつ，「雨風を凌いだり，水や非常食等を保管できるプレハブ小屋の設置，夜間照明，情報機器及び避難場所表示の設置等を（石巻市・市教委に対して）申し出て，その措置をとらせるための時間が十分あったといえる」としました。

　果たして，そのような短期間に，少なからず予算措置も伴う措置が実現可能でしょうか。

　また，高裁判決が組み立てた時系列に拠れば，そのように避難場所として

の整備が整わないうちに，危機管理マニュアルの第三次避難場所をまず書き換えることを法的義務として要求していることにもなりかねません。

　この点に限らず，高裁判決には，結論に至る論理の上で不可欠な部分に，強引な事実認定や説示が散見されます。

　高裁の裁判官は，原告勝訴とすべき事件である，との強い想いから，高裁判決の論理を紡いだのでしょう。その想いを引き出したのはきっと，震災後の原告側ご関係者の姿や行動であったでしょう。裁判官がそのように胸を打たれたこと自体は，人の心の動きとして，あり得ることであると思います。

　しかし，訴訟法に則った裁判手続，法律に基づく判断，経験則に従った事実認定といった観点からも歴史に堪え得る判決となっているのか否かについては，別途，冷静に評価される必要があると考えます。

　以上，高裁判決の問題点を列挙する形にはなりましたが，大川小学校事故訴訟に正面から取り組んだ身として，この判決が確定し，先例として残ることになったからには，全国各地において，未来の子どもたちの命を守る具体的なアクションに結びついて欲しいと，心から願っております。

3　大川小津波裁判から学ぶべき学校防災と事後的不法行為

鈴木秀洋（日本大学大学院危機管理学研究科教授（2023年4月1日から））

1　本論稿の立ち位置

　私は，行政法の学者・研究者であり，かつ，自治体の危機管理課長として災害・危機管理事案での指揮命令を担当してきました。東京23区の代表（先遣隊）として東日本大震災被災地の避難所支援もしてきました。

　本論稿では，この裁判について正確な法的解説を示すとともに，行政の事後的対応のあり方について論じ，最後に雑感を述べたいと思います。

2 この判決（最高裁確定判決）の正しい理解

(1) この判決の評価

この大川小津波裁判については，最高裁で確定しているにも関わらず，地元宮城県や石巻市においてすら，未だこの判決が指摘する問題点についての抜本的改善対応が十分になされているとは言い難いように思えます。また，大川震災伝承館は作られましたが，訪ねてみると，この判決の検証作業がまだまだ不足していて，この地域，そして日本中で総括作業を続けていかねばならないとの思いを強くしました。

この判決が十分浸透していないのはなぜなのでしょうか。私は，主にその理由として，2点あると考えています。

①自然災害

第一に，津波が自然災害であり，その自然災害を起因として子ども達が命を落としたことから，人災要因があるにもかかわらず，その側面にフォーカスされづらいことが原因としてあるように思います。

②国家賠償法

第二に，裁判の根拠となる国家賠償法という法制度が十分理解されていないからだと考えます。

(2) 本判決の正しい理解（ポイント）

では，この判決は，法的にはどのように理解すべきでしょうか。ここでは2点に絞って解説します。

①災害時ではなく事前対策の不備

要点の一つは，事前対策の不備を指摘していることです。災害対応を検証する際，災害時の現場での対応のミスに注目が行きがちです。しかし，災害時対応の是非は，実は事前にどれだけ災害時を想定して準備を積み重ねたかの延長であり，その事前対策の有無・程度にこそ注目すべきであると判決は述べているのです。

この判決に対しては，東日本大震災は予見不可能であったとの反論があります。一見もっともな反論のように聞こえるかもしれません。

しかし，判決は，東日本大震災を想定しておくべきだったとはいっていま

せん。事前に県が想定・発表した被害想定[1]に対する津波対策を行っておくことは行政の責務[2]であり，それを怠っていたことにより住民の生命が守られなかったと述べているのです。

②個人ではなく組織的過失

要点のもう一つは，判決が組織的過失を認定したことです。

この判決に対しては，未だに学校の現場に過大な責任を課す判決であるとの行政側の反論があります。教員は防災の専門家でないし，教員にこれ以上多大な負担を課すべきではないという批判です。

しかし，この批判は法制度を誤解・誤導しています。この判決は，国家賠償法という法律に基づいて，むしろ個々の教員の責任を問わなかった判決であるといえるのです。そもそも被告は教員ではなく，市・県という行政です。国家賠償制度は，民法（の不法行為責任）の特別版であり，民間であれば個人責任が問われる（民法709条）にもかかわらず，公務員を萎縮させず積極的な職務遂行を奨励するために，あえて公務員個人の直接責任を追及させない仕組み作りをしているのです[3]。

（3） まとめ

以上からすれば，この判決が向けた矛先は，公を担う行政（学校・教育委員会を含む市と県）の組織対策の不備です。住民の生命身体を守るという基本的責務[4]を有する自治体が，①平時から②組織的対策をしておかねばならないという，極めて当たり前の真っ当な指摘を行った判決なのです。住民の命，特に学校といういわば子どもたちが半ば強制的に集められる空間における安全性の確保は，平時から最優先して取り組まねばならない事柄です。学校は子どもの命を守る場所であるという根源に立ちかえった判決なのです。

1 　宮城県防災会議地震対策等専門部会作成の想定地震。
2 　筆者は東京都防災会議の委員を務めており，この論稿執筆時，東京都は新たな被害想定を発表し，地域防災計画の修正作業に入っています。仮の想定を設定し，具体的対策を積み重ねておくことで，100％想定と同じ地震が起きることはないとしても，住民の命は救えるのだとの考えに基づく危機管理です。
3 　例外としての故意・重過失の場合にのみ，国家賠償法1条2項により内部求償を行う制度設計をしています。
4 　地方自治法1条の2は，地方公共団体の究極の理念として，「住民の福祉の向上」を挙げています。

3 学校・教育委員会等行政に残された課題
——事後的不法行為（遺族感情への寄り添い）

　この判決は，上記組織的過失を認めたため，その余の災害後の学校・教育委員会側の事後的対応について，裁判所としては判断していません。

　しかし，学校側の事情聴取，資料開示，事故調査委員会等のその後の一連の経過（例えば保護者説明会等でも行政側の一方的説明に終始し，遺族の求める真相解明をともに担おうという姿勢が見られなかったこと，子ども達からの事情聴取のメモを廃棄したことなど）を辿ってみれば，遺族がこの事件後，学校側のこうした対応により，繰り返し深く傷つけられていることがわかります。

　子どもを失った後に，さらに裁判に至るまで，また裁判後も傷付けられ，苦しめられ続けてきたのです。こうした行政の事後的な法的責任について，今後議論を深めていく必要があります。

　私は，行政法の学者として，学校事故・事件により，学校で子どもが命を落とした事例などを検証してきました。命を落とした苦しみに加え，何ゆえ，さらに学校・教育委員会側の事後的不法行為にまで苦しめられねばならないのか。遺族の二次被害，三次被害を防ぐことに注力しています（「子どもの命を守るために[5]—剣太の生きざまと未来に遺したメッセージ」連載中）。

4 おわりに（雑感）

　私にとって，大川小は，常に心にあり続けています。現場の様子はすっかり変わってしまいましたが，現地で語り部の佐藤敏郎さん，佐藤和隆さん，紫桃さん，只野さんの話を聞くと，当時の子どもたちの声が聞こえて，子ども達の涙も笑顔もその様子が目に浮かぶようになります。

　子どもたちから，「頼んだよ」とのバトンを渡された思いがします。

　遺族という言葉，亡くなった74人の児童という数字・記号でこの事件・

5　議員 NAVI 鈴木秀洋「（議員・行政職員必修）子どもの命を守るために−剣太の生きざまと未来に遺したメッセージ」（第一法規・20220622から連載）。https://gnv-jg.d1-law.com/article/20220627/38785/
6　何年経とうが必ずあの日に戻るという。野球が好きだった健太君のグローブを車の後部座席にいつもおいている佐藤美広さん。「健太君，お父さん（美広さん）と健太君の話をしながら，今度こっちでキャッチボールするから，見に来なね。」

事故，裁判を辿っているだけでは，この判決を未来につなげることはできないことでしょう。子どもたち一人ひとりと顔を思い浮かべ，彼女ら・彼らの過ごした大川小を訪ねて，そこで彼女ら彼らと会話してみる。そこで新たに心の底から溢れ出す気持ちが必ずあります。自分が進むべき道に気づかされるはずです。

　未来の子どもたちの命を守るために，大川小の物語をともに伝え，広げていきましょう[6]。

4　控訴審判決を学校防災の「礎」にするために

土屋明広（金沢大学人間社会研究域学校教育系准教授）

　「一審原告らは，控訴審裁判所が早期に『我が国の学校防災の「礎」となる判決』の言い渡しをされることを期待しつつ，最終弁論を終えることとする。」（遺族・控訴審最終準備書面）

　遺族（一審原告）たちは，大川小学校津波被災訴訟控訴審を判決への「期待」を表明することで締めくくりました。我が子を喪った悲しみ，教育委員会との先の見えない交渉，事故検証委員会への失望，「我が子の代理人弁護士」として奔走した裁判（吉岡和弘・齋藤雅弘「津波と学校防災──大川小学校の被災事件から 1『我が子の代理人弁護士』として」『みすず』63 巻 8 号，2021 年），その中で聞かされた被告側の心無い発言等々，言葉に尽くせぬ苦しみを味合う中で遺族たちに芽生えた「期待」とは，同じような悲劇が二度と繰り返されないことであり，その「礎」となる判決が言い渡されることだったのだと思います。

　周知の通り控訴審判決は，津波（東日本大震災に因る津波ではなく，宮城県が震災前に想定した地震津波であることに注意が必要です）への事前対策（高度なレベルの知見に基づく危機管理マニュアル）に係る石巻市立大川小学校の管理職と教育委員会の組織的過失を認める画期的なものでした。法律論的にも学校現場的にも賛否両論ですが，子どもの命を守ることの重要性を否定する意見は

一つも出されていません。子どもは発達途上にある存在ですから，（公立）学校とその管理運営にあたる教育委員会が最大限の努力をもって学校防災にあたることは当然とも言えます。もちろん何をもって「最大限の努力」をしたことになるのか，という基準をめぐって議論されるわけですが，少なくとも高度な知見に基づく学校防災の構築が必要であることを示した控訴審判決は，子どもの命を守る社会実現に向けた「礎」になるに違いありません。

　本控訴審判決が確定（2019年10月10日）してすぐに文部科学省（以下，文科省）は，全国の教育委員会，私立学校や専修学校などを所管する自治体部署に「自然災害に対する学校防災体制の強化及び実践的な防災教育の推進について（依頼）」（2019年12月5日）を発出しました。その内容は，学校に対して危機管理マニュアルの作成・見直しを「学校が立地している地形や地質などの自然環境や社会的条件から危険を明確にし，危険等発生時に対応できるものとなっているか」「過去の災害やハザードマップなどの想定を超える危険性をはらんでいる自然災害に備え，複数の避難場所や避難経路を設定しているか」等に留意して行うこと，学校を設置管理する団体・部署に対しては「設置する学校の学校安全計画，危機管理マニュアルの内容を定期的に点検し，必要に応じて指導・助言」をするように依頼するものでした。これらは高裁判決で示された内容に沿うものになっていることから，文科省は控訴審判決を「学校防災の礎」として捉えて，その内容を全国に周知しようとしていることが分かります。

　しかし，「礎」とは「建物の下におく土台石」「基礎となる大事な物事」（岩波国語辞典）を意味するもので，あくまでも土台に過ぎません。その上に何を，どのように建てるか，が重要です。基礎が盤石であってもヤワな建造物であれば，たちまちのうちに倒壊してしまいます。文科省の「依頼」は具体的な作業内容を示してはいますが，あわせてどのように実施するか，言い換えれば，高度な学校防災を実現するために必要とされる体制（システム）はどのようなものか，を検討することが重要です。

　学校事故を研究し，大川小訴訟に関する論稿を重ねてきた堀井雅道は，高

裁判決を踏まえた課題として，①「危機管理マニュアル」の改善，②校長・教職員の意識・知識の向上，③学校・教育行政が危機管理マニュアル以外でも自治体防災部署と連携して災害発生時の条件整備を進めること，を挙げています（「大川小学校事件高裁判決の意義と学校防災の課題」季刊教育法 198 号，2018 年，114 頁）。

　また，同じく大川小訴訟について多くの論稿がある三上昭彦は「地震・津波被災をはじめ近年ますます頻発している様々な自然災害のリスクから，どのようにして子ども・教職員さらに住民の生命や身体の安全を守りぬくのか。地域防災の整備・確立・実施のなかで，学校や教職員の固有の責任と課題は何か。」を控訴審判決から提起された論点と課題であると述べています（「大川小津波訴訟・最高裁決定を考える」『季刊人間と教育』105 号（2020 年）105 頁）。

　両者ともに，これからの学校防災は地域防災との連携の上に立つものと提唱していることが分かります。いみじくも先の文科省「依頼」も，学校の訓練と地域の防災訓練とを合同で行うことや，学校・保護者・地域・関係機関が一体となって学校安全に取組むセーフティプロモーションスクール（SPS）を参考にするように促しています（大阪教育大学学校安全推進センター〈http://ncssp.osaka-kyoiku.ac.jp/sps〉）。

　このように，控訴審判決後の学校防災（公立学校）は，学校，教育委員会，自治体防災部署，関係機関，保護者，地域住民などの地域全体で総力を挙げて取り組むべき課題になったと言えるでしょう。これからは多くの人たちの連携・協働によって子どもたちを守ることが求められています。しかし，連携・協働の実現には難しさが伴います。たとえば，関わる人と機関が多くなればなるほど，議論の進め方や合意形成の仕方が複雑になります。今後の課題として，学校防災に継続的・恒常的に取組むにはどのような体制が必要か，連携・協働についての具体的なシステム作りが挙げられるでしょう。

　他方で，地域に任せればいいというわけにはいきません。全国には小学校，中学校といった義務教育段階の公立学校だけでも約 3 万校存在します。これら全ての学校に最適な学校安全計画，危機管理マニュアルを地域防災と

組み合わせて作成することは至難の業だと言えるでしょう。地域が十分に学校安全に取組むためには国による支援が不可欠です。現在，国（文科省）は「学校安全の推進に関する計画」を策定するなどして様々な施策を展開しています。

　たとえば，「学校安全ポータルサイト」〈https://anzenkyouiku.mext.go.jp〉を開設し，文科省や各地の教育委員会が作成したマニュアルや手引き，学校安全の実践事例集などをデータベース化しています。また，オンデマンド教材「教職員のための学校安全 e-ラーニング」を文科省ホームページ上に公開しています（誰でも視聴可能です）。このように国（文科省）は誰でも利用可能なデータベースや資料を作成しており，各学校・地域の学校防災の取組みの最適化と効率化に資するものだと言えます。加えて国（文科省）に望むこととして，様々な地理的条件にある全国の学校の立地条件を類型化して各類型に即した安全計画と危機管理マニュアルの範例を示すことや，学校安全に係る教員加配を予算化・恒常化すること，などを挙げることができます。今後はより一層，各地域へのサポートを充実させることが期待されます。

　しかし，大きな問題があります。それは，日本は OECD 諸国の中で最も公務員が少ない国であるという現実です（OECD *Government at a Glance 2021* 2019 年時点）。教員の過重労働が社会問題になって久しいですが，公務員（国家公務員，地方公務員，その他 NPO などの公的機関等を含む広い概念）の全雇用者に占める割合は 5.9% と OECD 諸国の中で最低です（たとえば，ノルウェー30.7%，アメリカ 14.9%，韓国 8.1%。OECD 諸国平均 17.9%）。もちろん各国の制度にはかなり異なる点があるため単純に比較することはできませんが，平均の 3 分の 1 しか公務員がいないことは（公務員数ではなく，あくまでも割合です），もっと問題になってしかるべきだと思います。

　これからの学校防災が，様々な関係者・機関の連携・協働によって構築されるとしても，そのコーディネート役は公務員が担うことになります（現在でも担っています）。また，危機管理マニュアルや各種手引きなど学校防災にかかる膨大な資料づくりも公務員が担っています（外注している場合でも，外注先との交渉調整などの仕事があります）。子どもの命を守るために必要な公務

員数（教員も含む）を確保する，このような改革を視野に入れた議論をしていく必要があると思います。

5　学校安全確保のために
——組織の強みをどう生かすか

髙橋　眞（大阪市立大学名誉教授）

1　現場の教職員の「過失」——釈然としないのはなぜか？

　(1)　これまで，学校事故の裁判では，事故現場に最も近い教員の「現場過失」が問題とされてきました。公立学校設置者（市など）の損害賠償責任を根拠づける国家賠償法1条1項は「国又は公共団体の公権力の行使に当る<u>公務員が</u>，その職務を行うについて，<u>故意又は過失によって違法に</u>他人に損害を加えたときは，国又は公共団体が，これを賠償する責に任ずる」と規定しています。この規定で「公務員の故意・過失」の存在が市の賠償責任の要件となっているために，現場の教員の過失の有無が焦点となることが一般です。しかし，事故の原因をもっぱら現場の教員の「過失」と見てよいか，疑問となるケースも見られます。

　大川小学校の事件でも，一方では，教務主任をはじめ山に逃げようという声もあり，より適切な行為は不可能ではなかったのだから，現場の教員は最適な行動をしたとはいえず，そこに過失が認められるという考え方がありえます。他方では，山崩れのおそれなどにより山への避難の安全性に確信を持つことができなかったのだから，現場の教員が確実に最適な行動をすることができたとは言い難く，過失ありとはいえないという考え方もありえます。過失を認めるにせよ，否定するにせよ，釈然としないものが残ります。

　(2)　しかし，そもそも現場の教員が，なぜ最適な行動をとることができなかったのか。控訴審判決ではここに焦点があてられ，大川小が津波で浸水する危惧を感じながら第三次避難場所・避難経路を定めなかった校長等，また危機管理マニュアルのチェックを怠った市教委に「安全確保義務の懈怠」が

あるとし，それに伴う過失を根拠として市の責任を認めました。

　問題は公務員個人ではなく，市の損害賠償責任ですから，損害賠償が認められるならば現場の教員の過失であれ，校長等の過失であれ，同じことだという考え方もありえます。しかし最も大事なのは事故を現実に防ぐことであり，そのためには，具体的に「誰が何をするべきか」という問題を曖昧にすることはできません。事故が起きてしまった後の損害賠償責任も，なぜ事故を防ぐことができなかったのかという問いを出発点とする必要があります。

　また，不法行為法上の「過失」については，一般に次のように説明されます。すなわち，人は独立した個人として，他人の権利を害さない限り自由に行動することができるが，その中で，自分の行為によって他人を害する危険を予見したならば，加害を避けるために自分の行為をコントロールする必要がある，そのコントロールが可能であるにもかかわらず他人を害した場合には，「過失」ありとして損害賠償責任を負う，と。前述の現場の教員について見ると，このような「個人モデル」に基づいて国賠法1条の「過失」を論ずることができるかどうか。以下では，組織的な活動において事故を防ぐための参加者の「行為」「過失」について考えてみます。

2　事故が起きたら手遅れ——現実に安全を確保する義務を，組織として負う

　学校事故については，上記のように学校設置者である組織体（市など）が損害賠償責任を負いますが，その前提として，学校設置者は，組織として安全確保の義務を負っています。その根拠は，学校側は学校生活の中で児童・生徒の行動を管理するのですが，安全が確保されていなければ児童・生徒が安心して管理に服することができない点にあります。

　安全確保の義務を負うということは，事故が起きてしまえば手遅れなので，「事故を現実に防ぐために，客観的に可能なすべてのこと」を行うべく義務づけられることを意味します。したがって，第一に，予算や人員の不足があれば，できる範囲で精一杯努力するというだけでは足りず，必要な予算・人員を確保しなければなりません。第二に，「見えない危険」，「想定外の危険」を積極的に調査し，可視化することも必要です。事故の危険は，具体的にはそれぞれの現場によってすべて違いますから，あらかじめ与えられ

た情報を一種のマニュアルとして列挙し，それだけをチェックするということでは，客観的に必要なことを尽くしたということはできません。

したがって，危険の「予見可能性」について，1で見た「自由で独立した個人」のモデルにより，「予見できた範囲で対応する」だけでは足りません。組織体としての学校とその活動を具体化する個人は，独立して自由に行動できる存在ではなく，児童・生徒の安全を確保する義務を果たすために，「予見可能性」を自ら拡げることを求められているからです。

3　組織としての義務——役割分担する個人によって実現される

(1) 上記のように，安全を確保する義務は組織体が負いますが，それを具体化する担い手は，組織としての活動に参加する自然人（個人）です。その活動は役割を分担して行われ，その役割は，大きく「現場担当者」「（現場以外の）分担者」（本件ではハザードマップ作成担当者）「組織者」（校長等の学校管理職，市教委，さらに文科省——重層的に機能します）の3つに分けることができます。それぞれの役割において，具体的に誰が何を，さらに，どのようになすべきか——事故を未然に防ぐためには，この点を明らかにしておかなければなりません。

(2) 役割を分担して活動するのですから，それぞれの担当者の行為は「部分的」な性格をもっています。「現場担当者」「（現場以外の）分担者」のみならず，全体を見通す役割をもつ「組織者」も，各担当部分の実情の認識，また各担当領域への働きかけは，それぞれの領域の担当者を通じてする必要があるのですから，別の意味で部分的性格を帯びています。いずれの役割も，自分の行為だけで結果を実現することはできないという意味で部分的です。しかし重要なのは，それぞれの行為が「部分的」であることは，トップダウンで機械的に動かされる歯車であることを意味するものではないということです。

すなわち，それぞれの人は，上位の部局に指示されて動くだけではなく，自分の担当する部分については「専門的」「自立的」に責任をもって取り組みます。したがって，他の部門から与えられた情報や指示については，「独自の立場」すなわちある部分を「自立的」に担当する者としての知見に基づ

き，「批判的にこれを検討」することが求められます。本件では，校長等が
大川小の現場を見ている者として疑問を感じたときは，市から与えられたハ
ザードマップを鵜呑みにしてはならないという形で，このことが指摘されま
した。しかし情報等を「批判的に検討」するべきなのは，校長等の管理職に
限られるものではありません。宮城県南三陸町立戸倉小学校では，迅速な避
難という要請を重視して，避難場所を高台から校舎屋上に変更する旨の校長
の提案が，職員会議において地元出身の教師らからの反対によって斥けられ
た結果，児童の被害を免れました（吉岡和弘・齋藤雅弘「津波と学校防災──大
川小学校の被災事件から3」みすず709号40頁）。

　（3）すなわち各自が単独で，あるいはトップダウンの指示に従うだけで適
切な危機管理ができるものではなく，それぞれ自立的に役割分担している個
人が「連携」してはじめて，実効的に事故を防ぐことができます。そのため
には各人が，単に言われたことをするだけではなく，各人がその活動の目的
と全体像，さらにはその中での自己の役割をきちんと把握していることが必
要です。その上で，職階のいかんにかかわらず，全体にとって必要な自己の
知見や意見を示すことは，「全体の中の部分」を担当する者としての責務で
あるということができます。

4　自己の担当部分の取組みに加え，「連携」が不可欠

　このように，各人の行為が必然的に部分的である以上，組織としての活動
がその目的を実現するためには「連携」が不可欠です。与えられた情報や指
示を「批判的に検討」して活動全体を適切なものにすることは，この「連
携」のひとつですが，他方で，他部門の担当者に対して情報を適切に発信す
ることも，「連携」のために重要です。

　本件においては，ハザードマップ上，大川小学校は津波浸水区域に入って
いませんでした。ただ，このハザードマップには，浸水区域とされていない
地域でも浸水の可能性があること，津波に対してはできるだけ早く安全な高
台に避難するべき旨の注意書きがされていました。

　大川小の危機管理マニュアルを改訂する校長等において，この注意書きに
着目し，浸水の危険を想定して第三次避難場所を定めるべきであったという

ことができますが，事故を確実に防止するためには，ハザードマップ作成者側においても，この注意が的確に受け止められるように，より積極的な働きかけをする必要はなかったでしょうか。というのは，「数値」が独り歩きすることが稀ではないからです。自然の観察とデータ分析に基づいて数値が示された場合，発信者の意図は「津波は最低限ここまでは来る（しかしそれよりも大きい場合があるから，さらに高い所への避難も考えるべきだ）」という数値として示すことにあったとしても，受信者の側で「津波は最大でもここまでしか来ない（ここまで来れば安全だ）」と受け取られる可能性があります。学校や地域で具体的な避難計画を作成するにあたり，その数値の意味がより正確に理解されるように積極的な発信をすることが，ある部分を「専門的」に担当する者として必要ではないかと考えます。

　「連携」とは，単に部門間での情報伝達と確認にとどまるものではありません。双方向的な検討を通じて，それぞれの行為の部分性を克服し，活動の全体を適切なものとして作り上げてゆく，「組織としての活動」の根幹をなすものということができます。

5　「組織者」の役割の重要性

　（1）そして実効性ある「連携」を可能にするためには，「組織者」の役割が重要です。

　第一に，「現場の担当者」「（現場以外の）分担者」がそれぞれに割り当てられた「部分」について責任をもって仕事をするのに対し，「組織者」は「全体」を把握して，前二者の仕事が組織体全体の目的実現につながるようにする役割を果たします。安全確保についていえば，実際にどのような危険があるか，事故防止のために困難な条件があるときは，その条件をどのように克服するかを調査・解明する必要があります。とりわけ，それぞれの担当の場でのささいな不具合が，全体とのつながりの中で安全確保にどのような困難をもたらすか，「組織者」は全体を見通しながら考えることを求められます。さらに，安全確保のためのシステムが適切に機能するか，改善するべき点は何かを明らかにするためには，実地訓練を通じた研究が欠かせません。これらの調査・解明とそれに基づく措置を整える作業をリードすることが，「組織者」の役割です。

　第二に，事故防止に向けた「連携」を妨げる要因を克服することも「組織者」の役割です。とりわけ，組織内での「モノが言えない雰囲気」は，「連携」さらには組織的活動の目的の実現に対する決定的な障害となります。各担当者が疑問や意見を提出することのできる雰囲気を確保することは，「組織者」がその役割を果たしてこそ可能になり，それが確保されてはじめて，現に存在する問題点を明らかにし，さまざまな知恵を集めることができます。その上で，双方向的な意見の交換を通じて（「連携」のひとつです），問題の本質を解明し，克服することが可能となる，「組織者」はこの過程をリードする役割をもっています。

　(2)　このように，「組織者」は問題点とその克服方法について，「全体」を見通しながら積極的に明らかにし，対処することが求められます。したがって「報告がないから知らなかった」と言って済ませることはできず，知らなかったこと自体に「組織者」としての過失が問われます。もっとも，「組織者」の役割を果たすのは生身の個人ですから，完璧に役割を果たすのは困難だともいえます。しかし「組織者」の立場にある人は，自己の能力の限界に安住することはできず，「私なりに精一杯やっている」では役割を果たしたことになりません。現場の担当者やその他の分担者から情報や意見を得て最善の方法を考える，また上位の「組織者」に必要なサポートを求めることによって，客観的に必要な内容を実現することが求められる，いわば「助けを求める能力」を発揮すること（それも「組織する」ことの一側面です）が，「連携」を組織する「組織者」の役割であるということができます。

6　今後の課題と重要なポイント

　最初に，これまでの学校事故の裁判では，多くの場合「現場過失」が問題とされてきたこと，しかし釈然としないケースがあることを指摘しました。以上のように見てきますと，「現場の担当者」は，「組織者」や「（現場以外の）分担者」によって作られた条件を前提に活動するのですから，その人に過失がある場合も，この「現場過失」それ自体が，単純に個人的なものではなく，組織的な性格をもちうるということができます。したがって，「過失」という概念の内容を，前述した「個人モデル」によって固めてしまうと，組

織的活動の中での「過失」を考えるためにはうまくいきません。組織的活動における「過失」概念の検討が，理論上の課題となります。

　これは今後の理論的課題ですが，今，この問題を考えるにあたっては，「事故を防ぐために」誰が何をするべきかという観点を決して見失わないことが大切です。この観点から切り離して，「見えない危険」を具体的に研究することなく，既存の事例や行政文書から「あらかじめ必要な措置」をリストアップして済ませるならば，本来の「予防のため」という目的から「事故が起きた場合でも，あらかじめどれだけのことをしておけば責任を負わずに済むか」という基準へと変質してしまうおそれがあります。これは裁判例の研究の際に，特に注意するべきことです。

　もうひとつは，組織としての活動を現実に担うのは，分担した自分の役割を果たす個々人であるということです。その活動に誰が参加しても，その目的実現のために力が発揮できるように，システムをきちんと整えておくことが不可欠です。しかしシステムが自動的に仕事をしてくれるわけではなく，そのシステムを基礎にして所期の目的を実現するためには，参加する個々人の創造性が必要です。具体的には，今回の地震に際して，適切に避難をすることができたケースから，それを可能にしたものは何かということを学ぶことも大切かと思います。避難計画を策定するというだけでなく，実効性をもってそれを実現するために，現場の教員が日頃からどのようなことをしていたか——おそらく，避難計画に書かれていることだけでなく，日常の実践（「専門的」「自立的」な実践です）の中で気づいたことを，教師集団共通の認識としてゆく過程があったのではないかと思います。つまり，平時の段階でよく調べ，よく考えて策定したマニュアルが必要ではあるが，それを実効的に使うためには，マニュアル化できない知恵を磨くことも必要である，このように，ルールを支える「眼に見えないもの」にも注意を払うことが必要であると考えます。

③　様々な津波・学校事故を考える

1　企業防災のあり方を問う
──七十七銀行女川支店津波事故

田村孝行（一般社団法人健太いのちの教室代表理事）

3.11　東北の沿岸部を呑み込んだ大津波。町の指定避難場所である高台に避難して助かった人たちがいる一方で，避難場所の高台に逃げずに，銀行の支店に留まる様に指示された行員12人が犠牲になりました。

　息子は，その犠牲により尊い命を奪われたのです。

　なぜ目の前に高台があったのに逃げることができなかったのか，なぜ屋上だったのか，疑問が今も消えないでいます。

　不条理なその犠牲に想定外だった，仕方がなかったとせず，一つ一つを検証し，教訓としなければ，同じことが繰り返されてしまいます。

　これを機に，企業の防災のあり方を今一度考えていただきたいのです。

息子の被災　息子・健太は何事にも諦めることなく夢へと向かって進む強さや，実直さを持った子でした。野球を通じ，地域の為にと七十七銀行への就職を希望しました。

　息子は，誇りを持って仕事ができる企業と確信していたのです。

　入行後はお客様に満足頂ける対応ができるよう，日々頑張っていました。

　その努力がこれから報われるだろう，そして結婚を考えていた人もいて，これから人生の花が開こうとした矢先，津波にのまれ，25歳の生涯を閉じました。

　我が子が想像を絶する恐怖，絶望感を味わったのかと思うと胸が苦しくなります。

　息子はどこかで生きていてくれると信じ，私は，女川の浜という浜を一心不乱に捜し続けました。考えたくもない遺体安置所にも行きました。この世に一体何が起きたのかと，我が目を疑うばかりの，残酷な光景を目のあたりにして言葉もありませんでした。

　私の目に映る光景はモノクロの世界。季節が巡ったことも気づかず，半年が過ぎたころ，息子は女川湾海上で発見されたのです。

　対面を果たすことができず，ワイシャツにネクタイ姿，ズボンのラベルに名前があり，息子であることを確認しなければならなかった。その現実が受け入れられず，呆然とするばかりでした。

　最後に，どんな姿でもいいから抱いて手を握ってあげればよかったと，今になって思います。必死になって帰って来てくれた息子に何もしてあげることができず自責の思いでいっぱいです。

震災当日の状況　宮城県女川町は，津波常襲地帯と言われる三陸海岸に位置しています。

　銀行は，典型的なリアス式海岸とされ，代表的な V 字型湾である女川湾の岸壁から 100m しか離れていない埋め立て地に立地していました。

　近くにはゆっくり歩いて 3 分，走れば 1 分弱で行ける高台があり，そこは女川町の指定避難場所がありました（写真 1）。

写真 1　七十七銀行女川支店と避難場所である堀切山

　2011 年 3 月 11 日，午後 2 時 46 分女川町は震度 6 弱を記録しました。3 分ほどの揺れの後に，気象庁は大津波警報を発令し，女川町は防災無線で「大津波警報が発令されましたので至急高台に避難してください」と繰り返し叫んでいました。

　生還した行員の証言によれば，その頃，女川支店内では，外回りに出てい

た支店長が不在で，本店からも，次席者からも，何の指示も出せずに，ただ茫然と片付けをして，支店長の戻りを待っていたのです。

　午後2時55分頃，支店長が戻り，店舗内の施錠，書類等金庫への格納，屋上の扉を開けろ，屋上から海を見ていろ，と指示を出しました。

　支店長の了解を得て帰ったパート従業員一人を除く13人は，支店長の指示により，10mしかない屋上にとどまったのです。

　最終的に，切迫した中で，支店長一人の判断指示により全員が屋上に逃げ，一人は奇跡的に生還したものの，12人が犠牲になり，今も8人が行方不明のままです（写真2）。

写真2　七十七銀行女川支店　2011年3月22日撮影

　信頼する会社と日頃から慕う支店長の指示に疑問を持ちながらも，息子はその指示に従わざるをえなかったのです。

　高台・堀切山へも津波は襲来しましたが，そこに避難した住民の皆さんは海の様子を見ながら，敷地内にある4階建ての病院の中へ，そしてさらに上にある神社へ登り，避難した600人以上のそのほとんどの人が，無事生命を守り切ることができました。

　ラジオの情報も，防災無線での高台避難の呼びかけもありました。津波襲来まで30分以上もの時間もあったのです。

　女川には他に4社金融機関がありましたが，そのすべてが，的確な判断の下，職場で従業員の誰一人も犠牲者を出していません。

危機意識の欠如　銀行の防災プランでは，その堀切山を避難場所としています。しかし，行員の持っている災害カードに，堀切山，屋上の文字は一つもありません。

　銀行の説明によれば，平成21年の防災プラン改定時に，堀切山よりも低い銀行の屋上を堀切山と並列の場所として付け加えたとのことです。

　県想定の女川町の津波高は，5.9メートルだから10メートルの屋上で大丈夫としました。

　何の目的があって，目の前の高台より低い場所を付け加えなければならなかったのでしょうか。

　女川湾の場合，津波が来たら，水かさが2倍3倍と増える立地です。山へ逃げることが鉄則とされていた地域です。屋上では，次の逃げ場を失い，流出物が流れ込み，危険を伴います。

　その屋上プランには，津波注意報ならこっち，警報ならこっちと，こまかい取り決めもありませんでした。女川の立地と津波の歴史を踏まえれば，海の目の前にいながら，屋上の避難場所を付け加えることに十分な審査が必要だったと強く感じています。

　防災プランを改訂するうえで，町の防災課に行き相談することもなく，支店長への防災教育も，支店全員で堀切山へ行く避難訓練も実行されていませんでした。本店からの的確な指示も出せず，支店長不在の初動には，次席者からも何の指示も出せていませんでした。素人から見ても，防災意識，危機意識の欠如が招いた結果と思わざるをえないものでした。

銀行の事後対応と裁判に至る経緯　女川は高台へ行くしかないのに，なぜ。なぜ逃げる場所が屋上だったのか，なぜ逃げることができなかったのか，疑問が強く募ります。

　銀行は，この惨事を自然災害のせいとし，その事実にしっかり向き合うこともなく，震災から半年後，支店長の判断はやむをえなかったと，道義的責任にとどまると発言をしました。行員は発見されてもされなくとも，翌年の3月31日付で死亡退職と書面で示されました。殉職ではなかったのです。

　なぜ助けることができなかったのか，何が間違っていたのか。真実が知りたくて，私たちは，家族会を立ち上げ，銀行側と話し合いの場を設けました。

翌年の3月まで5回ほど話し合いをしましたが，銀行は，震災の3月11日まで銀行の防災プランは間違いでなかったと言い切ったのです。反省の言葉はありませんでした。

話し合いは平行線で終わり，その後も私たち家族は，話し合いを望みましたが，銀行は一方的に話し合いの場を断ち切り，震災ADRと調停を提示してきました。話し合いの場が絶たれ，私たち3家族は，企業管理下で起きた労働災害を未曾有の災害で終わらせないため，断腸の想いで提訴に踏み切りました。

私たちにできることは，すべてやり尽くしました。しかし，最高裁判所は，三行半で上告を棄却するという冷ややかな対応でした。

命に関わる重大な惨事として審理をして，将来に向けて企業防災の指針を示して欲しかったです。真実が通らない裁判に疑問を感じています。

企業防災に求めるもの 東日本大震災は，平日の日中に起きました。それぞれが組織の中にいました。

今の日本企業においては，従業員は，平時において使用者に拘束されていることから，有事だからといって，従業員自らがその拘束を解くことは極めて難しい状況でした。

だからこそ，有事においては，雇い主である企業が責任を持って，従業員の身体生命を守らなければならないのです。その場のリーダーの判断が多くの命を左右するため，リーダーには的確な判断能力が必要不可欠です。そのためにも企業全体で防災の意識を高め，危機意識，危機管理能力を自ら高めていかなければならないと強く思うのです。

私たちは，この事案から，企業の従業員への安全への備え，また企業の遺族への事後対応等の罹災者支援に，疑問を感じてきました。人の力があって企業は成り立っており，命が守られなければ事業継続などできないのです。私たちのその経験から，企業防災は，人命優先・共助・安全が確認されたら事業継続，そして事前の準備，命を守る備えが，最も重要だと感じています。万が一，従業員の身体生命に死傷があった場合，企業は罹災者と同じ目線で寄り添い，原因究明と改善が必要と痛感しています。このような安全計画と罹災者支援を両輪としたものが，今後に兼ね備える本当の危機管理マネージメントと考えます。

そして，私たちの経験から，企業には人を思いやる良心が必要だと感じます。それがあれば，企業の取り組みは自ずと備わると信じています。有事の際の個人と集団においての危機的状況判断は，全く違います。集団において，個人の判断では行動はできません。そう言ったことから，有事の際は特に，今後は物事を判断する上で，良し悪しを見極める能力を高め，そして，自らの意見を述べ，お互いの意見を出し合い，最善の判断をとれるようにしたいものです。そのような柔軟な環境作りが，命を守るためには重要です。一人の判断が間違っていても，集団の関係が良ければ，仲間同士が意見を出し合い，正しい方向に軌道修正ができるはずです。あの時そうであったならば，銀行の悲劇は回避できたと思うのです。

最終的には，緊急時には従業員が自ら危険と感じたならば，自分の判断で逃げても良いという備えがあっても良いのではないのでしょうか。その取った行動におとがめすることのない，企業の柔軟な姿勢が必要だと思います。そうもしなければ，働く者の命は保障されないと私の経験から強く思います（写真3）。

写真3　2015年5月5日　女川湾を臨む堀切山で。

未来に求めるもの　　銀行には，「山に逃げろ」と言って欲しかったのです。命を守る最善の方法は，高台避難でした。助けられた命だったと，今も強く思います。

　女川の復興が進んで行くと同時に，あの時の風景が，あの時の記憶がどんどん消え忘れ去られていくのを複雑な思いで見てきました。

　震災を忘れて欲しくない。ここで何があったのかを伝えていく必要があると思いました。

　そして，企業管理下の労働事故からの学び「企業防災・組織防災」・「企業のあり方」を多くの方々と共有するために，一般社団法人健太いのちの教室を立ち上げて，活動を継続しています。今年6月，被災した女川の地を，「女川いのちの広場」と名づけて，遺族が建立した行員モニュメントを移設し，震災伝承と安全啓発の場としています（写真4）。

写真4　女川いのちの広場　2022年6月11日

　災害大国日本において，必ず訪れる災害に向けて，決して他人事ではなく，自分事として考えて欲しいのです。その後の災害でも，教訓が活かされないまま，多くの方が犠牲になっています。自然災害において，このくらいは大丈夫という考えは通用しません。命を預かり，管理する者の責務は大きいのです。

　有事の時は，最悪を想定して最善を尽くす意識を持って欲しいです。

　私のこの数年の活動において，息子の大切な命から学んだことを，次世代

へつなぐために，大学生への講話，子供たちへの「いのちの教室」を行っています。未来ある子どもたちには，親の愛情や，周りの人に支えられて生きている自分がいること知り，命の尊さを感じて欲しいと思います。自分の命は自分で守るという意識を持って，そして命が一番とされる社会を作っていって欲しいと願います。今後，いかなる災害が起きても命だけは失ってはいけないのです（写真5）。

写真5　中学校で「いのちの教室」2021年2月19日

　最後に，11年半経った今，悲劇を生んだ銀行を責めるつもりもありません。銀行には，辛い出来事に向き合い，犠牲者を出した企業として，私たちと一緒に，その辛い出来事を教訓として，社会にプラスになるよう，ともに安全啓発に取り組んでいきましょうと，お願いをしています。

2　タイムマシーンがあったなら
——日和幼稚園津波事故

佐藤美香（日和幼稚園津波事故被災者家族）

愛梨のこと　　長女の愛梨は，天真爛漫で，誰にでも優しく，困っている子に手を差し出し助けてあげられる子でした。私は娘の成

長をとても楽しみに毎日を過ごしていました。「ママ大好き！」とよく言っ
てくれて，本当に目に入れても痛くないくらいの可愛い娘で，とても愛おし
い存在でした。

あの日　2011年3月11日14時46分に地震が起きたとき，私は次女と
ともに自宅にいました。九州出身で，結婚後に夫の転勤で石
巻へ来て，社宅の友人などから，宮城県沖地震は1978年から30年以上起
こっていないと聞いていました。そのため，「これが宮城県沖地震なんだ」
と連想し，津波が来るかもしれないと思いました。

愛梨は，高台にある日和幼稚園に通っており，きっと先生方が愛梨たち園
児を連れて，幼稚園からほど近い日和山へ避難していると思っていました。
愛梨たちの乗る幼稚園の小さいバスは3便目で，15時7分発のスケジュー
ルのため，地震の後に出発するはずはないと信じ込んでいたのです。

海からかなり離れたところにある私たち家族の自宅も，津波で床上浸水
し，次女と二階へ上がり，深夜に外へ避難しました。13日に日和幼稚園へ
向かいましたが，がれきにはばまれました。その際，路上で日和幼稚園の大
きいバスの運転手に出会い，愛梨の所在を尋ねると，「小さいバスは津波に
巻き込まれたかもしれません」と言われました。私は一瞬で頭が真っ白にな
り，その場で泣き崩れてしまいました。後で分かりましたが，小さいバス
は，震災当日の15時頃，2便目の海沿いに住む園児7名と3便目の内陸部
に住む園児5名の計12名を一緒に乗せて，海沿いへ出発し，渋滞の中，津
波と火災に巻き込まれて被災したのです。

14日に日和幼稚園へようやくたどり着くと，園長はおらず，私を見た先
生は土下座をしたまま何も言葉を発しようとはしませんでした。屋外で子ど
もたちを探していると，別の園児の家族から「子どもたちいたよ」と告げら
れ，急いで向かいました。小さいバスと一帯は火災により燃え尽くされてお
り，愛梨を含む園児5人の遺体が見つかりました。

変わり果てた娘の姿　変わり果てた娘の姿を見て，頭が真っ白になりま
した。あんなに可愛かった娘は，真っ黒く焼け焦
げて，上半身しかなく，表情すら読みとることはできませんでした。生まれ
たての赤ちゃんくらいの姿になっていて，正直なところ，娘かどうかも分か
らない状態でした。「どうして愛梨がこんな目にあわされなきゃいけないの」

被災した幼稚園バス

　と思いました。嘘であってほしい，間違いであってほしいと思いましたが，間違いなく娘でした。震災当日の朝に着せたジャンパーの一部が，肩のところに残っていました。

　とてもつらく悲しく，どうしようもない気持ちに襲われました。でも一方で，ようやく娘に会えた，良かった，家に連れて帰れる，とも思いました。娘を抱きしめてあげたいけれど，抱きしめたら黒焦げの娘は壊れてしまいます。愛する娘を抱きしめたくてもかなわないなんて，親としてこれ以上ないほどつらかったです。

　親が子どもを亡くしたときの失望感，絶望感ははかりしれません。何も手につかず，愛梨のことしか考えられず，眠れない日もあり，喜怒哀楽が激しくなりました。愛梨のそばに行きたくなることもしばしばありました。子どもたちは，大きな地震におびえ，不安の中，安全に守ってくれるはずの幼稚園の先生方にバスに乗せられて，火災にまきこまれ，どんなに悲しく怖い思いをしたことでしょう。私も，あの日あの場所で，娘を抱きしめ，同じく苦しみを味わいながら，せめて一緒に逝ってあげたかった，という思いがよぎりました。

説明会と提訴　私たち遺族に対して，幼稚園は，2011年3月15日，4月9日，同月12日，5月21日の4回，遺族説明会や保護者全体に対する説明会を開きました。その他にも，個別に問い合わせ，自宅に園長が訪れて話をしたこともありました。しかし，説明のたびに，内容が食い違い，変遷するところが数多くあり，園や園長が真実を話していないと疑念を抱き，不信感が募りました。幼い子どもたちは，自分では判断できず，先生方を信じてバスに乗ったはずです。とにかく真実を包み隠さず話し，愛梨へ心からの謝罪を求めたい気持ちで一杯でした。

　そもそも，地震の後にバスを高台から沿岸部にめがけて出す判断自体が，間違っていたと思います。愛梨たちは，本来なら乗るバスではなく，幼稚園に残っていなければなりませんでした。私を含む保護者は，沿岸部を送迎する2便目と，私たち内陸部に住む園児を送迎する3便目を一緒にしていることすら知らされず，もちろん承諾もしていませんでした。

　6歳という短い人生を終えなくてはならなかった愛梨の無念を晴らすべく，亡くなる1分1秒前までの真実を明らかにし，このようなことが二度と起きてはならないと思い，提訴に踏み切りました。私たち夫婦は，日頃から，愛梨を守ると約束しながら，その約束を果たすことができず，最後のお別れすらできませんでした。親として，せめてできることはしなければならないと思いました。

裁　判　石巻市の弁護士に相談し，仙台の弁護士と弁護団を組んでいただき，園児4名の各両親が原告となり，日和幼稚園の経営法人と園長に対して，2011年8月10日に提訴しました。事故現場の視察を含む進行協議を重ね，10回の口頭弁論を経て，2012年9月17日に仙台地方裁判所で判決が言い渡されました。その内容は，園長に津波の到来などの情報収集義務違反の過失があり，経営法人とともに損賠賠償責任があると判断し，計1億7千7百万円ほどの損賠賠償請求を認めるものでした。

　私たち原告の訴えの一部は認められたものの，証人として尋問を受けた幼稚園関係者は「覚えていません」という答えを多用し，事故にいたる真実は明らかになりませんでした。また，報道に対応したことで自分の顔と名前が知られ，インターネットなどで「お金目当て」，「親は子の命を金に代えるのか」といった心許ない誹謗中傷を受けました。幼稚園側は，予想に反して控

訴を行い，判断は仙台高等裁判所へ移りました。

　高裁では，私たち遺族の求めてきた事故の法的責任を幼稚園側が認めたため，和解の交渉に移りました。和解は 2014 年 12 月 3 日に成立しました。その内容は，幼稚園側が法的責任を認めるとともに被災園児らの家族に心から謝罪すること，防災マニュアルの充実と周知徹底，避難訓練や職員の防災意識の向上などの日頃からの防災体制が十分に構築されていなかったことを認めることや，運営法人は同じ場所で幼稚園等を運営しないと約束することなどでした。和解金額は，幼稚園側の求めに応じて計 6 千万円に減額しました。

　しかし，「心から謝罪する」という和解は，実際には果たされませんでした。裁判は終わったのだから，てっきり経営法人理事長と園長が被災園児の家庭を一軒一軒訪れ，線香をあげて手を合わせ，「心から謝罪」して，事故後の真実を話してくれるのではないかと，かすかな期待を抱いていたのです。

　しかし，実際には訪問すらありませんでした。それどころか，路上で偶然出会った理事長からは，謝罪するつもりはない旨をはっきりと告げられ，唖然としました。個人的には，子どもたちへの謝罪が欲しかったのに，それがかなわない現実に直面して，裁判とは何だったのかと思います。

伝承活動　裁判とは別に，事故の後，様々な方のサポートも受けながら，津波事故の伝承活動を続けています。事故現場やオンラインを通じた語り部活動は，求めに応じて随時行っており，これまでに全国の数多くの方々にお話ししてきました。

　また，たくさんの旅行者の皆様に，愛梨を人形に託して，海外を含む様々な地域での「世界旅行」を写真撮影していただいています。被災事故現場に咲いていた花を，全国に植えて広げ，あわせて震災のことを全国に伝える「アイリンブループロジェクト」も展開中です。

　その他に，紙芝居を用いたお話，イラスト入りのリーフレットの配布，事故現場から見つかった愛梨の焼け焦げたクレヨンケースと上履きの展示など，亡くなった子どもの命と引き換えに防災のあり方を伝える取り組みを続けています。

　伝承を続けるのは，娘に起きたことがもう二度と起きて欲しくないからで

アイリンブループロジェクトの花壇

MEET 門脇でのクレヨンと
上履きなどの展示

す。未来を断たれた子どもたちが一番悔しいはずです。その時の子どもの命は，聞いている人の心に入ります。

愛梨と同じ小さいバスに乗っていた他の園児の母親から，震災当日の車内での愛梨の様子を聞きました。「愛梨ちゃんはみんなを励まし続けていた。みんな泣いていたのに，愛梨ちゃんだけがみんなを励まして，大丈夫だよ，大丈夫だから，怖くないからって言っていた」とのことです。私はそのような娘をとても誇りに思い，その命を生かし続けたく思います。

震災を振り返って

東日本大震災で，私の人生は一変しました。愛梨がいなくなって，次女と夫を含む私たち家族の人生も変わってしまいました。あの日がなかったらよかったと，何度思ったことでしょう。タイムマシーンがあったなら，3月11日に帰りたい。そうしたら，バスに愛梨を乗せないよう，自分で守り抜きます。

「行ってきます」「ただいま」，「行ってらっしゃい」「おかえり」は，当たり前だけれど，とても幸せな言葉です。家の外に出て戻ることを，伝え，確認しあう，何気ない日常が幸せなのです。私たち遺族のようになってはいけません。子どもを失ってからでは遅いのです。日ごろから当たり前のことをすることの大切さを，あらためて伝え続けたいと思います。

日和幼稚園遺族有志の会の紙芝居

こどもたちの慰霊碑

3　家族を想いながら生きていく──閖上津波事故

竹澤さおり（閖上津波事故被災者家族）

閖上津波事故　　この原稿のためにパソコンに向かっていると，あらためて思いました。今でもまだ，言葉に出来ないような苦しい思いを抱えながら過ごしている人たちがたくさんいることを。せめて，大切な人の命を教訓くらいにはしたいと思い，活動を続けている方々がいることを。

　私の両親が住んでいた宮城県名取市閖上では，あの日約800名が犠牲となり未だ約40名が行方不明のままです。名取市閖上では，命を守るために設置されたはずの防災行政無線が鳴らなかったのです。一刻でも早く逃げなければ命が危ない。そのことを知ることができなかった私の祖母，父，母，もうすぐ8ヶ月になるはずだった息子は，大津波の犠牲者となりました。

提訴の踏み切り　　主人と私と私の弟たちは，なぜ名取市は防災無線が鳴っていないことに気づかなかったのか，なぜ名取市は地域防災計画の通りの行動をしていなかったのか，なぜ私達の家族は犠牲にならなければいけなかったのかをどうしても知りたいと思い，裁判を起こしました。

　2014年9月に提訴に踏み切るまで，主人は震災犠牲者を悼む会の副会長として，なぜ名取市は防災行政無線が鳴らなかったことに気づかなかったのか，なぜ名取市は名取市地域防災計画の通りの行動をしなかったのか，その真相を知るための活動をしてきました。

　その活動により，大震災から約2年半後第三者委員会が設置され，検証も行われました。検証では，被害を大きくした要因や背景に，名取市による地域防災計画の軽視と危機管理能力に対する過剰な自信などがあったことで多くの被害をもたらしたと明らかになりました。

　検証報告書をもとに，名取市市議会できちんと全ての真相を究明し，今後の防災に生かしてほしいと期待しておりました。しかし，名取市議会で検証報告書について深く取り上げることはなく，あの日の名取市の行動の意味が分からず，なぜ私たちの家族を含む大勢の犠牲者が出てしまったのかは不明のままとなりました。

　このまま名取市は，未曾有の災害だったという言い訳をしたまま，喪った命に真摯に向き合うことなく，私達家族の命は教訓にすらなれないのか，と絶望している中で見出したのが，提訴という手段でした。

　あの日，市民の命を守るべき名取市が，行政としてやるべきだったことをなぜやらなかったのか，その真実を追求し，後世にいかし，次にどんな災害がきても一人の犠牲者も出さないという強い気持ちを持ち行動する市になってほしいと願い，2014 年 9 月 5 日，提訴に踏み切りました。そして提訴から 5 年半後の 2020 年 3 月 12 日，和解という形でこの裁判は終了しました。

裁判と日常の両立　私の個人的な感情となりますが，この 5 年半は茨の道でした。遺体で見つかった父，茶毘に付されてから DNA 型鑑定で引きとることのできた祖母，そして，いまだ行方不明のままの母と，最愛の息子。誕生を心から喜び，成長を楽しみにしていた，まだ生後 8 ヶ月にも満たない初孫の命を守れなかったことを，両親は悔やみながら亡くなったことでしょう。何が起きたのか理解できないまま，見たこともない汚い水に溺れて苦しかったでしょう。願わくば，息子だけでも苦しむことなく最期を迎えてくれていれば…。そんな大切な家族の最期を想像すると，今も眠れなくなり，心が病みそうになります。

　社会の中で日常を送るために，そのような悲しみや悔しさは心の奥底にしまうようにしています。でも裁判では，そのような思いを無理やり思い出さなければいけなくなり，口頭弁論が終わると数日寝込むこともありました。また，名取市や裁判官になんとか思いを伝えようと，様々な苦しい思いを言葉にし，意見陳述としてまとめることも，心が壊れるような作業でした。

　裁判活動と日常生活の両立は大変厳しいもので，特に震災後に授かった小さい命を守りながらの活動は，想像を絶するものでした。精神的にも不安定になり，子どもに当たることもあり，何度も自己嫌悪に陥りました。ただだ悲しむだけの生活をしたい，子どもと静かに過ごしたい，楽になりたいと，何度もこの裁判をやめたいと思いました。それでも 5 年半，最後までやり通すことができたのは，喪った命に無理矢理にでも意味を持たせたい，喪った命を無駄にしたくないという一心からだったと思います。

　和解報告の場で，ある方にこの裁判をやってよかったと思うかどうかを問われました。私は，良かったと答えることはできませんでした。できればや

りたくなかった，誰かにやってほしかった。それが正直な気持ちです。でも，誰かがやらなければいけなかった。やらなければ，名取市は，あの日犠牲になった命から目を背けたままでした。そう思うと，私達がやらなければいけなかったのだと思うようにしています。

苦しみや悲しみを抱えて生きる　裁判中は，たくさんのご支援，お声がけもある中，様々な批判も受けました。その矛先が子どもに向かないよう，裁判中は匿名で活動してきました。子どもには，私たちから堂々とこの活動について伝えていくつもりです。また，この長い裁判が無駄とならないよう，名取市が和解条項を守っているかどうかを見守っていきたいと思います。今後どのような災害があっても，しっかりとした公助が芯となり，その上での自助・共助で，全ての命が守られることを，心より祈っております。

　大川小の津波事故の原告の皆様と直接お話する機会はまだありませんが，裁判の傍聴に行ったことがあります。私たちは，傍から見ると大津波で子供を喪った親たち，その原因を追求するために裁判を起こした親族たちというように，一括りにされることもあるかもしれませんが，一人ひとりの想いや苦しみや悲しみはそれぞれです。似たような経験だからといって，気持ちがわかりますとは簡単には言うことはできません。しかし，これからも家族を想いながら生きていくということは同じだと思っています。

　最後になりましたが，東日本大震災で被災された皆様に，心よりお見舞い申し上げます。また，今でも苦しい思いを抱えながら生きている皆様が，一瞬でも穏やかな時間を過ごせていますように願っています。

4　目を離したすきに
——大分県立南石垣支援学校事故

林　香織（大分県立南石垣支援学校事故遺族）

娘の郁香のこと　私たちの娘，林郁香は2016年9月15日に，通っていた大分県立南石垣支援学校で給食をのどに詰まらせて倒れ，意識が戻らないまま17日後の10月2日に亡くなりました。当時高等

部3年生，17歳でした。

郁香は療育手帳 A1 の最重度の知的障害があり，体幹機能障害や言語障害などで身体障害者手帳も1種2級で，生活の全てにお手伝いが必要な子どもでした。特別支援学校では重度・重複障害児学級に所属していました。郁香の学年では，重度・重複障害児学級には4人の生徒が所属していて，教員が4人配置されていました。

食事については，自分でスプーンなどを使って食べていましたが，しっかり噛むことが出来ず，丸飲みになってしまったり，食器を口に近づけて口いっぱいに食べ物をほおばってしまう，いわゆる掻き込み食べをしたりするなど，たくさんの問題を抱えていました。

前歯で食材を噛みちぎることは出来ず，しっかり噛むことも出来ていなかったため，郁香の給食は事前に小さくカットしたものが提供されていました。

口をきちんと閉じることが出来ないためよだれが多く，常時よだれかけが必要でしたし，食べこぼしも多いため食事中はビニールエプロンを使用していました。

また，郁香は自閉症に伴う色々なこだわりから，なかなか食事を食べ始めることが出来なかったりしたこともあり，重度・重複障害児学級の教員4人がローテーションで毎日郁香の食事担当をしていました。重度・重複障害児学級では，給食時間は自立活動の時間という位置づけで，「授業」の一環となっています。

コミュニケーションについては，郁香は言葉を話すことは出来ず，写真カードやタブレットの会話支援アプリを使用していました。郁香はそれらを使って簡単な挨拶や，行きたい場所，欲しいものを伝えたり，スケジュール確認をしたりしていました。そのような簡単な意思表示は出来ていましたが，自分の身体の不調を伝え，危険を認知することなどはできませんでした。当然，学校はこれらのことについて把握，認識していました。

事　故　　事故当日，重度・重複障害児学級の教員1人が出張し，3人の教員で4人の生徒を見るという状況になっていました。管理職，学年部はこの状況に対し，本来なすべき他の職員を追加するといった措置は何も行っていませんでした。

　郁香は，色々なこだわりからランチルームに行くのが遅くなり，当日の食事担当の教員と一緒にテーブルに着いた時には，ほとんどの生徒は食べ終わってランチルームにいない状況でした。

　郁香の担任は別の生徒（Aさん）の食事指導をしていましたが，自ら郁香の食事指導も行うと申し出て，1人で2人の生徒の食事指導をすることになりました。その後，Aさんの食事が終わり，担任はAさんを3階教室に送るために郁香を1人残して1階ランチルームを離れました。

　ランチルームには養護教諭2人がいましたが，担任は郁香の見守りを依頼せず，養護教諭らも郁香が1人で残っていることを気にも留めていませんでした。見守りの義務を放棄していたのです。

　その間に郁香は給食をのどに詰まらせて倒れました。倒れた音に気付いた養護教諭らが駆けつけ，担任も戻ってきましたが，3人がしたことはうつぶせに倒れた郁香の顔を横に向けたことと背中をさすったこと，パルスオキシメーターを装着したことだけでした。事務室から駆けつけた校長はじめ管理職らも，事務室にあったAEDも持って来ず，一次救命処置の指示も出さず，ただ見ているだけでした。

　救急要請も，何も見ていない事務室職員に行わせたために状況が何も伝わらず，現場から電話を掛け直した教頭も，郁香が死ぬのではないかと思っていながら，その状況を全く伝えず，救急隊から何の指示も受けることができませんでした。救急隊は郁香の意識があると思って最少人数で出動していたのでした。

　当然行うべき見守りを放棄し，その結果倒れるに至った異変を見逃し，基本的な一次救命処置さえ行うことが出来ず，本来なら救えたはずの命が失われました。明らかに人災でした。

民事訴訟　　大分地検はこの件について「嫌疑不十分」として不起訴処分とし，検察審査会もこれを追認しました。

　2019年，私たちはやむを得ず，大分県と教職員らを相手取って民事訴訟を起こし，2022年10月現在までに，大分県や教職員，私たち原告側の証人尋問などが行われてきました。

　2016年12月に大分県は「事故調査委員会」を設置し，2年7ヶ月，69回の会議を重ねて報告書を提出し，その報告書では学校側の対応のほぼ全てに

ついて「大きな問題があった」と認定されました。大分県は民事訴訟の中で，自らが設置，調査したこの報告書の内容すらも否定し，ありとあらゆる言い訳を主張し，何とか責任を回避しようとしています。

謝罪と再発防止の願い　あの日，元気に登校した郁香が学校で命を落としたことは紛れもない事実なのです。食べ物がのどに詰まって苦しかった時も，倒れてしまってからも，誰も助けてくれることはなかったのです。たった17歳で苦しみながら逝かなければならなかった郁香に対してどんな言い訳ができるのでしょうか。守れなくて，助けられなくて申し訳なかったと郁香に心から謝って，再発防止に全力を注いでほしい，それが私たち親の願いです。

大川小学校でお子さんを亡くされた今野浩行さん，ひとみさんご夫妻が言われる「学校が子どもの命の最期の場所になってはいけない」という言葉は，本当にその通りだと思います。

5　いじめで苦しむ子がいなくなることを信じて
——川崎いじめ自死事件

篠原真紀（川崎いじめ自死事件遺族）

息子の真矢のこと　2010年6月7日，「友だちを護れなかった」と遺書に記し，息子の真矢（まさや）は命を絶ちました。14歳，中学3年生でした。将来は人の役に立つ仕事に就きたいと警察官になることが夢でした。そんな夢を持った子がなぜ命を絶ってしまったのか。

　思い起こせば，中学2年の秋に行われた三者面談の際に担任から言われた言葉から始まります。「真矢君はいじられキャラですね。真矢君のことを心配する女子生徒もいるんですよ。」私は「いじられキャラ」という意味がよく解らず，特に問題にすることもありませんでした。その後，何ごともなく過ぎ，2月のある日，帰宅した真矢の様子がおかしいことに気づきました。元気もなく話もしません。私は「学校で何かあったの」と尋ねました。すると真矢は，「友だちがいじめられているんだ。あんなに良い奴をいじめるなんて許せないんだ！」と泣きながら訴えたのです。私は「いじめを嫌だと思っている他の子と一緒に助けてあげなさい」と言ってしまいました。真矢は頷き笑顔を見せました。

　4月になり，クラス替えもあって，いじめはほとんどなくなったと言っていたのですが，それでも心配だったので，家庭訪問の際に，いじめがあるようなので注意して見て下さいと，担任の先生にお願いしました。6月に入り，4日〜6日に京都・奈良へ修学旅行に出かけて行きました。

　そして7日，修学旅行の代休で寝ている真矢に，声もかけずに仕事に出ました。夕方帰宅すると，トイレで硫化水素を発生させ，変わり果てた真矢を発見しました。救急車の中でずっと真矢の足をさすっていたのですが，冷たかったように思います。すでに心肺停止の状態でした。

調査委員会報告書　一週間後，調査委員会が発足しました。当時は，いじめ防止対策推進法の施行前で，川崎市教育委員会主導の内部調査委員会でした。一人の委員が中学校に常駐し，延べ100人超の生徒たちから話を聴いて下さいました。中には何度も面談を希望する子もいたそうです。また，中心メンバーの2人の教育委員会の方が，毎週末に我が家を訪れ，「調査でこんなことが分かりましたよ」，「真矢君はどんなお子さんでしたか」などと，お互いに情報を共有するようになり，取り残されている感はまったくありませんでした。

　事件から約2か月後，報告書をいただきました。そこには，親である私が知らなかったことがたくさん書かれていました。大好きな友だちがいじめに遭い，それをかばっているうちに真矢も標的になってしまったこと。自分がいじられキャラでいれば，加害者たちは他の子をいじめることがなかったので必死に演じていたこと。いじめを許せないという思いがありながら，不本

意な形でしか対抗できなかった自分。何も変えることができなかった自分。本当の自分とみんなが求める自分が違うと悩み，追い詰められていったのです。

家庭裁判所の決定　真矢が受けたいじめは，暴力的なことや精神的なこともありましたが，一番酷かったのは，休み時間の教室で，加害生徒4人に羽交い絞めにされ下着を下ろされたことです。実はその場には，「あなたたち何やっているの」と言って通り過ぎた教員がいたのです。

皮肉なことに，この教員の証言で事実確認ができ，暴力行為等処罰法違反の容疑で立件され，家庭裁判所の審判で3人が6か月の保護観察処分となり，1人は13歳だったため児童相談所へ通告されました。

子どもを真ん中に　私たちは，いつしか「成功例」と言われるようになりました。子どもを亡くして成功例と言われることには違和感があるのですが，学校事故・事件の被害者が，その後のあまりにも理不尽な対応に苦しんでいる様子をたくさん見てきました。

真矢の調査委員会は，法律ができる前の内部調査委員会です。それでもきちんと調査をして下さり，真矢に何が起こり，どんな思いで亡くなったのかを知ることができ，私たちは前を向いて生きています。

当時の調査委員会のメンバーだった方は，真矢が聴いていた音楽を聴き，愛読していた漫画を全巻購入して読み，真矢という人間に近づこうとして下さいました。「死亡報告書ではなく生き方報告書を作りたかった」ともおっしゃいました。

「子どもを真ん中に。」その信念がぶれることがなければ，おのずと答えが解るはずです。「困っている人を助ける，人の役に立ち優しくする。それだけを目標に生きてきました」という真矢の遺志を継ぎ，夫と一緒に，「一般社団法人ここから未来」の活動を続けています。真矢のようにいじめで苦しむ子がいなくなることを信じて。

◆ 第4章 ◆
防災の取り組みと
地域の営み

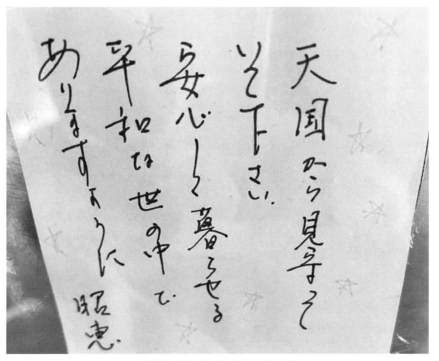

天国から見守って
下さい。
安心して暮らせる
平和な世の中で
ありますように　昭恵

安倍昭恵さんからのメッセージ

1　大川小学校卒業生たちの活動と支援

1　未来へつなぐ 私たちのふるさと
——仲間とともに心を育む「Team 大川 未来を拓くネットワーク」の活動

只野哲也（Team 大川 未来を拓くネットワーク代表）

　私のふるさと大川は，宮城県石巻市にあります。日本で 5 番目に長い北上川の河口に位置する「釜谷」という集落に，私の母校，大川小学校があります。大川小学校では自然の恵みを活かした体験型授業が行われており，日本各地どこの田舎でも見ることのできる，のどかな学校風景がありました。

　そんな私のふるさとの風景も「東日本大震災」で一変してしまいました。震災当時の全校児童数は 108 名。避難開始時点に校庭にいた児童は 78 名。そのうち 74 名が犠牲となりました。今も 4 名の児童が行方不明のままです（2022 年 10 月時点）。

　私は当時校庭に留まり助かった児童 4 名のうちのひとりです。震災後は，生き残った児童として数多くの報道関係者からの取材対応に追われました。その一方で，大川小学校の卒業生らとともに，大川小学校校舎保存に向け，意見表明を行うなど，「子どもの命を真ん中に」した活動を行ってきました。

Team 大川 未来を拓くネットワーク　私たちは，2022 年 2 月に任意団体として「Team 大川 未来を拓くネットワーク」を発足し，以下の 3 つの基本理念を掲げ活動しています。

(1)　**未来のいのちを救う**
・災害による犠牲者を一人でも減らすため，大川小学校での教訓を次世代に繋げる。
(2)　**子どもの笑顔を守る**
・どの様な災害が起きようとも，環境の変化に適切に対応し，子どもたちが安心できる空間をつくる。
(3)　**みんなと向き合い心を育む**

・「みんなが資源」「みんなで支援」の考えを念頭に，仲間とともに活動の
　輪を広げる。

　主な活動としては，学校及び各種団体への訪問講話や大川小学校現地ガイ
ドおよび各イベントなどを行っています。
　今回は，今までの活動の中から「第1回 おかえりプロジェクト」を紹介
します。「おかえりプロジェクト」とは，お盆時期に帰省してくる地元の方
を対象とした催しです。そして将来に向けて「大川に新たなコミュニティを
つくる」ことを目的としたプロジェクトです。
　「大川小学校は悲しむだけの場所」ではなく，「楽しかった思い出を語り合
える場所」でもあると私たちは考えています。その第1回目である今回の
テーマは，「静かに想いを馳せる空間」の実現とし，企画内容のメインは，
大川小学校の中庭に「合計108個（震災当時の大川小学校全校児童数と同数）の
紙灯籠」の明かりを灯すことでした。設置した紙灯籠には，これまでの活動
を通して出会った仲間たち，講話で訪れた学校の学生たちなどから募った
メッセージを飾り，明かりを灯しました。全国の皆さんから募ったメッセー
ジは，これからの私たちが「大川の未来を拓き，仲間と心を育む」後押しを
してくれるものとなりました。
　今回のプロジェクトの一番の成果は，しばらく大川小学校に足を向ける
ことができなかったという卒業生が足を運んでくれたことでした。「大川小学
校に帰って来ることのできるきっかけをつくりたい」，「地元を離れた人たち
が集える空間にしたい」と考えていた私たちの目的が実現できたのです。
久々の再会に喜ぶ仲間たちの姿を見て，とても心が安らいだ時間でした。
　大川小学校は，家族，地域，ふるさとの「魅力」を再発見し共有すること
のできる場だと改めて感じました。震災前の大川小学校はどんな場所だった
のか。大川ではどのような地域の営みがあったのか。子どもたちは，学校で
友達や先生とどんな風に「あそぶ・たべる・まなぶ」ことができていたの
か。
　私たちは，今後さらに全国のみなさんに誇れる大川の魅力を発信していき
たいです。そして，大川を訪れた方々と，「生きるとはどういうことかを一
緒に考え続ける仲間」としての関わりを持ち，活動を続けていきたいです。

第 1 回　おかえりプロジェクト「紙灯籠」

伝えたいこと　今回のまとめとして私たちが伝えたいことは，「震災は過去形ではなく現在進行形」ということです。

　災害が起こるのは一瞬の出来事です。その一瞬に向けて，いのちを守るために私たちは日々備えを続けています。災害を生き抜く事が，何よりも優先すべき事であり，大前提です。

　災害発生後の対応である「地域コミュニティの再生」，「心のケア」は，事前の備えと同じくらいとても大切なことです。

　私たちが今活動できているのは，互いに「認め合い・高め合い・心を育む」仲間がいるからです。仲間とともに活動できたのは，一緒に「子どものいのちを真ん中に」考えてくれる大人がいたからです。その子どもたちが大人になり，これからは私たちが子どもたちを守り，仲間としてともに心を育んでいきます。仲間とともに自分の想いや願いを深め，広め，更に高め続けていきます。

　『大川に新たなコミュニティをつくる。』

　私たちは，この願いをより多くの仲間とともに創り上げていきます。

Team 大川　未来を拓くネットワーク「仲間とともに」

2　大川小緊急こどもサポート──「未来へつなぐ子どもたちへの支援」

佐藤秀明（みやぎ青少年トータルサポートセンター顧問）

別所英恵（同センター代表）

被災児童への学習支援　　私たちみやぎ青少年トータルサポートセンターは，地震直後の平成 23 年から高校受験勉強を含む学習を通しての支援を行ってきました。今回は平成 25 年度「未来へつなぐ子どもたちへの支援」，震災当時大川小学校 6 年生の子どもたちへの学ぶことを通しての様子をここに報告することにします。

　当時 6 年生のこどもたちは 21 名中 16 名が亡くなりました。生き残った 5 名の内 1 名は他県に転校。大川中学校は閉校になり，河北中学校に転学したのは 4 名（男の子 1 名，女の子 3 名）。平成 25 年度支援を実施したのは 3 名の女の子たちでした。3 年目の支援は，1 年目と 2 年目に支援をした子どもたちのお父さんお母さんからの強い要請，要望があり実現しました。

緊急子どもサポート：「未来へつなぐ子どもたちへの支援」3年目の実践

1年目，2年目に支援した子どもたちのダメージもとても大きなものでしたが，3年目の子どもたちのダメージはそれ以上でした。震災当時大川小学校の児童であり多くの仲間を亡くしたこと，それにも関わらずこの3年間全くと言っていいほど何のケアも受けられずにきたことが大きな要因であると考えました。

　震災でダメージを受けた子どもたちの多くは，"言葉"と"味覚"と"自信"を失っていますが，3年目の子どもたちも例外ではありませんでした。支援を始めて1ヶ月は言葉がほとんど出てきませんでした。その中学3年生がここからどこまで高校入試の準備ができるかどうか，誰も経験したことのない挑戦を10月にスタートしました。

　自己紹介や他己紹介（仲間を他人に紹介する），最近食べて美味しかった物，最近の生活で印象に残っていること，学校で学んだこと，この学習会で学びたいこと，自分の頑張りをよさの観点で振り返ることをはじめの会に位置付けてみたのですが，ことばは全く出てきません。学習も，1年目，2年目の子どもたちと違い，始めの一ヶ月は教科学習ができませんでした。言葉のワークシートをしたり，好きなマンガの主人公の家系図をホワイトボードに書いて遊んだり，マッチ棒を使ったゲーム，クイズやなぞなぞ等々，教科学習とはかけ離れたところから取り組み始めました。

　集中力が続かず15分〜20分でエネルギーが切れてしまい，ブランケットをかぶって寝てしまう，スマホをいじり始め，チャットやメールのチェックに埋没することが続きました（特にスマホへの依存が強く片時も離すことができない様子でした）。

　しかし，12月に大川の仮設集会所を離れ，仙台での2泊3日の勉強合宿を行ったあたりから少しずつ変わってきました。合宿では，面接練習を兼ねた面談カウンセリングもあり，それまで話せないでいたことを話してもいいのだと分かったことを受けて，自分の想いを相手に分かりやすく伝えることを意識して話すことが回復のきっかけになっていったと感じます。

　そこでこれまで以上に意識的に，学習タイムの合間や時間を別に設定して個別の面談カウンセリングやグループでのカウンセリングも多く取り入れました。ナラティブアプローチ，グリーフケアをメインにしたメンタルケアと

ストレスマネージメントに重点を置いて，否定することなく，強制することなく，よりていねいに一人一人と向き合いました。

　年が明けてから，子どもたちそれぞれが自分のよさを活かした学習スタイルを確立し始め，互いのよさを認め合うことができるようになってきました。ことばが少しずつ回復し，終わりの会で行う振り返りでも自分の頑張りをよさの観点で振り返ることができるようになってきました。

　また，その日の勉強会で学んだことを振り返り伝える際も，聞いている仲間が『今のもう一回言って下さい』と聞き直し自分の物にしようとする姿が見られ，学習に対する意欲が増してきているのを感じました。この頃になると，保護者から差し入れてもらったおにぎりを「美味しい」とほおばる姿もみられようになりました。

　支援当初は，ダメージの大きさから，『どうせ受かりっこない』『二次募集で受かればいい』『まだ15分しか経ってない』『明日も勉強会するのですか？休みにしましょう』と言う声が聞かれましたが，年が明けた頃からは，このような声は聞かれなくなり，『数学を勉強したいのでプリントを下さい』『学校の社会の授業で徳川幕府について学びました』『関数が分からないので教えて下さい』と言う声へと変わって行きました。

　2月に入る頃にはオンとオフの切り替えがよりスムーズになり，それぞれが自分のペースで学習に本気で取り組む姿が見られるようになりました。入試直前には『もうやるしかありません』『時間延長して勉強会やってもらわないと困ります』と言えるまでにエネルギーと自信が回復して行きました。

　その結果，3人とも見事第一志望校に合格し，未来への第一歩を踏み出すことができました。

「未来へつなぐ子どもたちへの支援」と支援者の3つの理念

①　子どもたちのこころのエネルギーを回復するには，否定しない・強制しない・ていねいに向き合うことをベースとした信頼関係の構築を大切にすること。

②　子どもたちのエネルギーと自信の回復には，子どもたち自身が自分のよさに気づくこと，そのよさを使うこと，さらにそのよさを活かして互いに認め合うこと，高め合うことを目指した支援活動を展開していくこと。

③　そのためには，支援者も子どもも，いまの自分と向き合い，自然と向き合い，家族や仲間と向き合うことを大切にし，常によさの観点での振り返りと自己評価をていねいに行うこと。

「チーム大川」として大川小学校を遺すための意見表明文より

以下に示す文は，平成27年大川地区復興協議会全大会で，震災当時の6年生が高校生となって意見表明したものです。

『郵便局や交番，お店もなく，住んでいる人も少ない状況の中，大川から離れている人達が，今，大川に戻りたいかと言ったら戻りたくないと思っていると思います。震災前の大川小学校が地域の拠り所だったように，何か一致団結し，地域を再興することができるのではないかと思っています。

当事者である在校生や，卒業生や先生にしか分からないことや思っていることがあり，また，第三者や他県の人やメディアの人たちだけが感じていることがあります。色々な見方があって良いのだと知りました。だから，意見が食い違うことがあるのは当然だと思います。

私の大川小学校を遺したいという考えは，わがままなのかもしれません。しかし，このような考えを持っている人間がここにいると知ってほしいのです。遺したくないという人たちの気持ちも，今では十分にわかります。それでも私は，次の世代，未来のことを考えると遺したいと思うようになりました。

自分たちの気持ちを尊重するのは大切だけれど，これから先の子どもたちに何を残せるだろうか。私たちができることは，語り継ぐことです。このようなことが二度と起こらないためにも，大川小学校を遺したいと訴えていきたいと思います。

今日のような機会を逃さずに，一歩一歩伝えていきたいと思います。

【われらいま　きょうの日の歴史を刻む　われらこそ　あたらしい未来を拓く】

大川小学校の校歌の最後の歌詞です。我ら今こそ歴史を刻み，新しい未来を拓く。皆さんの一人一人の意見がとても重要です。アンケートにご協力お願い致します。』

　この高校生は，仕事を持ち，一人の社会人として今を生きています。
　「未来へつなぐ子どもたちへの支援」は，「チーム大川」から「Team 大川
未来を拓くネットワーク」に理念と共に受け継がれ，地域コミュニティの再
生に向けて『大川に新たなコミュニティをつくる』を合言葉に，2022 年 2
月から始動し始めました。

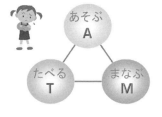

3 "映画"で大川を撮る

佐藤そのみ（大川小学校卒業生，会社員）

東日本大震災　私は大川小学校の卒業生で，震災当時は大川中学校に通う中学2年生でした。その日は午前中の先輩たちの卒業式を終えて帰ってきており，自宅で被災しました。自宅は大川の中でも内陸の地域にあったため津波の被害は免れましたが，大川小学校に通う2歳下の妹が津波によって帰らぬ人となりました。

　妹を含む子どもたちの合同葬儀が行われ，自宅には毎晩のように遺族や記者の方たちが集まり，4月末に内陸の学校を間借りしての授業が再開したことなど，今でもあの目まぐるしい日々はまるで昨日のことかのように思い出されます。

　その中でも，瓦礫撤去などの復旧作業のため全国から集まったボランティアの方たちとの交流はとても楽しく，唯一無邪気になれる時間だったかもしれません。ふと思い起こすと，心がじんわりとあたたかくなります。

震災前からあった夢　私は物心ついた時から，物語を考えることが何よりも好きでした。よく妹に自作の漫画や小説を見せて自慢していました。震災前の12歳の頃には，自然豊かで人のあたたかい大好きな地元・大川で，いつか映画を撮りたいと思うようにもなりました。

　しかし震災で，映画に撮りたいと思っていた風景のほとんどが失われてしまいました。それでも映画は撮りたい，そして今の大川で映画を撮るならテーマは「震災」しかないだろうな，と思い続けました。高校生になると，東日本大震災を描いた様々な映画やドラマ，文学に触れ，「当事者だからこそ描ける物語って何だろう？」と考えるようになりました。

　大学は，12歳の頃から憧れていた，映画学科のある大学に入学しました。大学生になると，震災についての講演や取材の依頼も受けるようになりましたが，人前で震災体験を語ることは得意ではなく，自分の本意でもないことに気づきました。

　映画を作るために大学に入ったのだから，自分は創作で本当に言いたいことを言おう。そう心に決め，やっと行動に移したのは2018年春のことで

す。それからおよそ2年間で，大川を舞台にした劇映画1本とドキュメンタリー映画1本を自主制作しました。

『春をかさねて』　劇映画『春をかさねて』は，震災で妹を亡くした14歳の祐未が主人公。優等生の祐未は，この経験を発信しようと，次から次へと訪れるマスコミの取材に応えていきます。一方で，同じく妹を亡くした幼馴染・れいは，東京からやってきたボランティアの大学生に恋心を抱き，メイクを始めます。それを知った祐未はれいに嫌悪感を吐露してしまい…という物語です。45分ほどで小品ですが，役者やエキストラとして地元の方々に沢山の協力をいただき，私の好きな大川の風景が詰まった唯一無二の作品になっています。主人公のモデルは私自身というわけではなく，私の周囲にいた何人かの要素をミックスしています。

被災地には，自分の経験を発信する人，言葉にできない人，悲しみの中から抜けられずにいる人，様々な立場の人がいて，それぞれの間には震災前にはなかった溝が生まれて

いっているように見えました。いつかお互いが心解いて話せるように，という祈りを込め，同じ経験をしながら全く異なる行動をとる二人の登場人物をメインに据えました。

『あなたの瞳に話せたら』　その後に大学の卒業制作として撮ったのがドキュメンタリー映画『あなたの瞳に話せたら』。先ほどの『春をかさねて』と補完し合う双子のような作品にしたいと思い，私を含む，大川小で家族や友人を亡くした3人の若者による故人への手紙の朗読を軸に，大川小で起きたことやその後の遺族の歩みを映したものになっています。

大川小事故について描くというよりは，震災を経験した当時の子どもたちがあれから何を感じどのように生きてきたのか，その一筋縄ではいかない心の変遷を忠実にすくい取ることが制作の目的でした。

手紙に関しては，当事者だからこそ発せる言葉を使うこと，亡くなった子どもたちに語りかけるような声で朗読してもらうことを意識しました。本当は，子どもを亡くしたあるお母さんや，先生方の遺族にも手紙を書いていただきたかったのですが，タイミングが悪く，何より私自身の歩み寄りが足りず，叶いませんでした。でも映画は，いつかその方たちにも観ていただける作品になるよう努力しました。

作品に込めた願い　2作品とも，事故の検証だったり，裁判の内容に触れたものにはなっていません。複雑で過酷で，私にはどうしても手に余るテーマなのです。それに，私が描かずとも，心から向き合い語ってくださる方々が今では全国に沢山いらっしゃいます。

　私はただ，大好きだった地元が少しでも震災以前の姿を取り戻すように，これを観た方が心安らぐように，そう願って作品を作りました。ありがたいことに，今でも各地で上映させていただき，沢山の感想をいただいています。今後も機会があれば，時々上映していこうと思います。

　大切な人を失った方々——大川小学校事故においては，亡くなった子どもたちや先生方の遺族，そして生き残った子どもたちが，自身を苦しめることなく，自身の幸せに忠実に生きていけますように。私もそうしていきたいです。

２　地域住民の活動と支援

1　大川小で語り部をして思うこと

三條すみゑ（大川伝承の会）

　私は大川第一小学校の卒業生で，石巻市大川地区の針岡の芦早で育ち，長面にお嫁にきました。隣近所が全員顔見知りで，外出するときも鍵はかけない，静かで平和なところでした。夏秋のお祭りが大好きでした。閉校になる前，大川小の残った子どもたちにお祭りの和太鼓を教えに元住民の方と行きました。

子供を亡くした母親の気持ち　「何のために語り部をしているの？　大川小学校の遺族でもないのに」と妹から言われました。「子供たちもそう言ってたよ！」と。妹に！　直接ではなくても私の息子たちも思っていたのかと，ショックでした。私は大川小学校津波事故で亡くなった子どもたちの遺族ではありません。しかし，震災で息子（三男）を亡くしました。高校を卒業したばかりで，就職先も決まっていました。子供を亡くした母親の気持ちは，当事者でなければわからない，いくら話してもわからないと思います。

東日本大震災　あの日の朝はうっすらと雪景色。まさか震災前の最後の写真になるとは思わないで，長面の自宅の庭を，携帯電話で数枚撮りました。

　高校生の三男を，車で自動車教習所まで送っていきました。帰りは迎えに行く約束をしていました。三男から「送迎バスで帰るからお母さん映画観てきていいよ」とメールが届きました。私の映画好きを知っていてメールをくれたのだと思います。

　映画を観ていたら，もの凄い揺れで照明が落ちて，スタッフの指示で揺れが収まってから非常階段で外へ出ました。とにかく息子たちのことが心配で，駐車場を車で出ると，信号機は点いておらず，すでにひどい渋滞でした。携帯電話は通じず，三男と以下のメールのやりとりをしました。時間は午後3時13分でした。

私「どこにいるの」
三男「家」
私「家は壊れた？」
三男「家は大丈夫。中の物はめちゃくちゃだけど，とりあえずガスの元栓
　　　閉めたから」
私「ラジオで津波警報が出ているから逃げろよ!!」

　そして，仙台の大学に行っている次男とメールのやりとりをしているうち
に，三男とは連絡がつかなくなってしまいました。
　いつもなら自宅まで30分くらいなのですが，渋滞で石巻専修大学方面の
山沿いを迂回して行きました。とにかく帰らなきゃ，帰らなきゃと必死でし
た。でも，福地こう門という川のせきで消防団の人たちに「道が崩れて行け
ない」と止められました。
　仕方なくUターンし，その晩は地域の養鶏場の事務所でお世話になりま
した。休憩室のこたつに入りテレビをつけると，白黒でザァザァな音に津波
の映像が映っていましたが，「どこ？」という感じで別世界のことのように
感じていました。
　朝になってまた福地こう門に行ってみると，消防団の方がいて，「車では
無理，歩いてだったら途中まで行ける」と言われました。そこで，福地こう
門に車を置いて，歩いて行きました。すると，泥だらけの道いっぱいに材木
が散乱していました。それだけではなくて，生きている牛，死んでしまった
牛，木の根っこ，壊れた家。堤防の道路の中央には，ぴーっと亀裂が走って
いて，田んぼは海になっていました。町並みは水没し，屋根だけが覗いてい
ました。木の根っこをまたぎまたぎ歩いて，大川中学校を過ぎると，そこか
ら先は道路がなくて，結局，また車を置いたところまで戻るしかありません
でした。
　そのとき，消防団の方から「車をどけてほしい，大川小学校の子どもたち
が山に避難していて，ヘリコプターでここまで来る」と言われました。マイ
クロバスもいて，私と友だちは，「子どもたち助かったんだね，よかったね」
と話して帰ってきました。しかし，それは全部誤報だったと後から知りまし
た。

三男の発見　その後，地域の養鶏場から避難所の河北ビッグバンに向かい，夫と会うことができました。一晩ビッグバンにお世話になりましたが，長面の奥の山で孤立していた人たちが，ヘリコプターで救助され，飯野川中学校に降ろされるということを聞き，二人で行きました。ヘリから降りてくる人，降りてくる人を見ても，息子の姿がなく，夫はその足で，数名の人たちと救援物資を持って長面へ向かいました。仙台から４時間かけて自転車でやってきた次男も合流して，道がないところは消防の方にお願いして舟で渡り，山へ道なき道を歩き，長面にたどり着きました。

　数人の遺体の中に三男を見つけても，震災前の晩に茶髪にしていたのを知らなかった夫は，最初はわからなかったみたいでした。その晩，夫から三男が亡くなったことを飯野川中学校体育館の避難所で知らされ，二人で布団にくるまって声を殺して泣きました。泣いたのは，その日だけでした。

　長面で見つかった遺体は，お寺の敷地内に並べられていましたが，道路も寸断され，なかなか運ぶことができず，私は毎日遺体安置所で待ち続けました。５日後，最後の最後に三男は運ばれてきました。目をつむっているので，私も何か違う顔のようにも思えましたが，やはりうちの息子でした。

　次男は，夫と一緒に，毎日，体育館の避難所から捜索活動に加わりました。たくさんのご遺体を目にしたからか，体育館に帰ってくると，全身が震え，高熱を出し，吐きました。それでも，捜索活動はやめませんでした。３日目に職場からたどり着いた長男は，三男のまさかの訃報に避難所の入口で号泣しました。夫をはじめ，男たちは，やり場のない悲しみを，毎晩，お酒でごまかし，翌朝，黙々と捜索に向かいました。

　検死が終わった遺体には番号が付けられ，ファスナー付きのビニールの袋に入れられ，たくさんの遺体が次々と運ばれてくるので，別の体育館へ移動しました。三男は３回移動し，３回目の移動先は大川第二小学校跡の体育館でした。地元に置いていただいたおかげで，友だち，同級生，保護者の方にお線香を上げていただいたり，写真やお手書きをいただいたりしました。すごくありがたかったです。

　４月４日，古川で火葬ができることになり，亡くなった息子の高校から連絡をいただき，霊柩車で立ち寄ると，校長先生をはじめ，教職員の方々，バレーボール部の後輩や保護者の方々が待っていてくれました。火葬の時は部

活の顧問の先生が，親戚の人達に息子の学校や部活での思い出話をしてくれました。

その晩，長男の夢に三男が出てきて，真っ赤な顔をして恥ずかしそうに照れ笑いしながら「ありがとう」と言ったそうです。私の夢にはいまだに出てきてくれません。夢でいいから逢いたいですね。

自宅再建へ

震災後，色々なことがありました。津波で家を流され，息子を亡くし，住んでいた場所は災害危険地域で住めなくなり，避難場所の中学校の体育館に 300 人で 2 ヶ月いました。2 週間お風呂に入れず，業者の方にビッグバンに仮設のお風呂を作っていただき，一日おきに男女で入ることができるようになりました。避難所と周辺の住民が，一度に十名くらい入れて輪になって皆でこすり合いしましたが，垢はなかなか取れませんでした。その時初めて周辺の住民の方もお風呂に入れないことを知りました。電気・水道がストップしている中，私たち避難者に毎日朝・夕炊き出ししてくれていたことも知りました。それを私たちは冷たいなどと文句を言っていて恥ずかしく思いました。

その後，知り合いに東松島の空き家を紹介していただき，みなし仮設住宅として移り住み，その空き家も壊すということで，次の年に家を借りて，東松島市で 8 年間，住民票は元の長面の住所のままで過ごしました。そしてようやく，集団移転先の団地（四百世帯）に収まり，自分の家を建てて 4 年目になります。

大川小で出てくる言葉

東松島にいた頃，休みになると，息子の墓参りのために長面へ赴いていました。その途中に大川小学校があり，遺族がお話をしている姿を何度も見かけました。あまりにもたくさんの子どもたちが亡くなったことを，私はテレビや新聞でしか知りませんでした。遺族はほとんどの方が知り合いでした。大川伝承の会の共同代表の佐藤敏郎さんの長男と，私の亡くなった息子（三男）は大川小・中学校の同級生でした（同級生のうち 7 人が東日本大震災で亡くなっています）。

大川小学校で，敏郎さんの語り部を後ろで聞き，私も何かできないかと思っていたところ，声をかけていただき，月一回の大川伝承の会の語り部ガイドに，2017 年 2 月から参加することになりました。

はじめて人の前でお話（語り部）をするということで，前の晩から緊張し

て眠れませんでした。語り部の当日，東松島市から大川小学校へ向かう途中，福地こう門を過ぎて大川地区に車で入ったとたん，涙が出てとまらず，声を出して泣きながら車を運転していました。しかし，大川小学校に着いたとたん，涙がピタッととまり，泣かないでお話しすることができました。不思議な体験です。

　それから月一回，大川伝承の会の語り部に参加するようになりました。はじめは「きちんと話せるか？」とすごく悩みました。でもなぜか不思議なことに，大川小学校に行くと言葉が出てきます。亡くなった息子や子どもたちが背中を押してくれているようで，雨が降っても裏山に登る時には雨がやみ，山から下りてくるとまた雨が降り出したりします。きっと登って裏山から見てほしいんだなぁ，と思いました。

　仕事と語り部で中途半端な気持ちではよくないと思い，60歳を機に語り部に専念するため，仕事はやめました。毎回反省の連続です。「ああ言えばよかった」，「きちんと伝わったかな」などと思うことが多く，いまだに完璧な語りはできていない状態です。大川小学校と長面のことをお話ししています。大川小学校に来た方を見てから，今日はこんな話をしようと思って話しています。そのため，いつも同じ話し方ではありません。コロナ禍でキャンセルも多いですが，個人，家族で来る方は増えています。県外の方も多く来ています。わざわざ遠くからいらしていただいた方に，自分なりに一生懸命お話ししようと思っています。

話すことが心のケアに

震災前まではごくごく普通の主婦で，長面で一生終わるはずが，そこには住めなくなり，生きるために必死でした。私にとって話すことが心のケアになりました。語り部をしたおかげで，いろんな方と知り合い，ずーっと寄り添って応援してくれる方々とも出会いました。

　このような出会いがなかったら，きっと私は家で引きこもりの生活をして，「うつ病」になっていたかもしれません。テレビで放映され，新聞記事にもなり，いやがらせもありました。でも，語り部をすることで，私は救われました。話すことが，私にとっては心のリハビリになりました。

　震災から年を経ても，家から出られない引きこもりの方はまだまだいます。心のケア，そばに寄り添ってくれる人が必要です。私はこれからも，大

川小学校のこと，地域のこと，長面のことを話し続けたいと思っています。いつまでたっても下手くそな語り部ですが，一生懸命お話ししますので，どうぞ大川小学校へ足を運んで下さい。お待ちしています。

震災10年後に知った事実

2021年のお盆過ぎの夜，長男が酒を飲んでいたとき，「あー，もういいか」と言って話し出しました。地震後の三男とのメールのやりとりについて，「おっかぁ，何てメールした？」と聞かれ，「ラジオで津波警報が出ているから逃げろよ‼　おっかぁも今そっちに向かっているから」と答えました。すると長男は，「んだから，おっかぁが来るのを逃げないで待っていて，流されて死んだんだ」と言いました。私は，三男は逃げている途中に流されて亡くなったと，10年間ずっと思っていました。

　震災当時，近所の人が，私の家の戸を叩いて，三男に，「車に乗せっから，乗って逃げっぺし」と言ったそうです。しかし，三男は，「家がメチャクチャだから片付けてから逃げます」と言って，戸を閉めたとのことでした。

　その話を，長男と次男は，震災後にその近所の方から聞いたものの，私に話すとショックを受けると思い，二人で黙っていたのです。私があんなメールを送らなければ…。私が殺してしまったんだと，すごくショックでした。

当たり前の大切さ

誰かを待つのは絶対だめです。あの当時は情報がありませんでした，でも今は，早め早めに携帯電話のアラームが鳴り，避難場所が指定されています。「ここは大丈夫」は絶対にありません。とにかく逃げて下さい。逃げて命があれば，身一つでも生きていけます。今，日本全国で異常なほどの災害が発生しています。地震，津波だけでなく，大雨による土砂崩れや川の氾濫などが起きています。逃げる時は逃げて下さい。家族，友だち，学校，職場で，あらかじめ話しあって下さい。いざ災害に直面したとき，慌てずに行動できるはずです。

　当たり前の生活，当たり前の風景，それは当たり前ではないのです。そこに住めなくなって，はじめて分かります。住めるのであれば，また同じ場所に住みたいです。海があり，山があり，川があり，自然豊かな長面に戻りたいです。それくらい大好きなまちでした。大川小学校の集落は釜谷です。そこから谷地中，長面，松原，尾ノ崎の集落は，震災後，災害危険地域とな

り，住むことはできなくなりました。

　長面集落では，冠婚葬祭の際，全世帯が御祝儀，仏祝儀をしていました。震災後も地域で亡くなった方のお悔やみに行き，手元にあるお悔やみ返しの葉書は，2011年の1年間で54枚あります。異常な数です。このような痛ましい悲しいことは，もう二度とあってはなりません。いつ自分が被災者になるか，わからない世の中です。私のようなケースが二度と起きないように，災害をけっして他人事と思わず，何かあれば命を守る行動をとっていただきたいです。二度と同じような思いをして欲しくないために，大川小と長面のことを語り続けます。

命を救うのは行動と判断

大川小学校の子どもたちは，逃げられる場所と時間（50分）があったこと，皆さん知っていますか？　親は「先生の言うことを聞きなさい」とよく言います。警報が鳴り響く寒い校庭で子供たちは危険を察し，逃げたがっていました。それでも先生を信じて指示をじっと待っていました。先生に逆らって逃げる子供はいませんでした。みんないい子だったのです。たくさんの尊い命が奪われました。逃げる時間が十分にあり，低学年でも登れる裏山があり，待機していたスクールバスで避難することもできました。そのバスの運転手さんも亡くなっています。

　震災から十年後の2021年7月，大川震災伝承館が完成しました。全国から多くの方がおみえになり，出てくる方々から聞こえてくる言葉は「なぁんだ，せっかく見に来たけど，さっぱり内容わからないなぁ～」です。語り部をしていると，「前に大川小学校に来て伝承館を見たんですが，全然わからなかったから，もう一度語り部さんの話を聞きにきました。話を聞いてようやくわかりました」と言われる方がけっこういます。そんな震災伝承館ではダメだと思います。

　遠くからいらしてがっかりして帰って行くのが忍びないと，遺族の中でも時間の許す限り大川小学校に来て語り部をしている方がいます。私は家族にわかってもらえないのは残念ですが，家族を犠牲にして語り部をしている訳ではありません。きっとわかってもらえる日が来ると信じて，覚悟をもって語り部を続けています。

　語り部を聞きに大川小学校に来る方々が，駐車場でバスから降りるとよく

口にします。「目の前に山があるんだ。なぜ山に登らなかったのだろう？」，と。私は，「山があっても命は救えません！　救うのは皆さんの行動と判断です」とお話しします。

活気ある大川地区にもう一度

被災地はいつまでも被災地ではありません。大川地区は山・川・海があり，自然が豊かで四季折々の景色がすばらしい所です。そこで働きたい，でも働く場所がない‼　空き家はたくさんあります。若者たちが働ける場所，環境を作ってほしい。何かを作りたい‼　意欲はいっぱいあるけれど，それをどのように伝えるかの術がわからない。

　食べ物にも恵まれています。北上川は「べっこうシジミ」や色々な魚が，海は「牡蠣」が，山は山菜が採れ，米作りも盛んです。そんなすばらしい大川地区を，もう一度，なんとかして活気ある大川地区にしてほしいと切に願います。

2　間垣集落に暮らし続けて

遠藤仁雄（賄い処＆民泊処まがきオーナー）

生まれ故郷の間垣

私は，生まれも育ちも大川の間垣集落で，10 年間東京で遊んでいた期間以外は 58 年間大川の地で暮らしています。

　この大川地区は，震災前までは，雄勝地区，今の南三陸志津川地区で壊滅的な被害をもたらしたチリ地震津波でも大きな被害がなく，36 年前の 3 日間で約 500 ミリの雨が降った 8.5 水害でも崖崩れや沼や沢の堤防越水があったものの大きな被害は少なく，自然災害に見舞われることの非常に少ない，自然豊かな土地でした。

東日本大震災津波による被害

しかし，今回の東日本大震災は，大きな被害をもたらす自然災害にあわなかった大川地区に，初めてとてつもなく大きな被害をもたらしました。大川地区大小 15 集落の内 6 集落が全て流され，人の住めない災害危険区域に指定され，故郷を失う人が続出する地区になりました。この震災で，宮城県は一番

の被害を受け，さらに石巻市は県内の中でも一番の被害がありました。さらにこの大川地区は住民2,489名の内約17%の418名の命が失われ，その中には大川小学校の子供達74名も含まれています。私の住んでいた間垣集落は，子供たちを含めて74名の方が亡くなり，住民の半分以上の方が亡くなった集落になってしまいました。

　ここまで被害が大きくなったのは，やはり自然環境に恵まれ過ぎていたことと，今まで大きな被害が少なかった危機意識の低さだったと思います。私自身，万が一を考えたことはありましたが，家族の中で，地区の中でキチンと話をしたことがなかったり，避難場所が我が家と同じ立地の地区の集会所になっていることに疑問を持たなかったり，防災無線が停電になったら役に立たなかったりで，震災以降は危機意識をもっと持っていればという思いでいっぱいでした。

堤防の決壊　震災後は，まずは私の家族（妻）を含めて，間垣集落ではなぜこんなに多くの死者が出たのかを考えました。やはり全国で唯一の堤防の決壊が大きかったと思います。約40年前位に大川中学校まで来ていた堤防の増幅工事が，間垣集落に来た時は民家の件数が多く予算がないとの理由から，かさ上げ工事でごまかされました。予算がないのであれば二俣前のように川側に土盛りする拡幅工事を求めたところ，流域面積が変わるからダメとの返事でした。二俣前は流域面積が変わっても実施したにもかかわらず，間垣前は変わるからダメとはどういうことかと聞いても，なしのつぶてでした。はじめからその計画で発注も済ませて，あとは地元を馬鹿にした言い分で町の担当者にやらせていたのは，当時の建設省です。堤防決壊の責任を問う裁判を起こすしかない思いでしたが，同じ集落に大川小に通っていた子どもの保護者が何人かおり，そちらも裁判になる前提で教育委員会側が対処している雰囲気があったため，国交省との裁判はあきらめました。一つの集落で二つの裁判は無理との思いでした。

慰霊碑建立と大川小遺族支援　そこで，私はばらばらになった集落の連絡先の確保や，集落の解散に伴う積立金の配分などに関わり，亡くなった方が多いため集落としての慰霊碑の建立を優先にするという方向に変更しました。

　また，大川小遺族と石巻市の話し合いの情報がマスコミを通じて耳に入り

ました。石巻市は，最大の人的被害のあった大川地区に対して何の手も差し伸べることなく，まして大川地区をなきものにしたいのかのごとく，浸水被害しかなかった大川中学校の取り壊しを保護者との話し合いのみで決定しました。「大川小学校は必ず再生させます」と言いながら，結局，子供たちのためには大きな小学校で勉強させる必要があると，保護者を口説いて回り，廃校を決めさせました。大川小の遺族たちの話し合いの対応も，自分たちの保身しか考えていないようにしか見えなかったことから，私でも何か役に立つことがあるかと思い，裁判になった後で少しずつお手伝いをするようになり，今では震災前の大川地区を模したジオラマの説明で時折話をさせていただいています。

　大川地区の災害危険区域に指定された釜谷集落跡は，震災伝承館ができ，不十分ながら大川伝承の会の協力もあり，自然災害についての学びの場となって，全国各地から多くの方々が訪れる場所になっています。

震災後の間垣　「デリーフデ」というトマトとパプリカの野菜工場ができて，多くの人達が働く場をえました。大川小の隣には，石巻市が農業分野での新たな基幹作業として始めたオリーブ畑が5年の歳月を経て広がり始め，大川地区で約500本，北上地区で800本，雄勝地区で120本等一定の収量が見込める本数の目途がつきました。自前の搾油所で絞ったオリーブオイルの販売を2022年度より開始しています。

　長面蒲の牡蠣も，毎年11月～5月まで水揚げができるようになりました。北上川のべっこうシジミも，水揚げが震災直後からは増加している感じです。甚大な被害を被った大川地区では，まだまだ手のついてない所も多いのですが，復旧が少しずつ進んでいる気がします。

　私は間垣集落で2019年に「まがき」という飲食と民泊の店を始めました。今後は，素晴らしく自然環境に恵まれた地の利を生かし，新たな産業の芽を伸ばし，そのために何が必要かを検討し，今あるものから何が創造できるかを考えながら，大川地区以外の人からのアドバイスや交流を増やし，受け入れ態勢の構築などを通じて，限界集落からの脱却を模索していきたいという思いを強くしています。

3　震災をふり返り明日を想う

大槻幹夫（大川地区振興会会長）

あの東日本大震災の日から間もなく12年，歳月の流れる速さに驚かされます。

私が本稿で述べてみたいことは二つです。一つ目は繰り返しになるかもしれませんが震災の検証について，二つ目は今後の村づくりについてです。

まず石巻市全体の犠牲者数と大川のそれとの対比です。市全体では3,970名，大川では418名です。狭い大川が市全体の10%以上です。

大川小学校では85名（スクールバスの運転手を含む）の尊い生命が奪われ，管理者の杜撰さが明らかになりましたが小学校以外の犠牲者はその5倍です。

世間の目もマスコミもとかく小学校だけに集中しているような気がしますが，もっと外側に注目すべきです。

対岸の北上町では，目の前が海なのに犠牲者0の集落があります。有名な岩手県洋野町では，町全体で0です。大川との違いは何なのか，検証と総括が欠かせません。

反省点として，まず「地盤沈下」に気づかなかったことがあります。震災の10年ぐらい前から長面海水浴場では砂浜の浸食が続き，平成17年末には波は松林に達していました。谷地や間垣では，北上川の波しぶきが風のある日には河川敷に及んでいました。これは実は水位上昇ではなく，地盤沈下で大地震の予兆ではなかったかと長面の掘込智之先生が言っていました。全くそのとおりだと思います。

北上川の最下流部は，長年の砂の堆積で川幅が極端に狭く浅くなっていました。これにより，津波直前海水面は大きく低下したはずですが，川の水位はほとんど変わりませんでした。川底が見えると思って堤防で眺めていた人たちは，ほとんど動かない水面に津波警報は本当かと思っているうちに，一気に大津波に襲われたのだと思います。

大川には，過去の地震や津波の記録も注意を喚起する石碑も「地震が来たらてんでんこ」の言い伝えもありません。

第4章　防災の取り組みと地域の営み

　平成15年7月26日の宮城北部連続地震と平成20年6月16日の岩手宮城内陸地震は，いずれも県内の大きな地震でしたが，大川に被害はありませんでした。ゆえに危機意識もなく対岸の火事視していたのではないでしょうか。平穏な日々に私はじめ全員が油断していた，危機意識欠如が被害を大きくした，というのが私の結論です。

　次に，大川の元気度と将来についてです。かつて，大川地区復興協議会で最重要と捉えていたのが大川小学校再建でした。教育委員会も必ず再建すると約束し，私たちは場所選定の意見集約を依頼されました。私達はちゃんと集約したのですが，いつのまにかなぜかよくわからないうちに「再建せず二俣小学校に統合」ということになりました。

　結局，地域のまとまりのかなめである小学校がなくなり，将来を託す子どもたちの歓声も姿もほとんど見かけることがない村になってしまいました。

　大川の人口と年齢構成です。令和2年時点で，総数778名で，震災直後比65%，61歳以上446名で人口比57%，一人又は二人世帯は総世帯比47%になっています。

　でも，これ以上厳しい時でも私たちの祖先は必死に頑張って村を維持してきました。今から185年前，天保の飢饉です。2年も3年も冷害が続き食料が尽きて餓死者続出。針岡村は村の存亡に立たされ遠田方面に住民募集に行った歴史があります（『河北町誌上巻』623頁）。

　農文協の本「季刊地域」には，全国の中山間地でも元気のいいところがよく紹介されています。そこでは住民の知恵と努力で「今ここにあるもの」を活用して村づくりをしています。島根県の離島の知夫村では人口を増やしています。近くでは雄勝のモリウミアスや塩釜市の浦戸小中学校に元気の良い例を見ます。

　ならば大川ではどうか。幸い「デリーフデ大川」が巨大温室でトマトとパプリカを生産し，雇用創出に貢献しています。長面浦ではカキ養殖に頑張っている漁業後継者がいます。私が所属する「（株）宮城リスタ大川」では，震災復旧田180余ヘクタールと温室での菊の周年栽培を行い，令和3年から新たな特産品を目指してオリーブ栽培を始めました。

　しかし，大川全体を見るとまだまだです。手つかずの未利用地が目立ちま

224

す。私は，人がいなくなって土地が空いている不利な条件は，逆に言えば「伸びしろ」と言い換えることができると思っています。

　「イシノマキファーム」があり，遠くからボランティアに来て新市議会議員になった３名の方がいます。よそから来て活躍している方々です。この本を読んだ読者の中から新しいアイデアを持った方，我こそは大川でという方が挙手してくれることを期待しつつ，ペンを擱きます。

4　仙台から見た大川小学校

酒井紀之（大川小学校について語る会共同世話人）

　はじめに，大川小学校の事故で亡くなられた児童，教職員の方々に深い哀悼の気持ちをお伝えするとともに，ご遺族の方々へ心からのお悔やみを申し上げます。

　私はこの事故の裁判を仙台で見守ってまいりました。その最初から訴訟判決の確定に至るまでの経緯について，何ら意見を述べられる立場にはありませんが，仙台に暮らす身として，そして東京電力福島第一原子力発電所の事故で被災した実家を持つ身として，少し「思うところ」があります。

　その思うところとは，どちらの事故も津波による直接的な一次災害というより，津波がきっかけとなって起きた人為的な災害ではなかったかと思っていることです。どちらも想定外と言えばそうなのでしょうが，それでも原因は人為的なところにあります。第一原子力発電所では自家発電設備を地下に設けていたことによる電源喪失が大きな要因でしたし，大川小学校では第一原子力発電所と同様に，海抜の低い位置に学び舎が建っていたことが大きな要因であったと思っています。

　これは誰かが決めたことであって，その時は良かれと思って決めたのでしょうが，残念ながら負に作用してしまったと感じています。

　私は，いささか強引な解釈だと言われたとしても，両者の事故はこのように似通った面を持っていると考えていたのですが，その後の補償に至る流れ

は異なってしまいました。

　東京電力は事故に対する補償を進めてきました。不公平感や補償の程度について様々な意見があることを承知していますが，とにかくも非を認めたのは事実であり，その結果として，除染や町の復興を東京電力の補償や国の支援のおかげで粛々と進めることができました。

　一方，大川小学校ではどうだったでしょう。みなさんご存知の通りです。おことわりしておきますが，私は東京電力が正しくて行政が間違っているなどと言うつもりはありません。ただ，お亡くなりになった方々が多数いらっしゃる惨事に「もし」は不適切かもしれませんが，それでも，もし，行政が結果について責任を負う態度をあらかじめ示していたら，結果として子供たちを守るための環境はさらに強固になっただろうと思います。

　なぜなら，裁判をせずに非を認めたならば，今後このような惨事が再び繰り返されるような事態になった場合において，その前例を取り上げて行政の責任と捉えられるようになり，震災の被災地のみならず，全国的に学び舎の立地条件や避難経路，避難時の誘導について多くの議論や見直しが起こったのではないかと思うからです。裁判を最高裁まで争った挙句，多額の補償金の支払いを行政が負う結果になるくらいなら，国が支援して災害に強い環境を整備する方が良いではありませんか。

　争う論旨に対して行政が反発したことにも理解はできますが，結果として，行政が大所高所からの判断をせずに，裁判で争う姿勢を示したことで，大川小学校の悲劇が局所的なケースとして捉えられてしまい，今後の判断もそのように争われることになってしまうのではないでしょうか。そしてそれは，ご遺族にとって，被災者にとって，前に進めず，苦痛が和らぐことのない日々が続くことを意味しているのではないかと思います。

　言わずもがな，日本は災害大国です。そのような国で未来を担う若い世代を守るためには，白黒はっきりさせて細々と責任を負わせるような時間のかかる裁判を開いてはいけないと思っています。この裁判はもともと開かれるべきものではなかったし，開かれる必要のなかったものだと思っています。裁判の間，裁判に関わった遺族の方々も，静観した遺族の方々も，いずれの

方々も，どれほど苦しかったか，仏壇の前に掲げられている遺影をみながら，どれほど悲しんでいたか，そのお気持ちを察することができれば，私のこの想いも多少はご理解いただけるのではないかと思います。

　最後に，訴訟判決の確定後，当時の亀山市長は遺族のみなさんの提案で大川小学校を共に視察しました。私は，彼は最初からそうしたかったのではないかと思いましたが，様々な事情により態度に示せなかったのかもしれません。原告団の一人で3年の長女未捺さんを失った只野英昭さんは，河北新報の取材に対して次のように語っています。「市の事後対応が悪かったから裁判になった。本当の謝罪はこれからどうしていくかということ。行動が全てだ」（河北新報2019年12月2日付記事より）。

　私たちはこの悲劇をこれからも語り継いでいかなければなりません。

5　大川小学校に長く関わってきた人々

会津　泉（多摩大学情報社会学研究所教授）

見守った　支えた　向き合った　発信した　語り合った

　学校管理下で児童・教職員ら85名が亡くなった大川小学校。愛する家族を喪った遺族たちは，断腸の思いでその悲しい現実と向き合ってきました。市教委の説明会や検証委員会に足を運び，手分けして事実を探り，有志は原告団をつくって訴訟を起こしました。手探りで語り部活動を始めました。年齢的には働き盛り，職場では中堅，家庭では子育て真っ最中の人もいました。とくに活動はせず，悲しみのなかにひっそり生活する遺族も，もちろん大勢いました。

　その遺族たちの周囲には，12年の間，実に大勢の人たちが，様々な形で関わってきました。取材に来た報道関係者，様々な情報，知恵を提供した防災や教育，心のケアなどの専門家たちや，災害支援のボランティアなどです。

　多くの人々が，適度な距離を保って遺族たちを見守り，そっと声をかけ，裁判の傍聴に通い，懐に飛び込んで支援をし，ペンやカメラを使って全国・

世界に発信を続け，語り部の会に通い，黙って雑務を手伝うなどしてきました。とくに最初のうちは，地元大川・石巻や仙台などの周辺の人たちは様々な事情で必ずしも多くなく，むしろ遠くの北海道や沖縄，海外も含む全国から何らかの形で現地を訪れ，広い意味での交流をもつ人たちが途切れませんでした。そうした人々の存在は，深く傷ついた大川の人たちにとって，多少の癒やしや励ましになったことでしょう。

　石巻市は，自治体として最大の被害を出しただけに，大川以外の地区で被災した石巻市民のなかには，家を流され，家族や友人を失うなど，自分自身が過酷な災害に遭い，他人のことまで心配する余裕がなかった人が多数いたことは事実です。

　震災当時の人口16万人，宮城県第2の都市の石巻市は，被害規模は最大級で，仙台から近い交通の便もあって，全国から多数の災害支援ボランティアが集まりました。ボランティア団体だけで100以上，混乱のなか20団体ほどが集まって連携協力を進め，後に「石巻モデル」と呼ばれる災害ボランティアの成功事例とされました[1]。

　しかし，中心市街地から遠く離れた大川地区は，とくに震災直後は，災害ボランティア活動も十分に展開されませんでした。仙台など隣接する市や町を含めて，大川小に対して近寄りがたい「壁」のようなものを感じていた人が少なくなかったことも事実です。躊躇や遠慮がありました。最愛の家族を亡くされた人たちにどう接したらよいかわからない，言葉が出ない，自分に何ができるのか，などの思いからです。さらに，市と教委の事後対応の酷さから，遺族の怒りが積み重なり，検証委員会や裁判で大きく報道されるにつれて，普通の人にとってはますます近寄りがたいと感じられるようになったことでしょう。

　それでも，時間が経つにつれて，個別の支援や交流，語り部活動などに加わる人が増えていきました。検証委員会や裁判の公判の傍聴をはじめ，遺族たちが自発的に始めた「勉強会」や「語り部」などに，北海道から沖縄ま

1　中原一歩『奇跡の災害ボランティア「石巻モデル」』(朝日新聞出版，2011年)

で，文字通り全国から多くの人が，途切れることなく参加し続けたのです。海外からの来訪者もありました。

　やがて「常連」や「リピーター」ができていきました。大川小校舎・校庭が震災遺構として保存が決まり，市と教委の事前防災の不備・過失を認めた高裁判決が最高裁で確定し，慰霊・伝承施設が完成して，訪れる人が増えていきました。それまで距離を置き，避けてきた地元・近隣からも，足を運べる人が増えました。

　伝承の会の語り部に参加する人も増えてきました。学校の教員で心を痛めていた人，知り合いが大川で亡くなった人，夏に子供と海水浴によく来ていた人などです。修学旅行で高校生も来るようになりました。

　全国から大川小に関わってきた人が大勢いらっしゃるという事実を，本書でぜひ紹介したいと考えました。何人かの方には本書に執筆いただけましたが，それでも多数の方が残ってしまいました。ごく一部の方となりますが，僭越ながら取材したお話をまとめてみました。以下ご紹介します。

ボラバスで大勢を運ぶ　震災直後の2011年4月末から，当初数年間は毎週，その後も現在に至るまで継続して，震災支援の**ボランティアバス**（ボラバス）を，石巻，東松島，そして大川小学校に送り続けてきた会社があります。**綿引薫社長**が経営する茨城県水戸市のバス会社，石塚観光自動車とその子会社の石塚サン・トラベルです。これまでのボラバスの参加者は国内外から3万3千人を越え，災害ボランティアバスとして全国のモデルになっています。高校生も多くなり，たとえば県立岩瀬高校は12年連続学校企画によって参加するなど，県内の多数の高校からの来訪が続いてきました。

　2015年には，大川小校舎・校庭の清掃活動を主目的とするボラバスが始められました。それまでは，石巻市内のボランティア活動が終わったあと，犠牲になった子どもたちにただ手を合わせるためにと，大川小を訪問していたそうです。そのうち，校庭で顔なじみになった遺族から声をかけられ，校庭の草取り，掃除などをするようになりました。高校野球部が，定期的に校舎内の清掃をするようになりました。県立水戸桜ノ牧高校では，2018年だけで年間200名近い生徒が参加しました。また，あるとき校庭でお会いした

80歳を超えるおばあちゃんは，「もう100回は来たよ」と答えました。コロナ禍で2年近く休止した後，2021年10月に再開し，現在も粘り強く続けられています。標準パターンでは，水戸駅朝4時出発，大川小で清掃し，遺族の語り部を聞き，その後他の伝承施設などに寄り，帰着は夕方6時半を過ぎるという日帰り強行軍です。参加費はお弁当がついて，当初は3000円，今でも5000円です。採算ベースを考えると，とてもできることではありません。

　綿引さんは，青年会議所（JC）時代に阪神・淡路大震災やナホトカ号重油流出事故でのボランティア経験がありました。東日本大震災前から石巻JCの人たちと交流があり，震災直後から支援にかけつけ，地元の社会福祉協議会と相談し，共同してボラバスを運行することを決意したそうです。

　「邪魔だから来るなと言われるまではやろう」と覚悟して始めたが，こんなに続くとは思ってなかった」と綿引さんは語ります。「自分が大川小に来たのは通算すると計400日以上になりますね」とのことです。その執念には，頭が下がります。石巻市民はもちろん，大川地区の人たちでも，大川小に茨城からこんなに大勢の人たちがボラバスで訪れ，ずっと掃除を続けてきたことを知っている人は，実はとても少ないのです。石塚さんは，「お金をかけて整備されて綺麗になったけれど，むしろ前のままのほうが良かったかもしれない。みんなで花を植え，校舎を掃除し，ボランティアも一緒になって遺すための取り組みを続けていきたい」と今後の抱負を伝えてくれました。

個人で大川小に足繁く通う人々

個人で大川小に足繁く通う人も少なくありません。群馬県高崎市の鈴木宏輝さんは報道で大川小のことを知り「子どもがあんなに大勢亡くなるなんておかしい，絶対あってはならない」と感じ，真実を知りたい思いで現地を訪問しました。2013年には新聞記事で知った遺族の佐藤敏郎さんに連絡をとり，地元小学校に招いて講演をしてもらいました。検証委員会の傍聴にも何度も参加し，その後も家族をはじめ，知合いの教員，保育士，大学生らを誘っては，現場で語り部を聞く旅を重ねてきました。「決して他人事ではなく，どこでも起きる可能性がある」と，自ら出来ることを考え続けているそうです。大川小への訪問は50回以上。通い詰める理由は，そこに"思い"があるからだそうです。

静岡県御殿場市の方壁雄司さんは，一応「観光」と称して，大好きになった長面地区特産の牡蠣を食べに来ます。軽自動車での長旅で，以前はほぼ毎月，最近でも年5回は大川小学校を訪問し，遺族による語り部を聞いてFacebookに発信し，遺族や地元の人々と交流します。地元の民宿「まがき」の常連です。ときどき奥様の友子さんも連れ添い，合計するとやはり50回は来訪しています。

遠くからの訪問者のなかには様々な人がいます。たとえば，群馬県嬬恋村鎌原観音堂の人たちは，約240年前の浅間山大噴火の直撃で壊滅した村で，辛うじて生き残った93人の直系の子孫です。コロナ禍と真冬を除いて，今でも毎日，現地の観音堂で来訪者をもてなしています。2016年8月，平均年齢80歳近いおばあちゃんたち15名が，南三陸町で開かれた「三陸海の盆」に駆けつけて，鎮魂の「和讃」を唱え，翌2017年2月にはもう一度に慰霊に行きたいと，真冬の大川小の校庭で「和讃」を唱えました。いまでも遠くから思いを馳せています。大川小遺族のなかには，位牌の前でこの和讃を時々唱える人もいます。その和讃の一部を紹介します。

「夫に別れ子に別れ　あやめもわからぬ死出の旅　残りの人数九十三
悲しみさけぶあわれさよ　観音堂にと集まりて

　　　　七日七夜のその間呑まず食わずに泣きあかす
　隣村有志の情けにて　妻なき人の妻となり　主なき人の主となり
　細き煙を営みて　泣く泣く月日は送れども　夜毎夜毎の泣き声は
魂魄子の土に止まりて　子供は親を慕いしか　親は子故に迷いしか」

　震災時岡山市職員だった**長江泰**さんは，震災後，東北大学公共政策大学院で復興と福祉行政などについて学び，「応援職員」を志願して石巻市職員となりました。大川小の事故は，教職員だけの責任ではなく，地域の構造のなかで起きたのではないかと考えて，休日にはよく伝承の会に参加していました。3年間の任期終了後の現在は，京都市の社協の職員となり，いまでも最低年一回は大川小を訪れると決めています。

隣接地域も含めたつながり　石巻市内をはじめ，大川地区に隣接する雄勝，北上，飯野川，女川，南三陸などにも，地域の復興活動に携わり，大川小の遺族や地域の人たちとのつながりを保ち，関わってきた人たちがいます。

　公益社団法人**3.11メモリアルネットワーク**は，発災直後に石巻で発足し，支援に集ったボランティアへの地域の方々からの語りを契機として伝承活動を11年間継続する中で，大川小の語り部の申込窓口も務めるようになりました。2022年10月には，岩手・宮城・福島を中心として民間伝承の連携取り組んできた任意団体3.11メモリアルネットワークの活動を引き継ぐ新しい体制に移行し，寄付を財源とした基金により，震災を伝える市民活動への助成事業も行っています。**MEET門脇**という伝承交流施設を運営するほか，2022年4月からは石巻市南浜の**みやぎ東日本大震災津波伝承館**の展示運営を宮城県から受託し，30名近いスタッフを抱えて，災害から命が失われない社会の実現に向けて取り組んでいます。

　その専務理事の**中川政治**さんは，ハイチ大地震の救援活動を現地で経験し，震災当時はJICAの青年海外協力隊員としてフィジーにいましたが，報道で知って急遽帰国し，一人のボランティアとして石巻に来ました。海外の緊急支援で学んだことを，石巻でのボランティア団体の連携に活かし，まとめ役の一人となりました。「よそ者」であることを意識しつつ，だからこそできることとして，「未来の命を守る」伝承活動の裏方役に使命感を感じて

います。大川小の遺族たちが，裁判をする・しないを超えて，一緒に伝承活動をしていることも手掛かりにして，メモリアルネットの取り組みが進みました。大川小のように遺構として形が残されたところもあれば，たとえ形はなくなっても伝承活動が必要なところも多くあると考えています。自分があの日の震災を直接経験していなくても，少しでも未来の命をまもるために語り部をする人たちのお役に立てればいいな，と考えて12年目を迎えようとしています。

3.11 メモリアルネットワークの**高橋正子**さんは，地元長面出身で，あの日は内陸部の石巻北高・飯野川校で進路指導の仕事をしていました。津波で自宅を流されましたが，家族は近くのお寺に避難してなんとか無事でした。自分だけ助かったことの申し訳なさを強く感じて，数年は大川小の遺族に見つからないように隠れていたそうです。しかし，「あの人たちはカネ目当てで裁判をしている」という心ない記事をネットで見て，誰一人反論できないでいることが痛々しく感じられ，たまたま見た求人広告で，伝承支援団体に就職しました。まさかそこが大川小語り部の窓口になっているとは知らず，一瞬迷ったものの受け入れて，目の前の仕事として淡々とこなしています。

高橋さんは，未来に対して命を守れる社会のリーダーを育てたいと考え，子供たちの防災マップづくりや，伝承アプリづくりなど，教訓を語り継いでいます。現在は，震災学習プログラム担当と学校防災マップ作成支援やMEET門脇の運営を務め，県内外からの来訪者へ命を守る行動，避難の大切さを伝えています。大川伝承の会語り部案内に対して多くの要望があり，語り部の不足が課題となっている中，連携しながら語り部案内を行っています。

北上川を隔てた対岸の北上町にも，大川小の人々に心を寄せてきた人たちが多くいます。一般社団法人イシノマキ・ファームを経営する**高橋由佳**さんは，20代のときに石巻に住んだことがありました。二輪メーカーでレースに参戦した後，障害者の就業支援などソーシャルワーカーとして働きました。震災後は，お世話になった石巻に拠点を設け，こころの病をもつ人たちの就労・就学支援を始めました。そのなかで，農作業が人間を元気にするこ

とを見つけて，イシノマキ・ファームを設立。ホップ栽培，地ビール「巻風エール」生産・販売など，耕作放棄地を活用した農業で地域内外をつなぎ，農村留学体験，百姓塾，カフェなど多彩な活動を続けています。

高橋さんは，大川小について，亡くなった教員の遺族や子供を助けた市役所の職員と，子どもたちの遺族の両方からお話を聞いてきました。それだけに，どっちがどっちだと決められないで，その間でぷかぷか浮いているのが大川小である気がしているとのことです。地元の人とはなかなか話をしないでいましたが，今は，子どもさんの遺族のお話にも共感するところが多くなり，もっと真実を知りたいと思っています。震災遺構になって伝承館ができた大川小は，きれいになったものの，当初とは異なる場に感じてしまい，今はあまり心が揺れ動かない場所になってしまった気がするそうです。

震災後，仙台で災害伝承記録の収集に携わってきた**伊藤円**さんは，2歳から6歳までを大川小の対岸，北上町十三浜月浜の父方の実家に過ごし，祖父母に育てられました。津波で家は流され，2週間後，世話になった叔父さんの遺体を探し，対面しました。北上川一帯への思い入れは強かったけど，大川小には恐ろしくて来られませんでした。何もできない自分が首を突っ込むべきことではないとの思いが強くありました。

数年後，偶然就いた仕事に背中を押され，勇気を出して地域の人の話の取材・記録を始めました。その後は，地域を復興させるビジネスに挑戦しています。多くの人に大川小や近くに足を運んでもらい，ご遺族，地域の人の生の話をぜひ聞いてほしいと願っています。

大川小から峠のトンネルを越えて降りた町，雄勝では，震災後，**徳水利枝**さんたちが，「雄勝花物語」プロジェクトを立ち上げました。津波で流された実家の跡地に花を植えたことがきっかけで，住民やボランティアが花を増やし，企業の協力も得て，**雄勝ローズファクトリーガーデン**が生まれ，季節のコンサートやハーブづくり，オリーブづくりなど，展開が拡がっています。震災前までは教員だったパートナーの**徳水博志**さんは，本書でご執筆いただいています。

　震災当時は石巻市職員で，早期退職した**濱畑幹夫**さんは，石巻市飯野川の総合庁舎「ビッグバン」のそばにトレーラーハウスを借りてカフェを開き，遺族や地元の人たちの最寄りの場所として親しまれてきました。2021年に東松島市に移転し，少し遠くはなったけれど，いまも大川小や大川地区の遺族を含めて地元の関係者が多く通っています。

　隣町，南三陸町もたいへんな津波被害を受けました。高台に立地し，大きな損傷は受けなかった**南三陸ホテル観洋**は，震災伝承に力を入れてきました。2011年から毎朝絶やさず語り部バスを運行し続け，2017年には「第3回ジャパン・ツーリズム・アワード」の大賞を受賞しました。最初は地元南三陸町を回るルートでしたが，時には大川小学校へ向かうルートも案内しています。語り手はホテル観洋の社員の皆さんで，自分たちの体験そのもののお話は何回聞いても迫力を感じます。

　そのホテル観洋は，震災伝承の取り組みとして，これまでに**全国震災語り部シンポジウム**を7回，**東北被災地語り部フォーラム**を3回開催しています。行政の補助制度も乏しい中，広く，深く，長く，伝承活動を続けていることは，民間の一ホテルが中心となっているだけに，驚嘆に値します。有名な南三陸町防災対策庁舎から数百メートルのところにある高野会館は，ホテル観洋系列の施設で，震災当日，高齢者の演芸大会が開かれていましたが，従業員の機転により327名の命が助かり，自力で震災遺構として保存してきました。これらはみな，父親からチリ地震津波被害の教訓を受け継いだ**阿部憲子女将**たちの心意気以外の何物でもありません。その阿部女将や町議会議員になった**伊藤俊**さんをはじめ，多くの社員が，大川小の遺族や大川の人たちとも親しく交流しています。伊藤さんは，被災地の未来をどうしていくべきか，悩みながら今日も語り部を続けます。

　石巻市や宮城県の職員，教育行政担当者たちは，事後対応でのつまずきもあって，遺族たちから厳しい目を向けられてきました。それでも代々の担当者のなかには，誠意をもって向き合おうとしてきた人もいました。いま大川小の震災遺構を担当する石巻市震災伝承推進室長の**水澤秀晃**さんもその一人です。難しい立場のなかで，できるだけ柔軟に対応しようと努力されています。

　大川小学校について語る会は，大川小事故の教訓である命の大切さを肝に命じ，大川地区に元気を取り戻し，未来を拓くための団体です。立場や考え方の違いを超え，互いに考え，聴き，語りあうことを目的として，2019 年に地元石巻，仙台，東京，静岡などの有志で始められました。

　英国人ジャーナリスト，**リチャード・ロイド・パリー氏**も紹介したい一人です。イギリスの新聞『The Times』の東京支局長，アジア編集長である同氏は，大川小津波事故について，当初から現地を取材して海外に広く報じ，6 年かけて石巻を頻繁に訪問，遺族たちの多様な心情と津波後の超常現象を描いた単行本『Ghosts of the Tsunami』を著しました。この本は「日本人の受容の精神にはもううんざりだった。過剰なまでの我慢にも飽き飽きしていた」など，日本人にはない独自の視点で日本社会の深部に潜む「魔物」のようなドロドロの問題を抉り出し，横尾忠則，最相葉月ら多くの書評，インタビューで取り上げられるなど，高く評価されました。2018 年にはその年に世界中で出版された英文著作中もっとも優秀な作品に与えられる「ラスボーンズ・フォリオ賞」を受賞。邦訳版『津波の霊たち』は 2019 年度日本記者クラブ賞特別賞を受賞しています。

　ほかにもご紹介したい方は大勢いますが，紙数の関係で割愛いたします。大川小には，お子さんをもつ親，祖父母の立場から来られる方が目立ちます。教育関係者も，保育園・幼稚園から小中高等学校，大学など，多く訪れます。判決確定後は，学習・研修に来られる各地の教育委員会や教育行政の担当者も増えています。コロナ禍で，修学旅行も増えました。屋外での見学のため安心なことが一因のようです。

　コロナ禍の前は，CNN や BBC，ロンドンタイムスをはじめ，海外からの視察・取材も少なくありませんでした。報道関係の皆さんは，当初から今日まで，常に来られています。カメラをまわす人，メモをとる人，ただじっと聞く人など様々です。記者の方々が，仙台や石巻の支局に配属され，2，3年して事情がわかるようになった頃に転勤で去っていくのは，とても残念です。しかし，新しく赴任した記者が熱心に取材し発信することは，プラスにとらえることもできるでしょう。

インターネット上の誹謗中傷の被害と対策の必要性

地域住民にも，全国の人のなかにも，「金目当ての裁判はけしからん」「被害はほかも大きかったのに，大川小だけなぜ目立つのだ，おかしい」などと，遺族に対して反発する人がいたことは事実です。なかでも，遺族たちがもっとも傷ついたのは，匿名で書かれるインターネットでの執拗な誹謗中傷です。とくにヤフーニュースや2ちゃんねるなどは悪質な投稿が多く，投稿者本人はもちろん，それを許してきたネット事業者，そして事業者を管理する政府・総務省にも責任の一端があることを，あえて指摘しておきたいと思います。

大川小津波事故の遺族，とりわけ裁判の原告となった遺族は，マスメディアで取り上げられるたびに，ネット上で誹謗中傷を受けてきました。その結果，「2次被害」どころか「10次，100次，1,000次被害」が生じ，子供を失った遺族の心の傷はさらに拡がりました。遺族への心ない誹謗中傷を防ぐための有効な対策と，裁判を起こすことは憲法32条で保障されている国民の裁判を受ける権利にもとづく正当な行為であることの周知が，あらためて求められていると思います。

遺族たちの活動

大川小で事故後に起きたことの大きな特徴は，遺族の多くが「大切な子供がなぜあの日死ななければいけなかったのか，真実を知りたい」と自ら立ち上がったことでした。膨大な情報を収集し，事実を分析・検証し，検証委員会の議論に参加し，訴訟では子供たちのいわば代理人として前に出て，メディアを通して粘り強く発信し続けてきました。これらの遺族による主な活動団体に，以下のものがあります。

他方，表に出ないことを選択した遺族も少なくありません。「裁判をしても子供は帰ってこない」，「辛くてとても前に出ることはできない」，「だれかを責める気にはなれない」などとして，月命日に学校へ行き，掃除をし，花を飾るなどして，静かに祈りを捧げ続けている方々がいます。

大川小学校遺族会

あの日学校で子供たちを亡くした親・家族たちの遺族会と，亡くなった教員たちの遺族会があります。

大川小学校津波事故訴訟原告団／大川小学校児童津波被害国賠訴訟を支援する会

https://ookawa-soshou-shien.jp/

石巻市・宮城県の過失責任を問い，真実を明らかにするためにと国家賠償訴訟に名を連ねた 19 家族（児童 23 名）による原告団と，彼らを支援するための会です。

小さな命の意味を考える会　　http://311chiisanainochi.org/

2013 年，文科省主導で設置された「大川小学校事故検証委員会」の進め方に強い危機感を覚えた遺族有志が，自発的に立ち上げた会です。独自に調査を進め，収集した事実を分析・整理・発信し，小冊子の発行，勉強会開催などを通して，遺族たち自身の視点，考え方を中心に広く伝え続けています。小冊子は累計 11 万部を超え，いわば隠れた「ベストセラー」です。

大川伝承の会　　https://www.facebook.com/ookawadensyo

2016 年から正式に活動を開始しました。大川小学校での「語り部の会」を年間 10 回ほど開催し，参加者は毎回 40 人から 100 人ぐらいです。開催案内は上記 Facebook のページからご覧ください。

大川竹あかりの会　　https://www.ookawatakeakari.jp/

2022 年 3 月 11 日，震災遺構となった大川小学校に，遺族を含む地域の人が中心となり，竹あかりをつくって犠牲者に献灯するプロジェクトです。日本だけでなく世界中で，「こどもの命を真ん中においた判断と行動」を祈り願うことを趣旨に，同年 10 月に一般社団法人となりました。

③　今後の災害に備えて

1　大川小学校高裁判決から学ぶ市民の防災

新福悦郎（石巻専修大学人間学部教授）

高裁判決の読み解き　　大川小学校津波被害高等裁判所判決（以下，高裁判決書）から，私たちは市民としてどのような防災についての学びがあるのでしょうか。

　高裁判決書は被告が石巻市や宮城県であり，学校及び教育委員会に対して示された判決です。主に自然災害への事前の取り組みを学校保健安全法26条〜29条をもとにして学校及び教育委員会に対して要請しています。その中には，学校安全に関する学校の設置者の責務や学校安全計画の策定，危機管理マニュアルの作成，学校環境の安全の確保などが記されています。自然災害への事前の備えの重要性が判決書においては自然災害への対応の核となっています。

　しかし，この高裁判決書では，市民としての自然災害への備えについても読み解くことができると考えます。

ハザードマップを批判的に見る　　自然災害について事前の取り組みの重要性の要請は，市民においても同様であると考えられます。行政によって提示されるハザードマップにおいて，自分の住む地域がどのような状況にあるのかを，まずもって確認する必要があるということを高裁判決書は教えています。

　同時に，そのハザードマップについて，批判的な目で見ることの重要性が求められています。大川小学校のある釜谷地区は，当時のハザードマップにおいては，津波浸水地域として示されていませんでした。そのことが地域住民の意識に大きく影響していたと考えられます。

　しかし，高裁判決書は宮城県沖巨大地震によって北上川の堤防が天端沈下する可能性があることは予見されていたと記しています。そしてその地域は地盤が軟弱であり，海面からの高さも1m〜2mという低い地域であり，地

震動により堤防が天端沈下を起こし，それらが要因となって津波が押し寄せる危険性はあったという旨の内容が示されています。

津波は来ないという思い込み

　大川小学校のある釜谷地区においては非常に高い割合で住民が亡くなりました。高裁判決書では，83.7パーセントの住民が命を失ったと記されています。それは，これまでの地域の伝承や歴史的な経験から，この地域には津波は来ないという思い込みがあったことも影響しているとしています。

　たしかに地域に残る伝承や歴史的事実は，意義深いものがあります。歴史からの教訓を語り継いでいくことは後世の住民にとっては自然災害においても価値あるものです。そのために，それにしたがって行動する傾向が高くなるのは，地域を知るものとしては当たり前のことかもしれません。

　しかし，高裁判決書が述べているように，その地域の状況は時代によって大きく変化しています。歴史的な自然災害が起こった当時とは地形や状況が変化している可能性があり，想定外のことが起こる可能性があることをよく理解しておかないといけません。

　大川小学校のある釜谷地区では，地震による津波によって被害を受けた経験は歴史的にありませんでした。ところが，釜谷地区が隣接する北上川は明治44年から昭和9年にかけて川筋直しによって作られた川であり，これまでの歴史的な大地震で津波に襲われなかったという事実があったとしても，地形的には大きな変化がありました。そのことによってこれまでとは違う想定外の津波が襲ってきたのです。また，北上川ができた後の昭和35年のチリ地震でも津波被害はなかったという事実がありました。これも地域住民の意識に，避難先について影響を与えたと考えられます。しかし，チリ地震は北上川の堤防が地震動によって影響を受けることはなく，堤防は無事で，津波は釜谷地区を襲いませんでした。

　そのような地形的な変化による違いがあったにもかかわらず，津波はこれまで来たことがないという理由で逃げ遅れてしまったことが被害を大きくしてしまったのです。

避難経路の想定外を考える

　次に，地域住民として自然災害に備えて，避難先の確認はもちろんのこと，避難先までの経路やその避難先が使用不能となった場合や避難経路での想定外の状況

についても事前に考えておく必要があります。

　大川小学校は災害避難マニュアルにおいて，第3次避難場所を具体的に特定していませんでした。そのことが避難を遅らせてしまい，悲劇を生み出してしまいました。

　地域においても，避難先の特定は重要です。さらに，避難先を特定しても，避難経路で想定外のことが起こる可能性は高いと考えられます。

　たとえば，これは石巻市のある学校で耳にしたことですが，第3次避難場所を特定し，避難経路も確認し，学校側は疑いもなく避難訓練を繰り返してきました。ところが，生徒の疑問が避難訓練を見つめ直すきっかけになったと聞きました。それは，避難経路には歩道橋があり，歩道橋を渡って山にある第3次避難場所に移動することになっていました。その歩道橋が地震によって渡れなくなったらどうするかと生徒が口にしたそうです。先生方はそのことについての想定が不足していました。もし，地震で歩道橋が壊れたら，歩道橋のところで右往左往しているうちに津波に巻き込まれる可能性もあります。このように，地域においても，市民同士で避難経路における危険箇所の可能性を話し合い，可能な限りの想定を出し合い，代替案を常に準備しておく必要があります。

学校との連携の必要性

　学校保健安全法30条は防災について学校と地域との連携について規定しています。学校は災害に対する情報を持っており，常日頃から学校と地域で連絡をとりあい，情報を交換し，避難先を検討しておく必要があります。地域は時代によって地形の変化や状況の変化が出てきます。それらを加味しながらより安全で安心できる避難場所を特定していく必要があるのです。

避難先に逃げれば大丈夫という意識を変える

　また，避難先に逃げれば大丈夫という意識も変えていく必要があります。

　釜石東中学校は，東日本大震災の時に第2次避難場所を校庭ではなく，少し離れた高台にしていました。また避難訓練でもその場所を目指して逃げるように指導を重ねていました。海近くにあった釜石東中学校で，もし第2次避難場所を他の学校で行われているように校庭にしていたら，大きな悲劇が起こった可能性は極めて高いのです。事前に避難場所を高台にしていたこと，そして即座に判断してさらに高台への避難を

決めたことは多くの命を救った行動であり判断でした。

釜石市の「津波避難3原則」からの学び

釜石市は震災前から津波防災の基本として「津波避難3原則」を実行することをうたっていました。その3原則は、「想定を信じるな」（相手は自然であり、到達時間や高さなど、人間の想定通りに津波が来るとは限らない）、「最善を尽くせ」（そのときにできることに全力を注ぎ、少しでも早く、少しでも高い場所に避難する）、「率先避難者たれ」（いざというとき、人間は自分から進んで避難しようとしない傾向がある）です。この「津波避難3原則」は釜石東中学校や釜石小学校の奇跡的な避難のあり方にも影響を与えたと考えられます。

「てんでんこ」の大切さ

「てんでんこ」については、言うまでもありません。この考え方は実際に大きな地震が起こった後に、とるべき行動の指針になるものです。家族のことを思うと自宅へ引き返したくなりますが、津波は何度も押しよせます。常日頃から家族の間で避難場所を事前に確認し、どこに逃げるかを話し合っておく必要があります。さらに、災害の際はその場所に各自で逃げることの確認が必要です。家族いっしょではなく、てんでバラバラに行動することがいざという時には求められるのです。

　以上、今後の自然災害に備えて、高裁判決書から読み解くことのできる防災について、いくつか説明しました。いのちを守るためには、何よりも事前に自然災害に備える準備をしっかりしておくことです。自然災害が起こってから考えるのでは遅いのです。大川小学校の悲劇を今後の教訓としていくことは、学校関係者だけでなく、一般の市民にも必要なことなのです。

〈参考文献〉
　大川小学校津波被害国家賠償請求訴訟高等裁判所判決（2016年4月26日判決）
　いのちをつなぐ未来館展示パネル資料（岩手県釜石市鵜住居町）

2 大川小学校事故から学ぶ「津波防災教育プログラム」

徳水博志（元石巻市立雄勝小学校教員，一般社団法人雄勝花物語共同代表）

津波防災教育プログラムの立案

筆者は教員を退職した 2014 年 4 月から，石巻市雄勝町において一般社団法人雄勝花物語を設立し，地域復興事業の一つとして防災教育を実施しております。防災教育を始めた動機は，一つ目に 3.11 の大津波で九死に一生を得た勤務校における避難行動への反省があります。二つ目は，児童 74 名と教職員 10 名が亡くなった大川小学校事故への反省です。学校管理下内での事故としては，戦後最悪となった大川小学校事故の要因を探り，防災上の課題を見つけて改善し，二度と同じような悲劇を繰り返してはならないと考えたからであります。三つ目は，地域に帰った子どもたちを救えなかったことへの反省があります。宮城県において小学校から高校（特別支援学校含む）までの児童・生徒の中で，3.11 の津波で亡くなった子どもは，353 名（宮城県教職員組合の調査）です。そのうち大川小学校の 74 名を除いて，279 名の児童・生徒が学校外の地域で亡くなっているのです。勤務校の雄勝小学校でも，すでに下校していた 2 年生の児童 1 名が亡くなりました。この意味することは，筆者たちが学校で実施してきた教職員主導の避難訓練「お（押さない）・は（走らない）・し（しゃべらない）」は，子どもが地域に帰ったときに役に立たなかったということです。

その反省を生かして，学校においては「お・は・し」に代表される訓練主義的な防災教育からの脱却を図る必要があると考えました。そして，子ども一人ひとりがどこにいても，教師や大人がいなくても自分の命を自力で守ることができる防災能力の育成が必要であると考えました。筆者はその必要にこたえるために，「津波防災教育プログラム」を立案し，民間で実施しています。

大川小学校では，児童 74 名の他に 10 名の教職員が亡くなってしまいました。そのうち 4 名の教師は，教育研究集会等で教育実践研究をともに行ってきた同僚でありました。特にその中の一人は筆者と同じ歳で，今から 36 年前の 1986 年に石巻市において，教育実践サークル「あすみの会」を一緒に

立ち上げた無二の親友でありました。保護者に信頼され，授業実践や学校運営においてリーダーシップを発揮し，子どもに寄り添う教師でありました。

「俺たちはどこで間違ったのか！　なぜ子どもたちを救えなかったのか！俺たちの避難行動を検証して，二度と子どもたちをこのような目に遭わせないでほしい」。

これが亡くなった親友や教職員の悲痛な叫びだと思えてなりません。非公式の証言によると，津波に向かって両手を左右に広げて立ちはだかった教職員がいたそうです。子どもたちを守るためにとっさに取った行動であったにちがいありません。全力を尽くしたはずだが，子どもの命を守れなかった。その無念さは計り知れません。

本稿でこれから述べる内容は，筆者が実施している「津波防災教育プログラム」の一部です。「大川小事故をなかったことにされたくない」というご遺族の思いはもちろんのこと，亡くなった教職員の声なき声を代弁して実施しているものであります。

なお，筆者の用いている「津波防災能力」という用語は，「危険予測・回避能力」（平成 26 年中央教育審議会）とほぼ同義として用いております。

大川小学校の避難行動——遺族の疑問に答える

大川小学校の事故を二度と繰り返さないためには，遺族の疑問に答える形で，避難行動を検証することが肝要であると考えます。その疑問とは，「15 時 30 分すぎ，津波が来ると認識したのに，なぜ裏山ではなく三角地帯（堤防道路）へ移動したのか」であります。

これまでの検証結果を述べると，次のようになります。

大川小学校事故検証委員会は，検証結果をまとめた「大川小学校事故検証報告書」の中で，「避難先，避難経路の選択に際しても，教職員が地域住民と相談して決定したものと推定される。しかし，なぜ三角地帯を避難先としたのか，なぜあのような避難経路を通ったのかについては，最終的な意思決定に直接関わった教職員らが全員死亡しているため，明らかにすることはできなかった」と述べています。

あえて疑問点の解明に踏み込んだ河北新報の報道部は，「学校側は最も重要な判断を『ここまで津波は来ない』と校庭に身を寄せていた地元住人に委ねた可能性が高い」（「止まった刻　検証・大川小事故」岩波書店 2019 年）と推察

しています。なぜ三角地帯を選択したのか，関係者が亡くなっている以上，それを検証することは確かに不可能なことであります。

　ただし，避難行動から分かることが三つあると言えます。避難場所を決めかねた末に，最終的には三角地帯（堤防道路）を避難場所として決定し，そこに向かって移動を開始したという事実があるわけですから，この事実から，一つ目に裏山と三角地帯のリスクを天秤にかけた結果，校庭よりも約6メートル高い三角地帯（堤防道路）の方が裏山よりも安全だと判断したことが分かります。二つ目に，三角地帯（堤防道路）が安全だと考えたわけですから，北上川から三角地帯（堤防道路）を超えて来る堤防越流津波を想定していなかったということが分かります。三つ目は，15時30分頃に津波の襲来を予見するにはしましたが，その予見した津波とは，長面海岸の松林を超えてきた陸上遡上津波のことであったと思われます。したがって校庭よりも約6メートル高い三角地帯（堤防道路）に避難すれば，津波に流されることはなく，安全だと考えたということです。ということは，標高7メートルの三角地帯（堤防道路）よりも低い陸上遡上津波を想定していたということが分かります。

　ところが大川小学校を襲った実際の津波は，二種類の大津波でした。一つ目は三角地帯（堤防道路）を超えてきた，北上川の河川遡上津波です。堤防を越流し，標高7メートルの三角地帯（堤防道路）を3メートルも越した大津波でありました。二つ目は長面海岸から松林を超えてきた陸上遡上津波ですが，大川小校舎では浸水深8.7メートルに達した大津波でありました。大川小学校の教職員は，この二つの大津波の襲来を想定していなかったものと推測できます。もしこの二つの大津波の襲来を想定し，その津波の大きさをイメージしていたならば，決して三角地帯（堤防道路）には向かわないはずだからです。少々のリスクがあったとしても裏山に避難していたはずです。なぜなら人間は，命の危険を察した場所には本能的に近づかないからです。

　この推測を基にして，大川小学校の教職員は，《なぜ二つの大津波とその大きさをリアルにイメージすることができなかったのか》，それを探っていくことにします。

　その疑問点を明らかにするためには，筆者が体験した石巻市立雄勝小学校の避難行動の考察が役に立つと考えました。

　ところで，大川小学校事故の要因については，教育行政と管理職による事前防災の不備（仙台高裁判決），教職員集団と責任者の意思決定の問題（佐藤敏郎），上意下達等の学校運営上の問題（林衛）など，様々な観点から考察がなされています。どの論考も説得力のある考察です。

　それに対して筆者の論考は，大川小学校の教職員に不足していた津波防災能力（危険予知・回避能力）を明らかにするとともに，教師の防災能力育成の観点から，3.11以後の教職員が身に付けておくべき津波防災能力（仙台高裁判決の提言）について述べるものであります。

雄勝小学校の避難行動　石巻市立雄勝小学校の避難マニュアルは，大川小学校と同様に宮城県沖地震想定津波6メートルで作成されていました。避難場所は校庭から1分の距離にある標高約8メートルの新山神社と明記されていました。津波が大きい場合は，神社から地続きの裏山に避難することも口頭確認されていました（図1）。

　震災当日，「大津波警報10メートル」が発表される中，筆者の意識の中では，そんな大きな津波が来るはずはないと高をくくっていたところがありました。10メートルといえば鉄筋コンクリート校舎三階を超える高さです。そんな大きな津波は，これまで見たことがありません。雄勝湾を襲った過去の津波の記録によると，最も高い津波は浸水深5メートルとなっていました。宮城県沖地震想定津波も雄勝湾では浸水深6メートルを想定していました。したがって，想定津波6メートルで学校の避難マニュアルは作られており，津波警報の解除後は校舎の二階が住民の避難所に指定されていました。

　筆者の意識の中には，この想定津波6メートルがインプットされていたために，そんな大きな津波が来るはずはないと思い込んでいました。校長以下他の教職員も同様だったと思います。そのために学校は，「体育館へ避難」という，避難マニュアルとは異なった指示を出してしまい，体育館の準備ができるまで子どもたちを30分間ほど校庭に待機させていたのでした。

　15時15分過ぎ，「ここにいたら津波にさらわれるから！　頼むから早く山さ逃がして！　お願いだから！」という保護者の佐藤麻紀さんの必死の叫び声にこたえる形で，前言の指示をくつがえし，避難マニュアル通りに神社に避難することを決断しました。「今から新山神社に避難する！　4年生を先頭に全校生徒ついてくるように！」。号令をかけたのは，4年生担任の筆

者でありました。

　神社に避難して数分後に津波がやって来ました。あっという間に水かさが増して，津波が神社に迫る中，危険を察した同僚たちと神社から裏山に子どもたちを避難させました。こうして裏山に避難した子どもたち全員の命を守ることができたのでした。

　あの時，佐藤麻紀さんの叫び声がなかったら，そのまま校庭にとどまり続けて大惨事になっていたことは間違いありません。我が子を引き取りに来た保護者の機転に助けられたのが，雄勝小学校の避難行動だったのでした。まさに紙一重の差で，大川小学校と雄勝小学校の明暗が分かれたと言えます。

　雄勝小学校を襲った津波は，筆者が想定した6メートルではなく，ましては大津波警報の10メートルでもありませんでした。なんと大津波警報10メートルの1.6倍にあたる16メートルの高さでありました。そのために，校舎は屋上まで水没してしまい，中心部の商店街と住宅街が海の底に沈んでしまったのでした。湾の奥に行くほど，狭くなるというリアスの地形であったために，津波は1.6倍に増幅して湾奥に到達しました。そして，防潮堤を超えて陸上に遡上した津波は，左右の山がつくるV字谷で行く手を狭められて，海岸部よりもさらに高くなるという増幅現象が起きたのでした。

　この出来事は，筆者に大きな衝撃を与えました。なぜなら筆者は津波が来ることを想定するにはしていましたが，そのような巨大津波のイメージを事前に持つことができなかったからです。ほとんどの被災者が筆者と同じことを言います。「こんな大きな津波が来るとは思わなかった」と。

　どうして筆者が想定していた津波と実際の津波の高さのずれにこだわるかといいますと，もし事前に雄勝湾を襲う巨大津波のイメージを持っていたならば，もっと早めに安全な避難行動を取っていたはずだ，と考えるからです。このことは大川小学校においても同じです。教職員が釜谷地区と校舎を襲う津波の大きさのイメージを事前に持っていたならば，判断ミスをせずに，84名の命が助かったかも知れないと考えるからであります。

　震災後の筆者の問題意識は，《なぜ事前に巨大津波のイメージを持つことができなかったのか》に集中しました。

大津波警報10メートルの意味　この問題意識の下で，宮城県に到達した津波の高さを調べてみて，驚いたこ

図1　雄勝小学校の避難行動

とがありました。宮城県の各地域の海岸に到達した津波は，次の通りです。雄勝湾 16.3 メートル，女川 18.0 メートル，南三陸町志津川湾 20.5 メートル，仙台平野 8 〜 11 メートル，松島湾 4.5 メートル，石巻市万石浦 2.4 メートル（以上，宮城県土木課調査）。

　このように，宮城県の海岸到達津波の高い場所は 20.5 メートル，低い場所は 2.4 メートル。これほどの幅があったのです。津波の高さにこれほどまでに幅があるのならば，「大津波警報 10 メートル」の意味とはいったい何なのか。これが新たに生まれた疑問点であります。そこで試しに，一番高い「南三陸町志津川湾 20.5 メートル」と，一番低い「石巻市万石浦湾 2.4 メートル」を足して，2 で割ってみました。すると，約 10 メートルになりました。

$$(20.5 ＋ 2.4) ÷ 2 ＝ 11.4m ⇒ 約 10m$$

　ええ！　ひょっとして宮城県に発令された「大津波警報 10 メートル」とは，《平均的な値》ではないのか！　という次なる疑問が生まれてきたのです。ここから，気象庁の津波警報に関する資料を調べる作業が始まりまし

た。すると，筆者の疑問を裏付ける下記の資料が見つかりました。

○「東北地方太平洋沖地震による津波被害を踏まえた津波警報の改善の
　方向性について」（平成23年9月12日気象庁）

・別紙2「東北地方太平洋沖地震による津波被害を踏まえた津波警報改善
　に向けた勉強会」における有識者等の意見
1．第1回勉強会（6月8日）：不確実な情報の利活用方策，周知広
　　報が重要（精度が過信を生む，津波の予測値は1／2～2倍程度
　　のばらつきを持つもの）。
2．第2回勉強会（7月27日）：津波予測の精度に倍～半分程度の誤
　　差があることについて，十分周知すべき
3．第3回勉強会（9月7日）：精度向上の努力も重要であるが，予
　　測には0.5～2倍程度のばらつきを伴うことについて，より周知
　　すべきである。＊下線は筆者

　この資料は表題にある通りに，専門家が津波警報の改善の方向性を提言し
た内容であります。この提言を受けて，気象庁が津波情報について改訂した
ホームページの内容の一部が下記です。

気象庁による【予想される津波の高さ○○メートルの意味】
・津波情報の中で発表している「予想される津波の高さ」は海岸線での
　値であり、津波予想区における平均的な値です。場所によっては予想
　された高さよりも高い津波が押し寄せることがあり、その旨を津波情
　報に記載することでお伝えします。また現在の津波予想技術では「予
　想される津波の高さ」の予想精度は、1/2～2倍程度です。
　　　　　　＊この内容は一部改訂されて、現在では掲載されていない。

　気象庁のホームページに記載されていたように，津波警報や津波注意報で
発表される「予想される津波の高さ」とは，間違いなく「平均的な値」だっ
たのでした。また「予想される津波の高さ」の予想精度は，1/2～2倍程度

の幅があるというのです。

　たとえば大津波警報 3 メートルとは，津波の高さに 1.5 メートル〜 6 メートルの幅があり，大津波警報 10 メートルでは 5 メートル〜 20 メートルの幅があることになります。宮城県に到達した実際の津波に，2.4 メートル〜 20 メートルの幅があったのはそういうことだったのか，とうなずいてしまいました。これが大津波警報で示される「○○メートルの意味」だったのです。

　ということは，「平均的な値」では役に立たないということです。なぜならば，実際の津波は「平均的な値」ではやって来ないからです。自分の地域を襲う津波が，実際には何メートルの高さでやって来るのか，「地域を襲う津波の高さや特徴をイメージ」しなければ，避難行動を誤ってしまうということになります。「大津波警報 10 メートル」の意味を知った時に，筆者の中の疑問は，一気に解けたような気がしました（図2）。

　なぜ，筆者は事前に巨大津波のイメージを持つことができなかったのか。その一つの答えは，「大津波警報 10 メートル」の意味を知らなかったからです。もう一つの答えは，「地形で変化する津波の特徴」（堀込智之）[注1] について知らなかったということです。そのために，「大津波警報 10 メートル」の津波が雄勝湾を襲う場合，奥に行くほど狭くなるという雄勝湾の地形によっ

大津波警報10mの意味とは

志津川湾20.5m、女川湾18.0m、雄勝湾16.3m、石巻湾11.4m、仙台湾10m前後、松島湾4.8m、万石浦2.4m

到達津波の数値に幅があるぞ！　10mの意味とは何？

気象庁マスコットキャラクター　はれるん

平成25年3月更新の気象庁のホームページを開いてみよう。書いてあるよ！

●気象庁による「予想される津波の高さ○○mの意味」
・津波情報の中で発表している「予想される津波の高さ」は海岸線での値であり、津波予想区における平均的な値です。場所によっては予想された高さよりも高い津波が押し寄せることがあり、その旨を津波予想情報に記載することでお伝えします。また現在の津波予想技術では「予想される津波の高さ」の予想精度は、1／2〜2倍程度です。
　＊宮城県の津波予想区は全県一律同一区　　　＊「平均的な値」は現在では削除されている。

・「宮城県大津波警報10mの意味」とは、宮城県の海岸に到達する予想津波の平均的な値だった！　場所によって、つまり海岸地形や陸上地形によって変化し、5m〜20m程度になる！この意味は一般には伝わっていない。

図2　大津波警報 10 メートルの意味

て，津波がどのように増幅されて，どの程度の高さになるのか，そのイメージを持つことができなかったのです。その結果，避難行動を誤ってしまったのでした。もし，「地形で変化する津波の特徴」について事前に知っていたならば，津波は 10 メートルよりもはるかに高くなるはずだとイメージすることができて，当初から裏山への避難を決行していたと思うのです。今だからこそ理解できますが，2011 年 3 月 11 日の 15 時 15 分前後に，防災無線から流れた「大津波警報 10 メートル」を読み替えて放送すれば，次のような意味になるはずです。

「たった今，気象庁から宮城県に大津波警報 10 メートルが発表されました。津波は海岸地形や陸上地形やビルなどの構造物で変化します。特に三陸のリアス海岸では，湾の奥に行くほど狭くなるために，平均的な値の 10 メートルをはるかに超える，2 倍以上の 20 メートルの高さになる恐れがあります。今すぐ 20 メートル以上の高台や山に避難して下さい！」

【注 1】
　「地域を襲う津波の高さや特徴をイメージ」して避難行動を起こす大切さは，工学博士の掘込智之先生から多くのことを学ばせていただいた。掘込先生は大川小学校の学区である長面集落にご自宅があったが，自宅を津波に流されて奥様とともに九死に一生を得た避難行動をされた。自らの避難行動を基にして，石巻地方を襲った津波の痕跡をご自分の足と目で実地踏査されて克明に記録に残し，地域を襲った津波の特徴を分析されている。さらに「津波模擬実験装置」を製作され，実験を通して「波の働き」や「地形で変化する津波の特徴」についても考察されている。その成果は，著書『海に沈んだ故郷』（連合出版，2011 年），および冊子『地形によって変化した大津波と水の働き』（自費出版，2013 年）にまとめられている。
　筆者は 2014 年から 15 年にかけて掘込智之先生を講師にお招きして，十数回の津波防災教育を開催してきた。3.11 の津波を解明したこの講義を通して，「津波のメカニズム」や「地形で変化する津波の特徴」，そして「地域を襲う津波の高さや特徴をイメージ」して避難行動を起こす大切さについて学ばせていただいた。この学びと自らの被災体験の考察を織り交ぜて，「津波防災教育プログラム」を立案し，現在実施しているところである。

津波についての新しい知見の不足　　それでは大川小学校の教職員は，《なぜ二つの大津波をリアルにイメージすることができなかったのか》。この問いに対して，掘込智之先生が考察さ

れてまとめられた「地形で変化する津波の特徴」の論考を借用して述べていきます（図3）。

　北上川が流れ込む追波湾は，典型的なリアス海岸です。北上川河口の北上町吉浜地区には，浸水深14メートルの津波が押し寄せています。平均的な値で「大津波警報10メートル」と表現された津波は，リアスの地形によって，10メートルの1.4倍の高さに増幅していたのでした。まずこの増幅した津波を大川小学校の教職員は，事前にイメージすることはできなかっただろうと思われます。増幅した津波は，河川津波となって北上川を上流に向かって遡っていきます。河川津波は北上大橋に流木の堰ができたことで，一気に水位を増して堤防を越流し，釜谷地区と大川小学校校舎を襲っていきます。大川小学校の教職員は，まさかこの流木によって北上大橋に堰ができるものとイメージしていなかったと思われます。さらに，河川津波とは別コースの津波が，長面海岸から松林を越えて陸地伝いに遡上していきます。これが大川小学校を襲った二つ目の陸上遡上津波[注2]です。

　海岸部の長面地区で，浸水深4〜6メートルだった陸上遡上津波は，大川小学校手前のせり出した山がつくる狭まった陸上地形に集中し，流速と高さを増して，大津波となって釜谷地区と校舎を襲っていきます。そして河川津

大川小学校を襲った河川津波と陸上遡上津波

陸上遡上津波が狭まった地形（せり出した山）で増幅し，高くなった事例

図3　大川小学校を襲った二つの津波

波と一体となって釜谷地区の奥に向かって方向を変えて進んでいきます。釜谷の奥はリアス海岸のように閉じた地形になっているために，津波は奥の山で跳ね返ってきて渦を巻き始め，浸水深が8.7メートルにまで増幅した考えられます。

　大川小学校の教職員は，まさか陸上地形によって津波が増幅し，校舎を襲ってくることなど，全く想定していなかったであろうと思われます。陸上地形によって津波が増幅した事例は，今回初めて分かったことではないでしょうか。

　「こんな大きな津波が来るとは思わなかった」。津波にのまれながら，教職員はつぶやき，そして，後悔したと推測されます。「俺たちはどこで間違ったのか！　なぜ子どもたちを救えなかったのか！」と。

　以上の考察から，大川小学校の教職員は，筆者同様に「大津波警報10メートル」の意味（想定津波の高さは平均的な値，実際の津波の高さには1/2〜2倍の幅がある）および「地形で変化する津波の特徴」（掘込智之）について，全く知らなかったと思われます。そのために大川小学校校舎を襲う二つの津波を想定できず，その津波の高さについてもリアルなイメージを持つことができなくて，避難場所の選択を誤ってしまったと推察できるのでした。これらの知識を筆者は，「津波についての新しい知見」（図4）と呼んでいます。

【注2】
　　北上川堤防越流津波が大川小を襲った時刻と陸上遡上津波が到達した時刻は，さほど時間差はないと考えられる。掘込智之先生の実地踏査によると，北上川越流津波による洗堀痕は堤防外側には見られないという。ただし北上川の堤防を津波が超えて来たという多数の目撃証言があることから，洗堀痕が発生する時間的余裕もなく陸上遡上津波がやって来て，二つの津波は一体となって釜谷地区を襲ったと考えられる。

主体的な情報収集の不足　　「津波についての新しい知見」の重要さをことさら強調してきましたが，大川小学校の避難行動では，もう一つ見逃せないミスがあります。

　それは教職員が主体的な情報収集を怠ったことであります。大津波警報の発表と避難指示は，防災無線，ラジオ，市の広報車から聞こえていました。また子どもを引き取りに来た保護者からも津波の情報がもたらされていま

1.「津波について正しく知る」まとめ

①大津波警報は海岸到達予想津波の平均的な値である
　　（実際の津波の高さは1/2〜2倍の幅）
②津波は海岸地形や陸上地形・構造物で変化する
③自分の地域の地形や構造物を理解して、地域を襲う津波の
　高さや特徴をイメージして避難行動をとる。
④ハザードマップを過信しない（条件を超える自然現象が起きる）

【津波についての新しい知見】

＋　　　　　　　　　　＊今でも未学習

【津波の言い伝え・経験知】

地域ぐるみの防災・減災
＊他人事から自分事へ（熊本地震の教訓）

図4　津波についての新しい知見

す。それでも約50分間校庭に待機していました。その頃，北上川では引き波が起きていました。川の異常に気づいた住民は，すかさず車で雄勝方面に逃げています。また北上川の近くに住んでいた住民も川の異常に気付いた時点で，校庭の裏山に避難しています。

　ところが，大川小学校の大多数の教職員は，津波はここまで来ないという思い込みがあったためでしょうか，教職員のうちの誰かが校庭から200m先の北上川を見に行ったという公式の証言はありません。もし自分の足と目を使って情報を収集し，北上川の異常を察していたならば，間違いなく津波が来ることを想定できたであろうと思われます。そして三角地帯とは反対側の裏山に避難していたと思われます。教職員が主体的な情報収集を怠ったことも，津波の大きさをイメージできなかった要因の一つであると推測できるのです。

　以上の考察によって，遺族の疑問「15時30分すぎ，津波が来ると認識したのに，なぜ裏山ではなく三角地帯（堤防道路）へ移動したのか」に答えることができたと思います。

まとめ　地震の後に津波警報が発表され，津波が予想された場合には，子どもの命をあずかる教職員は，「津波に関する新しい知見」

と「情報収集能力」をフル動員し，瞬発的に想像力を発揮して，想定津波
〇〇メートルから，地域を襲う津波の大きさをメージするとともに津波で引
き起こされる被害を予測しなくてはなりません（危険予測）。そして，想定外
は必ず起きることを想定し，避難マニュアルに縛られることなく，短時間の
内に避難場所，避難経路，避難方法を判断して，避難行動を起こさねばなり
ません（危険回避）。大川小学校の避難行動を検証することで，筆者を含めて
当時の全国の教職員に足りなかった津波防災能力（危険予測・回避能力）が見
えてきたと思います。

　その能力とは，（1）津波についての新しい知見，（2）情報収集力，（3）地
域を襲う津波の大きさのイメージと引き起こされる災害をイメージする力，
（4）想定外に対処できる主体的で迅速な判断力と行動力，であります。裏返
していえば，この4つの能力こそが，3.11以後の教職員に求められる津波防
災能力であると筆者は考えています。

　ところで仙台高等裁判所は「大川小控訴審判決」の中で，「事前防災の重
要性」と「地域住民の平均的な知識・経験よりも高いレベルの防災知識」の
必要性を提言しました。その防災知識とは，具体的にはどのような能力を指
すのか，それを論じた論考は筆者の知る限りではまだ発表されていません。
津波避難を体験した者ではない限りは，なかなか見えてこない領域でありま
す。3.11の大津波を体験し，九死に一生を得た者の一人として，自らの避難
行動を考察して得られた個人的知見ではありますが，今後の防災教育の一助
となれば幸いと考え，批判を覚悟であえて提案することにしました。

　筆者は，前述した（1）から（4）を津波防災能力（危険予測・回避能力）と
して提案いたします。その具体的内容は，末尾に記載しました。各能力はバ
ラバラに働くのではなくて，命を守るという目的に向かって統合され一体と
なって働く能力であります。この能力が果たして妥当なものかどうか，ご批
判とご教示をいただきたいと思います。

　なお，より詳細な論考は，本稿と並行して執筆した「2022年度日本教師
教育学会特別課題研究I報告書（ネット掲載）」に掲載予定でありますので，
ご参照していただければ幸いです。ご批判とご教示をいただき，津波防災能
力の知見をより深めることができることを願っております。

○津波防災能力（危険予測・回避能力）とは

  (1)　津波についての新しい知見（正しく知る）

    ①　大津波警報 10m の意味（平均的な値）の知識

    ②　地形で変化する津波の特徴の知識

    ③　津波ハザードマップの解釈の仕方

    ④　地震と津波との関係の知識（特に震源地までの距離と津波との関係の知識等）

    ⑤　地域の地形，津波災害の歴史等の地域の災害リスクについての知識

  (2)　情報収集能力

   ・津波に関する情報をテレビ・ラジオ・スマホ・地域の人から収集する能力

   ・津波に関する情報を自分の足と目で収集する能力

   ・現在の地域の情報（道路などの交通状況，地震の被害状況等）を収集する能力

  (3)　地域を襲う津波の大きさのイメージおよび引き起こされる災害をイメージする想像力

   ・想定津波○○メートルから地域を襲う津波をイメージする想像力

   ・津波で引き起こされる災害をイメージする想像力

  (4)　想定外に対処できる主体的で迅速な判断力と行動力

   ・避難マニュアルに縛られることなく，想定外に臨機応変に対応できる主体的で迅速な判断力と行動力

＊各能力はバラバラに働くのではなくて，命を守るという目的に向かって統合され一体となって働く能力とする。　　　　　【2020 年 12 月段階の定義】

〈参考文献〉

気象庁「東北地方太平洋沖地震による津波被害を踏まえた津波警報の改善の方向性について」（2011 年）

堀込光子・堀込智之『海に沈んだ故郷』（連合出版，2011 年）

堀込智之『地形によって変化した大津波と水の働き』（自費出版，2013 年）

池上正樹・加藤順子『あのとき，大川小学校で何が起きたのか』（青志社，2012 年）

大川小学校事故検証委員会『大川小学校事故検証報告書』（2014 年）

小さな命の意味を考える会『小さな命の意味を考える（第 1 集・第 2 集）』（2015

年)

林衛「大川小裁判の判決をどう読むか〜その2〜」市民研通信44号（通巻189号）
（2018年）

リチャード・ロイド・パリー『津波の霊たち　3.11死と生の物語』（早川書店，
2018年）

河北新報社報道部『止まった刻　検証・大川小事故』（岩波書店，2019年）

3　津波災害からあらためて学ぶこと
——南三陸町立戸倉小学校の事例から

麻生川敦（多賀城市教育委員会教育長）

避難場所の事前協議　「戸倉小学校は，いつか必ず津波に襲われる。それだけは忘れるな。」

　過去の津波で甚大な被害を受け，津波ハザードマップのレッドゾーンに位置する戸倉小に校長として赴任した時，先輩から告げられた言葉です。初めて校長となった私は，この言葉を聞いて，子どもたちの命を預かる重責から大きな不安に襲われました。

　そこで，まずは，何よりも先に避難マニュアルをしっかり頭に入れることから始めようと熟読を始め，津波避難訓練で避難方法を確認していくことにしました。戸倉小学校の過去の被害や立地を確認し，実際の避難を行ってみた時，不安はより現実性を帯びてふくらんできました。戸倉小は海から300mほどに建てられた学校で，迅速な避難が求められます。しかし，マニュアルにある高台まで避難するにはどうしても10分以上が必要で，その途中には国道の信号も存在していたのです。

　その一方で，となりにある戸倉保育所の避難マニュアルは，戸倉小の屋上が避難場所であることもわかりました。保育所が屋上に避難するのであれば，小学校も同じように避難した方が，避難の時間を短縮できてより安全ではないだろうか，私にはそう思えました。

　私は，まず校舎の屋上が本当に安全と考えてよいのか，消防署に予想される津波の高さをきいてみました。すると，これまで記録のある最高の高さは1階の天井よりやや下で，屋上なら十分安全は確保できるというのです。それなら，間違いなく屋上の方がリスクは少ないと確信し，私は自信をもって

257

職員に，避難マニュアルの避難場所を高台から屋上に変更する提案を行いました。ところが，地元の職員から大反対を受けることになりました。職員はみな，小さい頃から何度も何度も津波避難の原則は高台避難と教えられてきたというのです。海のない県で育った私は，地元の職員の強い反対に，一度は提案を保留しましたが，どうしても屋上の方が安全であるという考えを捨てきれませんでした。

そこで，様々な資料を集めてみたところ，地震後10分以内に津波に襲われる可能性があることがわかりました。1つは東北大が作成した南三陸町の津波シミュレーション，もう1つは，奥尻島が襲われた北海道南西沖地震の津波です。このことを例にして，また職員の説得を始めました。しかし，職員も，屋上避難のリスクとして海に囲まれそれ以上移動できないことや子どもの心の被災などをあげて，互いの意見にメリット，デメリットがあることを確認しつつも，結論がでないまま話し合いは2年にわたって続きました。

話し合いが続く中で津波防災が日常の話題となり，避難場所以外のマニュアルの不備等が話題になるようになりました。例えば，持ち運び用の手回し発電機付ラジオを備える必要性や校務用パソコンデータのバックアップ等，休み時間の話題などから，具体的なマニュアルが改善されていきました。それは，逆に結論がでない話し合いが続いていたからこそ明らかになったようにも思われます。そして最終的に，双方の案ともにリスクがあることから，屋上と高台の両方を避難場所とし，状況判断によってよりよい方に逃げるという選択肢をもったマニュアルに決定されました。震災の一月ほど前のことでした。

東日本大震災後の高台避難　そしてあの日，14時46分信じられない大きな揺れに，津波の襲来を確信しました。全校に指示を出そうと歩き出した教頭は途中で倒れこみました。床に手をついた教頭と2人で決定した避難場所は高台でした。しかし，マニュアルにある校庭での点呼・一次避難は危険と判断し，急遽，一次避難を省いて直ちに高台へ避難する指示を出しました。

すぐ後ろから津波が襲ってくるのではないかという恐怖で冷や汗をかきながら，やっとのことで高台に着いた時には，心底ほっとしました。高台から見下ろした海は，いつもと同じ海でした。津波はなかなかやって来ません。

津波警報が大津波警報に変わりましたが，高台に着いたことからそれほど不安はありませんでした。むしろ，津波を目の前で見ることができる興味が強かったように感じます。

　地震があってから30分以上たって，津波が上陸しました。「小さな津波でよかった」それが初めの感想です。しかし，津波は近づくにつれ，突然その高さを増して迫ってきました。頭の中でスイッチが入れ替わり，また恐怖がよみがえりました。あわてて，高台からさらに階段を上る神社の境内に避難するように指示を出しました。

　私たちが駆け上がって，ほんの数分後，高台は津波にのまれました。戸倉小も3階建ての校舎がすっかり海に消えました。神社の境内は海に囲まれ孤立しました。津波の高さは約23m，到底予測できない高さでした。「想定外」という言葉だけでは表せないような恐ろしい津波に「死」が頭をよぎりました。屋上避難をしていれば，間違いなく全員が犠牲になっていたのです。

　今回，もし私が職員との協議をしていなかったら，屋上避難に決めていたでしょう。私は，校長の意見だからと忖度などせず，子どもたちの安全のために，真摯に自分の意見を述べてくれた職員たちに助けられました。今も心から感謝しています。リスク管理など多様な要素が絡み合う複雑な課題解決は，100点満点の解決策はありません。そんな場合には，すぐに1つの結論を出すのではなく，このようなアサーティブな協議が課題解決には必要なのだと今確信しています。

「想定外」の事態への覚悟を

被災を経験して一番考えさせられたことは，「想定」の困難性です。

　今回の避難では，高台へ避難することで，より高い場所である神社への避難が可能になり，命を守ることができました。この経験から，戸倉小が元の場所に再建されたとした時，マニュアルは「高台避難」と決めてよいのでしょうか。私は，やはり，避難場所は「高台」「屋上」の双方の選択肢を残さねばならないのではないかと考えます。次に南三陸を襲う津波が，10分以内に到達する可能性は，やはり否定できないからです。私は，想定に基づいたマニュアルは，危機的状況で迷わずに済むように，行動を決めておくことが大切だと考えていました。しかし，状況によっては，被害の想定を1つに決めてはいけない場合もあるのだと今回の被災で学びました。

　人間はまだまだ自然を理解しているとは言い難く，専門家といえども，想定することが困難であることも実感しました。安全のはずだった屋上も高台も津波で水没しました。子どもたちの安全のためにできうる限りの知見を用いて，100％の想定をめざす必要はありますが，やはり限界はあります。想定は，常にアップデートする必要がある不完全のものとして扱い，想定だけにとらわれないようにしなければなりません。

　それには，「想定外」の事態もあると覚悟することが必要です。そして，危機に陥った時には，以下のようなことが必要であると思います。

　　①　想定していた状況か，想定外なのかを判断する。
　　②　想定外と判断したら，マニュアルをいったん捨て，的確な状況判断から臨機応変の行動を行う。
　　③　想定外の事態では，ベストの行動を求めすぎて，行動を止めてしまうのではなく，ベターの行動を選択し実行していく。

失敗と悲しみの教訓　最後に私の痛恨の失敗と今も胸に沈む大きな後悔について記します。高台への避難を終えて，安心してしまった私は，一人の非常勤の先生が，けがの治療中だった家族を心配して帰宅することを止めることができませんでした。先生はご主人とともに津波にのまれ，私は先生の命を守ることができませんでした。

　その日，先生は勤務日ではなかったのですが，卒業式の装飾のためにボランティアで学校に来ていました。高台に避難するまで子どもたちの誘導を手伝ってくださったのですが，家族の安否を心配して，高台を離れたのです。私は，津波避難の原則である「戻らないこと」は当たり前のこととして知っていたのに，言葉では止めたものの，前に立ちはだかることも，腕をつかむこともできませんでした。

　防災の知識は知っているだけでは役に立ちません。それを生かし，行動できるまで高めておかなくては意味がありません。自分自身のこの取り返しのつかない「心のすき」による失敗は，いくら後悔しても足りるものではありません。

　危機管理の場におけるリスクへの備えは，自然そのもののリスクだけでなく，人間の心に潜む「バイアス」や「パニック」「同調圧力」など，心理や行動特性に潜むリスクにも備える必要があると痛感しています。

　震災時の数えきれない悲しい出来事が，さまざまな形で伝えられ分析されることで，これからの未来の被害や心の傷を少しでも減らすために，生かされていくことを心から願っています。

4　津波避難すごろく・ゲームの活用

永野　海（弁護士・防災士）

ゲーム誕生のきっかけ　大川小学校　私が大川小学校の被災校舎の前で，ご遺族である鈴木典行さんや佐藤敏郎さんのお話をはじめて聞いたのは，2017年12月のことでした。東日本大震災の発災後，私は被災した東北の避難所や仮設住宅を訪問し，弁護士としての支援活動をしていたのですが，東北に足を運ぶ回数が増えるごとに，被災後の生活再建の支援だけでなく，この震災自体についてもっと学ばなくてはと思うようになりました。そうして，時間を作っては，頻繁に，東北各地の震災遺構を訪ねたり，ご遺族などによる語り部の活動に参加したりするようになりました。宮城県石巻市立大川小学校はその1つでした。

　当時小学6年生の娘を津波で亡くされた鈴木典行さんのお話を聞くと，音もなく涙が頬を伝いました。当時小学4年生だった息子と重なりました。佐藤敏郎さんの「大川小学校では，逃げるために必要な念のためのギアが入らなかった」という言葉も胸に刺さりました。

　鈴木さんや佐藤さんのお話を聞いた私は，二度と同じ悲しみを繰り返してはいけない，大川小学校が教えてくれる教訓をしっかりと考えしっかりと伝え，今後の子どもたちの命を守っていかなければならない，と思いました。その日の大川小学校から，私の人生が変わったと言っても過言ではありません。

津波講演会の限界とゲームの開発　当時，私は，被災地での支援活動をしたり，被災者支援制度の情報ツールを作ったりするのと並行して，各地で被災後の生活再建に関する講演会や研修会を行っていました。そのため，そうしたつながりで，津波防災の講演会自体はある程度できるだろうと思いました。

　そこで，ご遺族や語り部の方からお聞きした情報や，学術論文，地学的知見，津波裁判などあらゆる情報を整理して，市民の方にわかりやすく，「あの日東北で何がおきたのか」，「何が津波からの生死をわけたのか」，「南海トラフ地震でやってくる津波に対してどう備えればよいのか」を伝える講演活動を開始することにしました。津波講演会自体は，順調に回数を重ねましたが，ある時ふと，このまま講演会を続けたとして，本当に将来の津波から子どもたちの命を守れるだろうかと疑問を持ちました。

　問題は少なくとも2つありました。1つは，講演会に子どもたち自体の姿がないこと，もう1つは，いくら講演会で知識を増やしても，知識だけでは津波からの避難にはつながらないだろうということです。そこで，悩んだ上で辿り着いたのが，津波避難を体験するシミュレーションゲームという形でした。

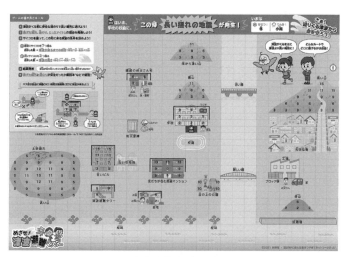

津波避難すごろく

津波避難すごろくとは

当初，覚えやすい名前にと，「津波避難すごろく」[1] と名付けました。しかし，このゲームは，

1　すごろく版のイラストなどで，認定NPO法人はままつ子育てネットワークぴっぴの協力を得ました。

サイコロの目に応じてゴールに向かう，いわゆるすごろくとは全く違い，津波避難シミュレーションゲームと呼ぶべきものです。

　津波避難すごろくの町では，主人公は，スタート地点の学校の校庭から，縦横無尽に，どこにでも動くことができます。途中，水や食糧，毛布，お金，ラジオ，電話などのアイテムがありますが，それらのアイテムカードをとるのもとらないのも自由。先生や親せきの叔父さんと一緒に逃げるのも，一人で逃げるのも自由。どんなルートで逃げるかも，最終的にどの場所に逃げるかも全てが自由です。

　そして，その避難ルートや最終的な避難場所には，「正解」もありません。実際，たとえば，少し遠回りしてでも水や食糧をとってから逃げたことで，救助がくるまでの命を守れるかもしれないし，逆に，水や食糧をとるために寄り道をしたことで津波からの避難が間に合わなくなるかも知れません。それは実際に津波が来てみないとわかりません。また，そもそも自分がどこにいるときに地震が起こるかも，誰にもわかりません。家や学校などある程度想定できる場所で地震が起こればまだよいですが，電車に乗っているとき，遊びにいっているとき，家族で旅行にいっているとき，そんなときでも咄嗟の正しい対応がとれるようにするためには，「正解」を暗記するような避難では通用しないのです。

　津波避難すごろくでは，町の中で，人形を1マス進めるのに1分かかるという想定です。主人公は時間をどれだけかけて，どんなルートで逃げても，どんなアイテムをとって逃げてもよいですが，逃げたあとには津波が町にやってきます。このやってくる津波は，最後にみんなで振るサイコロで決まるルールです。

　津波の高さは，2つのサイコロの目の合計（最小2m，最大12m），津波がやってくるまでの時間は，7つのサイコロの目の合計（最短7分後，最長42分後）で決まります。そのルールを知った上で，参加者は，すごろくの町の中でどう逃げるかに頭を悩ませます。アイテムをとるのか，最短距離を選ぶのか，一番高い場所を選ぶのか，など。

　サイコロの目で，津波の高さや，津波がやってくるまでの時間が決まる，というのは，実は遊びのようにみえて，実際の津波そのものに近い想定ともいえます。実際の津波は，いくら事前に科学の力で予想したところで，実際

に来てみないとわからない要素が多いのです。そうした偶然性も考慮した上で，逃げるルートについて，悩みながらみんなで話し合って決めていくことに大きな意味があると考えています。

津波避難すごろくの実践

ゲームを通じた学び　この津波避難すごろくの町には，東日本大震災やその他の災害の教訓が随所に散りばめられています。同じ高さの場所なら，海から遠い場所に逃げたほうがいいのかどうか，逃げたあと救助されるまでの命を守るにはどうすればいいか，ブロック塀や高層建築物，古い建物の危険，電話やラジオは津波避難の際に役に立つのか立たないのか，海沿いにいる母親や妹に会いに行くのかどうか，橋を渡ることの危険，山に避難する際の危険，など。避難ルートを考える際に，さまざまな町の中の危険について気づいたことや考えたことを付箋などに書き込んでもらうと，一層ゲームの効果が深まります。

　ゲーム終了後は，みんなでサイコロを振って，津波がやってきた時点で，その津波より高い場所に避難できていたかを確認するわけですが，それだけでなく，様々な映像や写真をみながら，このすごろくの町に散りばめられた危険について，みんなで確認し合うことも大切です。

ゲームの進行と子どもたちの発見　この津波避難すごろくは，基本的に，①チームでの避難経路，避難場所の検討と避難，②チームの検討結果の発表，③サイコロを振っての津波の時間と高さの決定（生き残れたかの確認），④すごろくの町にひそんでいた危険の確認や津波避難の学習，という流れで進んでいきます。小中学校の授業では，通常２コマを使って実施します。

　②の発表では，子どもたちは，小学校３〜４年生ぐらいであっても，驚くほどの発表をしてくれます。

　「この山は確かに高いから避難するのにいいけど，海や川に近いから選択しませんでした。」「一度すぐ近くのこの建物まで逃げて，様子をみてから，大丈夫そうなら近くのもっと高い山に逃げることにしました。」「津波のあとしばらく水がひかないかもしれないので，大人と一緒に避難して水と食料のアイテムも持っていきました。」

　これらは全て小学校3，4年生の発表です。保護者や学校の先生が入ると，どうしても「正しそうな」選択に誘導してしまいがちですが，そこはじっと我慢。子どもたちは無限の力と可能性を持っています。大人からは間違っているように見えたとしても，子どもたちの議論や選択を温かく見守って下さい。本当に津波がやってくるとき，子どもたちは自分たちだけで命を守らなければならないかもしれません。たとえゲームの中であっても，頭をフル回転させ，必死に避難と向き合ったその経験が将来の命を守りぬく避難につながると思います。ある日のすごろく後，小学生の女の子が取材中の新聞記者に，「頭が熱くなるまで考えました」と答えていた姿がとても印象的でした。

東北被災地などでの津波避難すごろくの実施　津波避難すごろくの発表後，全国各地で機会をいただき，様々な場所で大人も含めてゲームを実施しましたが，2021 年 11 月には，東日本大震災で当時の校舎が全壊した岩手県陸前高田市の気仙小学校でも，津波避難すごろくを用いた授業を実施させていただきました。

　気仙小学校の校長先生によれば，さまざまな防災教材を調べる中で，津波

避難すごろくにたどり着いたとのことで，翌年も，陸前高田市や大船渡市のたくさんの小学校で，津波避難すごろくを使った授業を実施させてもらいました。いまでは各小学校の先生方によっても，授業の中で津波避難すごろくが実施されています。私の地元である静岡市でも，静岡市教育委員会の学校防災アドバイザーとして，市内の小中学校の授業で，津波避難すごろくを用いた防災授業をさせてもらっています。静岡市では，学校安全担当者研修会で，市内ほぼ全ての120以上の小中学校の先生方にも，2時間の演習として津波避難すごろくを体験してもらいました。今後，各学校での更なる実施，継続につながればと思います。

あわせて伝える津波避難の3つのS

この津波避難のシミュレーションゲームでは，ゲームだけでなく，津波から命を守るために必要なことも伝えます。私は，子どもたち（大人にも）に伝える上で，わかりやすいように，『津波避難の3つのS』というキーワードを作り，話をしています。3つのSとは，①SWITCH（スイッチ），②SAFE（セーフ），③SAVE（セーブ）のことです。

私は東日本大震災の津波被災事例を調べていく中で，ある事実に気がつきました。それは，津波で犠牲者がでた原因は，①津波避難のスイッチが入らなかった（スイッチ事例），②津波避難のルートや場所が安全ではなかった（セーフ事例），③避難後最後まで命を守れなかった（セーブ事例）の3つに分類できるということです。東日本大震災では，この3つのSのどれか1つが欠けたことで，津波で命を落としていました。逆に言えば，この3つのSを全てそろえないと津波から命は守れないのです。

象徴的な事例としては，①のスイッチ（SWITCH）事例として，津波襲来直前まで避難ができなかった大川小学校，②のセーフ（SAFE）事例として，近くにより高い堀切山があったのに銀行の屋上への避難を決断してしまった七十七銀行女川支店，③のセーブ（SAVE）事例として，安全な高台に幼稚園があったのにわざわざ海に向かって送迎バスを出発させてしまった私立日和幼稚園（石巻市）がそれぞれ挙げられます。

津波訴訟事案一覧『どのSの関係で犠牲が生じているか』

	SWITCH 逃げるスイッチ	**SAFE** 安全な場所とルート	**SAVE** 避難後もいのちを守る
岩手県			
鵜住居地区防災センター（釜石市）	○	× 避難場所でない建物に住民が避難	
宮城県			
市立大川小学校（石巻市）	× 津波襲来直前まで50分校庭に待機		
七十七銀行女川支店（女川町）	○(△)	→ ちかくの安全な高台でなく屋上に避難	
私立日和幼稚園（石巻市）	△ 避難はしていない		→ 安全な高台から低地にバスで移動
市立野蒜小学校（東松島市）	△ 津波は小学校にこないと思い込んだ	→ 当初いた体育館でも18名死亡	→ 低地に自宅がある女児を引き渡し犠牲
町立東保育所（山元町）	× 津波襲来直前まで1時間以上園庭に待機		
常磐山元自動車学校（山元町）	× 学校として最後まで津波避難せず		

★表の見方　3つのSがクリアできたか、左から右へと確認。どこか1つでもSが欠けてしまうと犠牲が生じる。×印はそれにより犠牲が生じたことを示す。

3つのSと津波被災事例

（永野海『みんなの津波避難22のルール―3つのSで生き残れ！』（合同出版，2021年）より）

津波避難シミュレーションゲームの説明

　ゲームの中では，安全なルートで安全な場所に避難をするセーフ（SAFE）の体験はできますし，避難後も命を守るにはどうすればよいかのセーブ（SAVE）についても考えることができます。しかし，地震がおきたらすぐに津波から逃げるスイッチを入れるというスイッチ（SWITCH）だけは，どうしてもゲームでは学べません。ゲームがはじまって人形を動かさずじっとし

ている人はさすがにいないからです。私が東北各地を取材してまわった結果
として，地震のあと逃げるスイッチをいれることが実は一番難しいのではな
いか，という実感もありました。

　2017年12月に私が大川小学校で佐藤敏郎さんから聞いた，念のため避難
するギアが入らなかった，という言葉も，まさに避難のスイッチが入らな
かったということに他なりません。

1分以上揺れたら津波避難のスイッチを入れる

内閣府のアンケート調
査[2]によれば，東日本大
震災の際，津波から生き残った人ですら，揺れが収まって30分以内に避難
を開始した人は，約5割に過ぎません。また，東日本大震災の避難行動に関
する面接調査[3]によれば，避難したきっかけとして，多かったのは，①大き
な揺れから津波が来ると思ったから（48パーセント），②家族または近所の人
が避難しようといったから（20パーセント），③津波警報を見聞きしたから
（16パーセント），④近所の人が避難していたから（15パーセント）などでした。

　しかし考えてみると，①では明治三陸津波のような揺れの小さな大津波の
場合に対応できず，②④では周りの人が避難しなかった場合や，いなかった
場合に対応できず，③では津波警報が聞こえなかった場合や，東日本大震災
のように当初の気象庁の発表が間違った場合に対応できないことがわかりま
す。つまり，東日本大震災の際に市民が避難のきっかけにした出来事は，す
べて危いものとも言いうるわけです。

　そこで，津波避難すごろくと同時に行う子どもたちへの授業では，東日本
大震災での長い長い揺れの映像をみせるなどして，津波を引き起こす可能性
が高いマグニチュードの大きな地震では，揺れの強弱にかかわらず，長く揺
れること，マグニチュード8では約1分間揺れ続け，マグニチュード9では
約3分間揺れ続けることなどを伝え，少なくとも，1分以上の揺れを感じた
ら迷わず津波避難のスイッチを入れるようにと口を酸っぱくして伝えていま
す。なお，1分以上続く長い地震の揺れによる避難の開始は，文部科学省の
「学校防災マニュアル（地震・津波災害）作成の手引き」にも掲載されていま

2　内閣府（防災担当）「東日本大震災時の地震・津波避難に関する住民アンケート調査」。
3　東北地方太平洋沖地震を教訓とした地震・津波対策に関する専門調査会第7回会合資料
　「平成23年東日本大震災における避難行動等に関する面接調査（住民）分析結果」。

す。

おわりに　「東日本大震災の教訓を伝え，将来の津波からいのちを守る。」言葉にするのは簡単ですが，その実現は容易ではありません。次の大津波の襲来は，明日かも 10 年後かも 30 年後かも 100 年後かも 1,000 年後かもわかりません。また，毎年訓練を続けていた学校すら，東日本大震災の 2 日前，3 月 9 日の地震では避難行動がとれなかったり，3 月 11 日の震災当日も，日ごろの訓練と違う避難行動をとってしまったりしていました。

　しかし，それでも我々はあきらめるわけにはいきません。大川小学校の 74 名の児童や 10 名の先生方，そして東日本大震災や過去の津波で亡くなった方すべてのいのちを無駄にするわけにはいかないのです。知識だけではだめ，マニュアルだけでもだめ，訓練だけでもだめ。すべてが必要です。また，現場で頭をフル回転させて命を守り抜くたくましい避難力も大切だし，ゲームを体験することで，わざわざ遠回りをして水やラジオをとりにいかなくてもすむように，防災リュックを備えることの重要性に気づくことも大切です。津波避難すごろく，津波避難シミュレーションゲームが，そのような役割の一端を担うことができればと思います。

5　被災地からオンラインで発信，語り部を通して伝える防災

黒田典子（オンライン防災・フリーアナウンサー・防災士・やまもと語りべ大使）

大川小津波事故ご遺族との出会い　大川小の遺族の方々とは，語り部の会合で出会いました。勝手に近寄りがたい雰囲気を想像していましたが，それとは真逆の優しく明るく，ちょっと楽しい印象。本当は語り部にも，遺族にもなるはずのなかった，普通のお父さんお母さんが，いのちを燃やして頑張っているのだと感じました。さらに映画『生きる』で，本当に起きた事故後の皆さんの行動や思いを活字だけでなく，映像で知りえて，真実を正しく知ることは学びの原点なのだとあらためて思いました。

オンライン防災　私たちは，IT リテラシーが低いとされる東北から，オンラインや SNS，ライブ配信などで防災や復興を伝える活動を行っています。

その中でも，伝え手（コンテンツホルダー）として被災体験を持つ東北の語り部の力を借りています。

それは，経験があるからこそ，いのちの本質に近づく言葉，悲しみや苦しみを超えて立ち上がった思いが言霊となって聞く人のこころに届くと考えているからです。

人は，自分の身を守ることについてすら，聞いただけではなかなか自分ごとになりにくい。経験者のこころ，気持ちを物語としてお伝えすることが，行動変容につながるのではと思います（オンラインイベントにご参加いただいた多くの方より，行動変容があったとの回答が得られました）。

語り部が，過去のことや事実だけを話しているのではなく，未来のためにどうしたらいいか，経験からの展望，語り部の伝える「いのちをまもる」防災に，これからも耳を傾けてほしいと思います。

こころの備え　この章のテーマである防災では，こころの備えが重要であると考えます。

もともと人はなぜか，自分が助かっていてほかの人を救助するイメージがあり，その逆はないようです。

とっさの時に大きな力を発揮できるに違いない（火事場の馬鹿力）と思う方もいるでしょうが，そのようなことは期待できるものではなく，大きいのは，知識，経験のあるなしです。

いざという時，自分の中にないものは出てこないからです。

しかし，これは深く学ぶというよりも，もっと簡単なことです。

「大きな災害は必ず来る，と知り，愛する人を守るために，自分で自分を守る」

難しく，広くとらえられがちな防災は，どこにフォーカスするか，自分自身でお決めください。それが自分ごと，自助となります。

子どもたちへの防災教育　また，東日本大震災の被災地にあっても，小中学生にはその時の経験，記憶はありません。

防災士の活動として，10 年ほど前から幼少期の子どもたちへの防災教育

を進めています。近しい人が語り掛け，ときには問いかけ，読み聞かせやおはなし（語り）から防災への意識を持ってもらい，根づかせていくことが必要だと感じております。

　幼少期に上記のような防災教育を受けた子どもたちは，現在，中学生になりましたが，防災の意識や行動力が高く，いのちを守ることを明るく前向きにとらえています。防災教育の低年齢化も，いのちを守ることに大きくつながると考えられます。

　全ての子どもが正しい「いのちを守る」を知り，その子が成人し，先生や責任者になった時，頭でなく，こころで自然に行動できれば，全ての人が，自分で自分を守り，愛する人を守れる社会になるのではないか，そう考えながら活動しています。

大川小の物語　大川小の遺族の皆さんが，災害による犠牲，苦しみ，悲しみ，絶望を，使命，挑戦，貢献に替えて，飛躍していく姿を見せてくださっています。そのような姿を多くの方が知ることも，こころの備えとこころの復興に通じていくと思います。

　大川小の物語の続きをそばで見せていただいていることに感謝します。

6　あなたも被災者・加害者に？
——次の災害・事故に備えるために

会津　泉（多摩大学情報社会学研究所教授）

準備すること　「ここには津波は来ない」，「この町に大地震は来ない」。その思い込みが，多くの尊い命を奪ってきました。世界の大きな地震のおよそ2割は日本で起きています[1]。「いつかは必ず来る」と思って準備をすることは，大川小学校津波事故の一番大きな教訓だと思います。

　以下，「命を守る」ために，最低限必要と思われることをまとめてみました。しかし「正解」はありません。自分の地域，家や学校や職場などの実態

1　https://www.bousai.go.jp/jishin/pdf/hassei-jishin.pdf

に合わせて自分で考え，備えてください。

ハザードマップや防災マニュアルを見ておく

自分の住んでいる町，家や学校や職場に，どんな災害が来る可能性があるか，あらかじめ知っておくことはとても大切です。市町村別に地震・津波，火災，水害などの被害を想定した「ハザードマップ」が公開されていて，インターネットで手に入ります。役所に行けば印刷版をもらえるでしょう。自分に関係があるところだけでも目を通してください。

　ただし，実際の災害はハザードマップの想定通りに起きるわけではありません[2]。いろんな条件によって，想定よりひどくなったり，軽くなったりします。実際に災害が発生したときには，ハザードマップより危険が高いと思って避難行動を決めてください。本書で徳水さんが書かれているように，大津波の想定誤差は2分の1から2倍まで，つまり「6mの津波」といえば，3mから12mまでの範囲となります。東日本大震災では，岩手県で最大40mもの高さの津波が到来しました。

　ほとんどの自治体では「防災マニュアル」が用意され，配布されています。ホームページでも公開されています。内容は様々ですが，地震や津波，風水害，火事，噴火など，災害の種類に応じて，事前の備えや緊急時にとるべき避難行動が示されています。「避難場所」も指定されています。自分の住んでいる地域の避難場所はどこか，しっかり頭に入れ，できれば実際に行って確認しておきましょう。

避難訓練をしてみる

自宅にいるときにも災害は来ます。学校や職場での避難訓練だけでなく，家庭でも避難訓練をしておきましょう。家族と一緒に，避難場所まで実際に逃げてみてください。案外遠かったりします。河川が氾濫する可能性が高い場所などでは，水位がどのくらいになったら避難するか，あらかじめ決めておきましょう。夜中でも

2　大川小訴訟の高裁・確定判決は，「ハザードマップはあくまでも概略の想定結果に基づくもので，市町村や防災機関が活用する場合には（中略），より詳細な検討が必要である」との指摘を引用・確認し，それを怠った石巻市の過失責任を認め，「ハザードマップでは浸水区域外であった大川小を避難場所に指定したことも誤りだった」，さらに「子供の安全を確保する責任をもつ校長等はハザードマップを批判的に検討することが要請される場合もある」として，ハザードマップは注意深く活用すべきものだと指摘しています。
https://www.courts.go.jp/app/files/hanrei_jp/735/087735_hanrei.pdf

迷わずに避難を決断してください。

　ビルや劇場・映画館，ホテル・旅館などでは，非常階段・避難経路の確認が大事です。職場や地域でイベント，会合を主催する場合は，事前に必ず防災責任者を決め，避難計画を作成し，各部署のスタッフと打合せ，参加者に的確に避難指示が出せるよう準備をしてください[3]。

家族で連絡体制・避難場所を決め，確認も忘れずに

災害時の連絡体制は，あらかじめ家族で決めておきましょう。携帯電話は，大地震などの場合，みんながいっせいにかけることでお話中が続き，つながらなくなる可能性があります。音声通話より，メールやメッセージなど，データ回線を使ったアプリのほうがつながりやすいことが多いです。避難する場所を決めてそこで会うことに決めておくことも大事です。

お迎え，引渡のルールを知っておく

多くの学校では，災害発生時に，保護者に児童生徒を引き渡すルールが決まっています。実際に引き渡し訓練も行われます。ネットでルールを公開している自治体もあります。余裕のあるときに見ておいてください。学校や地域での引渡し訓練があれば，ぜひ参加してください。

非常用食料・用品を備えておく

家庭でも職場でも，災害に備えて最低限必要な食料や飲料，暖房その他の防災用品を日頃から備蓄しておきましょう。「備えあれば憂いなし。」地域の防災倉庫，職場の防災用品，だれかが用意してくれるだろうと思わずに，気がついた人が念のために点検し，不足していると思ったら，防災責任者にお願いして，備えてもらいましょう。

いざ災害に直面したら 避難行動の原則

実際に地震や津波，噴火などの大規模災害に直面したら，どうしますか。大事なのは，「てんでんこ」，つまり，一人ひとりが自分の命を最優先にして行動するという原則です。お孫さんが家に帰ってくると思って，避難しないで待っていて津波に飲まれたおばあちゃん，親を助けようと思っ

3　本書第4章に執筆した只野哲也さんと Team 大川は，大川小での語り部イベントの際，参加者への避難誘導マニュアルを準備し，スタッフで事前訓練を実施しています。

て，避難場所に行かずに自宅に向かって犠牲になった孝行息子。東日本大震災では，こんな悲劇がたくさん起きました。自分の命を最優先して守ることに徹してください。

　本来あるべき上司からの指示が来ないこともあります。受け身で待っているだけでなく，積極的に情報を収集し，周囲の人と相談し，自分たちで避難行動を決断することも，災害時には必要となります。最善を尽くして行った判断であれば，たとえ間違っていたとしても，事後に責任を問われる度合いは大きく変わります。

事後対応のあり方を考える　災害・事故そのものを防ぐことが第一であることは当然ですが，不幸にも災害・事故が起きてしまった際の，「事後」対応について，大川小学校をはじめとする事例から学べる「教訓」は少なくありません。以下，この点について，最小限のことを記してみます。

あなたも加害者に？　もしあなたの組織が事故や災害によって犠牲者を出し，あなた自身が過失または加害の責任を問われる立場に立ったらどうしますか。起きたことに責任者として正面から向かい合い，非があれば素直に認め，被害にあった方，ご家族や関係者にお会いし，事実を隠すことなく，組織を代表して心から謝罪することがとるべき第一歩です。「裁判で不利になるかどうか」などは本質的な問題ではありません。

　さらに，災害・事故の事実の経緯を丁寧に検証し，その内容・原因を詳しく確認して公開・共有し，再発防止策を真摯に検討して公表し，批判に向かい合い，修正すべきは修正するという作業を進めます。これは人の命に責任をもつ組織に属する人間として，当然の責務です。たとえ上司が止めても，良心に問いかけ，勇気をもって行動しましょう。それができなかったときの後悔は，一生ついてまわります。一人で自信がもてないときは，信頼できる仲間に相談してみましょう。

　残念ながら，事前にどんなに対策をしていても，「想定外」の災害に襲われる可能性はゼロにはできません。事前の備えの不足が，事故発生後に明らかにされることが大半です。

事後対応の実例　起きたことに，事後にどう対応していくのか。本書でも，大規模災害の発生後，行政側が被害と被災者に正面から向き合おうとせず，責任の所在を曖昧にし，原因の究明を怠たり，適切な事後対応がなされなかったことで，災害をより過酷なものにしてしまったことが描かれています。間違った事後対応は，被災者に対して，心の傷口に何重にも塩を塗り込むような痛みを与え続けます。いわゆる「二次被害」です。

　大川小学校に限らず，この本に執筆された学校事故などのご遺族の原稿からも，不誠実な事後対応によって，苦しみが長期にわたることが訴えられています。そのほとんどが，判で押したように同じパターンで，被害者側の言い分を正面から受け止めようとせず，事実を隠蔽し，責任を回避することに終始しています[4]。

　その反対に，ごくわずかながら，学校で事故が発生した際に，校長先生や教育委員会の担当者が，お子さんを亡くしたご遺族に終始一貫して丁寧に寄り添い，責任の所在を明確にし，謝罪を尽くし，原因を共に究明し，本人の苦しみを共有しようと努め，再発防止策をまとめていった事例も存在しています。残念ながら例外中の例外，でしかないのですが，きちんとやればできるのです。

　大川小学校の遺族たちは，津波の直後から説明会，検証委員会，訴訟，遺構の設置まで，常に行政側の非情ともいえる対応に苦しめられてきました。それは裁判を起こした遺族だけではありません。他の津波事故の遺族も，学校事故の遺族も，同様です。肉親を亡くしただけでも辛いのに，事故当事者側の事後対応が不適切なことで，苦しみが増し，長く続きます。近隣の人々と距離ができてしまいます。

文部科学省の「指針」　文部科学省は，2016年3月に「学校事故対応に関する指針」をとりまとめて公表しました。そこには，「おわりに」として，以下の記載があります[5]。

4　21の被害者家族（田原圭子編）『問わずにはいられない──学校事故・事件の現場から』（あうん社，2015年）。
5　https://anzenkyouiku.mext.go.jp/mextshiryou/data/jikotaiou_all.pdf

第4章　防災の取り組みと地域の営み

　学校の安全を確保するに当たり，まずは，事件・事故等の発生を未然に防ぐこと（事前の危機管理）が重要です。万一事故が発生してしまった場合には，学校や学校の設置者は，事実にしっかりと向き合い，事実を明らかにするという姿勢が重要です。そして，そこで明らかとなった事故の教訓を真摯に受け止め，今後の事故防止のための安全管理や安全教育に生かし，児童生徒等の安全確保の取組を徹底していくと同時に，被害児童生徒等の保護者に対しては，誠意をもって支援を継続していくことが必要です。

　これは，東日本大震災の後に，部活動や体育の授業中の事故，給食の際の事故，あるいは友だちによるいじめでの自死など，学校での事故・事件が多発していることを受けて，文部科学省が「有識者会議」を設置し，報告書としてまとめたものの最後の部分です。この有識者会議では，大川小の遺族有志が招かれ，辛い経験を発表・共有したという事実もありました。

　兵庫県川西市の中学校ラグビー部で起きた熱中症死亡事故に，「人権オンブズパーソン」としてかかわることがきっかけとなって，その後，多くの学校事故・事件の被害者と交流し，調査・検証作業にかかわってこられた住友剛氏は，著書『新しい学校事故・事件学』のなかで，とくに事後対応と再発防止のあり方を中心に，貴重な論稿を発表されています。住友氏は前述の文科省有識者会議の委員でもあり，議論の方向付けから「指針」のとりまとめまで，大きな貢献をされたとお聞きしています。それでも，住友氏は，文科省の指針には，まだまだ改善の余地があり，今後の現場での活用のされ方に課題があると，以下のように指摘されています[6]。

　「この指針『おわりに』の一文から，「事態の沈静化」を念頭においた従来の事後対応の発想から，「事実を明らかにして，共有する」ことを前提にした新しい事後対応へ切り替えようとしていることがわかる。(中略)
　ただ，この基本理念にあたる一文が『おわりに』におかれていて，「はじめに」には書かれていない。したがって，指針を注意深く読まないと，そのことの重要性に気づかれないまま過ぎてしまう恐れもありうえる。この点で，私としては，指針は将来的にこの一文を前面に打ち出し，ここに示された理念をさまざまな取り組みで具体化する形で書き改めなければならないと考える。

6　住友剛『新しい学校事故・事件学』（子どもの風出版会，2017年）。

　なお，十分に議論が詰められないまま，方針だけ示して指針をリリースした面もあるので，「今後，実際使っていくなかで不具合を修正していく」ことが必要である。また，将来的には指針事態のバージョンアップが必要であり，そのことについても指針の「おわりに」で言及されている。

　住友氏は，大川小の事故が起きた直後から，遺族たちと連絡をとり，交流されていました。文科省の有識者会議に遺族が招かれたのも，彼の存在があったからと思われます。住友氏は，多くの学校事故・事件に直接，間接にかかわり，文字通り，東奔西走されてきました。同書では，時間の経過とともに，遺族・家族の側と学校・教委の側が「ハの字」のように距離が開き，認識のズレが発生し，「二次被害」が深刻化・複雑化することが指摘され，それを多少でも緩和する事後対応のあり方も綴られています。

　紙数の関係で，これ以上の紹介はできませんが，事後対応について，遺族，学校・教委の両者の間で「コーディネーター」として数多くの実践を積まれてきた住友氏の知見には貴重なものが多く，特に最近の文科省の有識者会議についても厳しい意見を述べたブログが示唆に富み，一読をお勧めします[7]。

7　「高台への避難が鉄則」
——学校・企業の防災担当の方へ

髙橋　眞（大阪市立大学名誉教授）

　七十七銀行事件，大川小学校事件について調べていると，防災の準備の段階で，「高台への避難が鉄則」だということが抜けてしまっているように思います。

　大川小学校事件の控訴審判決では，大川小を避難場所として指定したハザードマップについて「本件想定地震が発生すれば高い確率で津波が来襲すること（したがって，本件想定地震が発生したときは，いち早く高台の安全な場所に避難する必要があること）を意味する一方，予想浸水区域までしか本件想定

7　https://blog.goo.ne.jp/seisyounenkaikan/d/20221229

地震により発生する津波が来襲しないこと（予想浸水区域外とされていれば,
本件想定地震により発生する津波が来襲する危険はないから, 予想浸水区域の外に避
難すれば安全であること）を意味するものではない」と言っていますが, これ
は大川小事件だけでなく, 津波について一般的に妥当する注意だと思いま
す。

　実際, 判決文を読むと, 大川小事件のハザードマップには, 本文中で「浸
水の着色の無い地域でも, 状況によって浸水するおそれがありますので, 注
意してください。津波に対してはできるだけ早く安全な高台に避難すること
が大切です」と説明されていました。また, 七十七銀行事件で, 避難場所と
して屋上を追加したことに影響したとみられる「内閣府津波避難ビルガイド
ライン」は,「津波から我が身を守るためには, まず高台に避難することが
大原則である」とした上で, それが困難な地域住民のために, いわば次善の
策として津波避難ビルの指定という方法をとると書いています。このよう
に, 専門家からは,「高台への避難が鉄則」という前提が発信されており,
防災計画を立てるときには, この発信をしっかり受け止めることが必要で
す。

　ところが, 七十七銀行事件の場合, 銀行は,（「ガイドライン」では3階建て
と書かれていたのに対し, 女川支店は2階建てであったところ,）県の危機対策課
に照会をして, 避難ビルとしては階数が問題なのではなく, その高さである
との助言を受けて, 津波避難ビルとして十分な高さを有すると判断したと認
定されています。これについては, 県の危機対策課において, 津波避難ビル
が次善の策であり, 可能であれば高台へ避難するべきであるという前提が曖
昧になってはいなかったかという疑問があります。

　また, 宮城県南三陸町戸倉小学校では, 新しく赴任した校長が, 高台では
間に合わないおそれがあるから, 校舎屋上に避難するべきではないかと提案
したところ, 地元出身の教師からの反対に遭い, 翌年,「屋上なら大丈夫」
との消防署の見解を踏まえ, 再度職員会議に諮ったという経過があると伝え
られています。同小学校では, 高台に避難して助かったのですが, この回答
は防災のプロであるはずの消防署の見解としてどうなのか, 書類上の基準数
値だけを見て, 想定を超える津波が来る可能性を考慮の対象から落としてし
まってはいないかという疑問があります。

　したがって，防災担当者としては，書類上の数値や地図だけで判断しては
ならないと同時に，行政の回答を鵜呑みにせず，地元をよく知る人を交えた
検討をする必要があります。また防災行政においても，想定を超える津波の
可能性を踏まえた，書類上の基準だけにとどまらない助言をすることが必要
ではないかと考えます。

資料　仙台高等裁判所判決の骨子

平成 28 年(ネ)第 381 号　国家賠償等請求控訴事件

平成 30 年 4 月 26 日
仙台高等裁判所第 1 民事部

第1　当裁判所の認容額

　総額 14 億 3617 万 4293 円及びこれに対する本件地震の日である平成 23 年 3 月 11 日から支払済みまで民法所定の年 5 分の割合による遅延損害金

第2　第 1 審石巻市の国家賠償法 1 条 1 項の責任

1　宮城県防災会議地震対策等専門部会作成の平成 16 年報告において, 平成 15 年 6 月 1 日の基準日から 30 年以内に 99％という高い確率で発生することが想定されていた地震 (以下「本件想定地震」という) は, ①宮城県沖地震 (単独), ②宮城県沖地震 (連動), ③長町——利府線断層帯の地震の 3 つであり, 上記②の地震において想定されたモーメント・マグニチュードは 8.0 であった。

2　これを受けて, 宮城県下では, 学校保健安全法 29 条 1 項の施行前から, 来るべき本件想定地震の発生に備えた準備が積み重ねられ, 市教委は, 遅くとも平成 20 年度から,「すべての学校において地域の実情に即した災害対応マニュアルの策定や見直しを行うとともに, 関係機関及び地域住民との連携を密にし, 災害時において迅速かつ適切な対応ができる体制の整備に取り組む」とする「石巻市教育ビジョン」に沿って事前防災を含む諸々の施策を進め, 定例教頭会議等において, 危機管理マニュアルの整備を繰り返し強調し, その参考例 (災害対応マニュアル参考例) を各学校に提供した上, 各学校における危機管理マニュアルの策定・改訂作業の取組の集大成ともいうべき文書 (市教委が平成 22 年 2 月 8 日付けで石巻市立小中学校長宛てに発出した「学校における災害対策体制の整備について (依頼)」と題する依頼文書) により, 平成 22 年度の教育計画の市教委に対する届出期限である平成 22 年 4 月 30 日をもって危機管理マニュアルの作成・改訂作業の期限とし, 同時点までに上記作業を終えることが義務付けられたというべきであり, 校長が負った

学校保健安全法29条1項が定める危機管理マニュアルの作成・改訂義務の内容は，大川小の実情に基づいて具体的に定まり，個々の在籍児童及びその保護者との関係で，校長を拘束する規範性を帯びることになった。また，教頭及び教務主任も，それぞれの担当職務の範囲内において，大川小における危機管理マニュアルを作成すべき義務を有していたものであるから，校長と同様，平成22年4月30日の時点において，教頭及び教務主任が負った同項が定める危機管理マニュアルの作成・改訂義務の内容は，大川小の実情に基づいて具体的に定まり，個々の在籍児童及びその保護者との関係で，教頭及び教務主任を拘束する規範性を帯びることになった。

3　学校保健安全法26条ないし29条が明文で規定した校長，教頭及び教務主任並びに市教委（以下「校長等」という）の作為義務は，市教委がその行政処分によって指定した大川小の在籍児童の保護者に対する関係で規範的拘束力を有し，職務上の法的義務として履行されるべき作為義務の内容となると解するのが相当であるところ，市教委は，第1審被告石巻市が処理する教育に関する事務を管理・執行する者として，校長，教頭及び教務主任は，大川小の運営に当たっていた第1審被告石巻市の公務員として，学校保健安全法26条ないし29条に基づき，本件地震が発生する前の平成22年4月30日の時点において，本件想定地震により発生する津波の危険から，大川小に在籍した児童の生命・身体の安全を確保すべき義務を負っていたものであり，その安全確保義務は，同日時点において，個々の在籍児童及びその保護者に対する具体的な職務上の義務を構成するに至ったと解するのが相当である。

4　校長，教頭及び教務主任が第1審被告石巻市における公教育を円滑に運営するための上記安全確保義務を遺漏なく履行するために必要とされる知識及び経験は，釜谷地区の地域住民が有していた平均的な知識及び経験よりも遥かに高いレベルのものでなければならないところ，校長，教頭及び教務主任は，第1審被告石巻市の公務員として，上記安全確保義務を履行するための知識と経験を収集，蓄積できる職務上の立場にあった（すなわち，職務上知り得た地震や津波に関係する知識や経験を，市教委や他の小中学校の教職員との間で相互に交換しつつ共有できる立場にあった）といえるから，校長，教頭及び教務主任の津波に対する予見可能性の有無は，そのような立場にあった者を前提として判断されなければならない。

5　宮城県防災会議地震対策等専門部会が作成した平成16年報告及び平成23年報告は，本件地震発生前に得られていた有力な科学的知見であることは確かであるが，上記各報告において行われた津波浸水域予測には，それ自体に相当の誤差があ

ることを前提として利用する必要があった上，大川小という個別構造物が本件想定地震により発生する津波によって被災する可能性があるかどうかを検討するに際しては，上記津波浸水予測を概略の想定結果と捉えた上で，大川小の実際の立地条件に照らしたより詳細な検討が必要であった。そして，大川小の立地条件（すなわち，大川小が，広大な水域面積を有する北上川の感潮区域と約200mの距離を隔てて隣り合っていたものであり，上記北上川の感潮区域と大川小の敷地とを隔てるものは，北上川の右岸堤防の存在のみであったこと）に，本件想定地震の地震動により上記堤防が天端沈下を起こし，そこから堤内地に北上川の河川水が流入して大川小を浸水させる危険があることを示唆する知見，谷地中付近よりも下流の北上川の右岸堤防が，堤防の両側から襲う津波の破壊力に堪えられずに破堤し，その場所から遡上した津波が堤内地に流入して大川小を浸水させる危険があることを示唆する知見を総合して詳細な検討を行えば，大川小が上記津波浸水域予測による津波浸水域に含まれていなかったとしても，大川小が本件想定地震により発生する津波の被害を受ける危険性はあったというべきであり，平成22年4月30日の時点において，校長等がそれを予見することは十分に可能であった。

6　概略の想定結果である平成16年報告による地震被害想定調査結果を引き写したに過ぎない津波ハザードマップが示す予想浸水区域図は，予想浸水区域の外には本件想定地震により発生する津波が来襲する危険がないこと（予想浸水区域の外に避難すれば安全であること）を意味するものではないといえる。津波ハザードマップ上に大川小が本件想定地震により津波が発生した場合の避難場所として指定されていたことは，結論として，誤りであったと評価されるべきである。

7　第1審被告石巻市が平成20年6月に策定した新たな地域防災計画（以下「新防災計画」という）は，「第2節　津波災害の予防」の項目の前文において，「市域沿岸では過去に多くの津波が観測されていて，宮城県沖地震の津波の被害予測でも沿岸部では人的に被害を及ぼすと想定されている。市は，地震により堤防などが決壊した場合などには消防団等を出動させるなど必要に応じて地域内外の協力・応援を得て対応する計画を立てる必要がある」と述べ，新防災計画が想定地震とした宮城県沖地震（連動）が発生した場合，その地震動により河川の堤防が決壊して周辺の堤内地が浸水する事態も想定した上で防災計画を立案することが必要であると述べられていた。新防災計画は，想定した宮城県沖地震（連動）が発生した場合，津波により避難が必要となることが想定される地区（避難対象地区）として，「福地字大正」「針岡字昭和」「針岡字山下」の各区域を指定する一方，大川小が立地する

「金谷字山根」は避難対象地区として指定していなかった。「福地字大正」「針岡字昭和」「針岡字山下」の各区域が新防災計画によって避難対象地区に指定された理由は，平成16年報告において行った地震被害想定調査結果が概略の想定結果であったため，第1審被告石巻市においてこれを活用するに際してより詳細な検討を行った結果，新防災計画が想定地震とした宮城県沖地震（連動）が発生した場合，その地震動により北上川の右岸堤防が決壊して周辺の堤内地が浸水する事態も想定されたことから，浸水被害を受ける危険があると判断したためと考えるほかはない。そうであれば，同じく北上川の右岸堤防沿いに位置する「釜谷字山根」を避難対象地区から除外する合理的理由はなかったといえる。

8　第1審被告石巻市の公務員である校長等の過失の前提として津波被災の予見可能性が問われている本件において，第1審被告石巻市自身の過誤による避難場所指定の事実及び避難対象地区未指定の事実を上記予見可能性を否定する事情として考慮することは相当ではない。けだし，災害発生時における避難誘導においては，児童生徒は教師の指示に従わなければならず，その意味で児童生徒の行動を拘束するものである以上，教師は，児童生徒の安全を確保するために，当該学校の設置者から提供される情報等についても，独自の立場からこれを批判的に検討することが要請される場合もあるのであって，津波ハザードマップ及び新防災計画は，いずれも児童生徒の安全に直接かかわるものであるから，独自の立場からその信頼性等について検討することが要請されていたというべきである。

9　市教委は，学校保健安全法29条1項に基づき，大川小に対し，在籍児童の安全の確保を図るため，大川小の実情に応じて，危険等発生時において大川小の教職員がとるべき措置の具体的内容及び手順を定めた危機管理マニュアルを作成すべきことを指導し，作成された危機管理マニュアルが大川小の立地する地域の実情や在籍児童の実態を踏まえた内容となっているかを確認し，内容に不備があるときにはその是正を指示・指導すべき義務があった。

10　にもかかわらず，校長は，平成22年4月30日までに，危機管理マニュアルを含む大川小の平成22年度教育計画を市教委に提出したが，危機管理マニュアル中の第三次避難に係る部分には，「第二次避難【近隣の空き地・公園等】」（この「第二次避難」とは，本判決でいう「第三次避難」のことを意味する）と記載されているだけで，避難経路及び避難方法については何らの記載も存在しなかったから，上記義務を懈怠したものと認めるのが相当である。また，市教委は，平成22年4月

30日までに，危機管理マニュアルを含む大川小の平成22年度教育計画の送付を受けたから，同年5月1日以降，危機管理マニュアル中の第三次避難に係る部分に上記のような不備があることを知ることができたにもかかわらず，危機管理マニュアルの内容を確認せず，大川小に対し，その不備を指摘して是正させる指導をしなかった。

11　危機管理マニュアル中の第三次避難に係る部分に，第三次避難場所として「バットの森」を定め，かつ避難経路及び避難方法について，三角地帯経由で徒歩で向かうと記載してあれば，本件地震の当日に，教頭が河北総合支所による防災行政無線を認識した午後2時52分の直後に「バットの森」への第三次避難を開始することにより，午後3時30分までには十分標高20mを超える「バットの森」に到達することができ，本件津波による被災を回避できたものと認められる。

12　以上によれば，校長等は，大川小の危機管理マニュアル中の第三次避難に係る部分に，本件想定地震によって発生する津波による浸水から児童を安全に避難させるのに適した第三次避難場所を定め，かつ避難経路及び避難方法を記載するなどしてこれを改訂すべき義務を負っていたものであり，その義務は，平成22年4月30日の時点においては，個々の在籍児童及びその保護者に対する具体的な職務上の義務を構成するに至っていたところ，これを過失によって懈怠したものであるから，第1審被告石巻市は，国家賠償法1条1項の責任を免れない。

第3　第1審被告宮城県の国家賠償法3条1項の責任

　校長等は，第1審被告石巻市の公務員であるが，第1審被告宮城県がその給与等の費用を負担していたから，第1審被告宮城県もまた，国家賠償法3条1項により，第1審原告らの損害を賠償する責任がある。

第4　第1審原告らの損害

1　各被災児童につき
それぞれの逸失利益と死亡慰謝料2000万円及び葬儀費用150万円

2　近親者固有慰謝料

各第 1 審原告につき，被災児童一名当たり 500 万円。ただし，遺体が発見されていない被災児童の保護者については，一人当たり別途 100 万円を加算する。

　3　弁護士費用
　弁護士費用を除いた残損害額の約 8％相当の金額

第 5　第 1 審被告らの抗弁（損害の塡補）

　第 1 審原告らは，独立行政法人日本スポーツ振興センターとの間で災害共済給付契約を締結していた第 1 審被告石巻市から，東日本大震災特別弔慰金（被災児童一人につき 500 万円）の支給を受けた（各第 1 審原告の受給金額は，被災児童の単独親権者は 500 万円，共同親権者はそれぞれ 250 万円となる）から，上記受給金額を，第 1 審原告らそれぞれの近親者固有慰謝料額から控除する。

第 6　結　論

　第 1 審原告らの請求は，第 1 審被告らに対し，連帯して，国家賠償法 1 条 1 項及び 3 条 1 項に基づき，損害賠償として，総額 14 億 3617 万 4293 円及びこれに対する本件地震の日である平成 23 年 3 月 11 日から支払済みまで民法所定の年 5 分の割合による遅延損害金の支払を求める限度でいずれも理由がある。

以上

　　　　＊転載にあたり，校長，教頭，教務主任の個人名を省略している。

付録　石巻・女川震災遺構（いこう）マップ

　石巻・女川エリアは、震災遺構や震災を学べる場の数の多さや内容の深さ、語り部さんらの活動の充実度などで、自然災害の教訓を学ぶ上で日本でもっとも重要な場所の1つと言っても過言ではありません。

　また、特筆すべきは震災遺構などの密集度です。このマップでは合計10ヶ所の震災遺構などをご紹介していますが、全て1日で回りきることも可能です。

　そのため、災害のことを学びたいと思われたら、迷わずこのエリアから訪れてみて下さい（雄勝ローズファクトリーガーデンにも震災時の写真などの展示があります）。

　もしできれば、震災遺構やモニュメントを予備知識なしで見るのではなく、少しだけでもよいので、事前に、その場所であの日何があったのか、関係者はどのような思いでその場所を大切にしているのかを、インターネットや書籍などで調べてみて下さい。また機会があれば、ぜひ現地の語り部活動を予約して、語り部さんから直接お話を聞いてみて下さい。きっと目の前の景色の見え方が変わるはずです。

（次頁マップ製作・文章　永野海　＊イラスト協力：窄口真吾さん（地図等）、髙林咲良さん（キャラクター）　http://naganokai.com/sinsai-ikou-map/）

アクセス（2023年3月現在）
・石巻市南浜地区（遺構①②③④）　JR石巻駅からバス（ミヤコーバス山下門脇線）約15分（門脇四丁目下車）／徒歩約40分／車約10分
・女川町（遺構⑤⑥）　JR女川駅から徒歩約10分
・石巻市雄勝町など（遺構⑦⑧⑨）　JR石巻駅から車約60分／JR仙台駅から車約100分
・石巻市大川地区（遺構⑩）　JR石巻駅から車約40分／JR仙台駅から車約80分

石巻・女川 震災いこうマップ

津波避難の3つのS それぞれどのSを憶えてくれる場所か☆

Switch 地震のあと逃げるスイッチを入れる（1分揺れたら大津波のサイン）

Safe 安全なルートで安全な場所に逃げる（安全な場所に住むことも大切）

Save 避難まで命を守り抜く（戻らない、引き返さない、避難継ぎも命を守る準備）

---

② 伝承交流施設 MEET門脇

園児のご遺品も展示されている

⑩ 震災遺構大川小学校

地震のあと避難ができなかった

④ 震災遺構門脇小学校

地震のあと訓練どおり避難

⑦ 女川いのちの石碑（石浜）

建てた子どもたちの思いを知ろう

⑧ 雄勝地区の防潮堤

防潮堤をみて考えよう

⑨ 雄勝地区震災慰霊公園

病院は安全な場所に作ろう

① みやぎ東日本大震災津波伝承館

この語り部動画をみて現地へ

⑥ 震災遺構旧女川交番

津波の力を感じられる

⑤ セイホク銀行ご遺族建立石碑

近くの高台では なく最上に避難

③ 日和幼稚園ご遺族慰霊碑

安全な高台から 海にバスを出発

北上川

石巻市

石巻線

女川町

石巻

出島

238

398

398

① 石巻市南浜町2丁目1-56
② 石巻市門脇町5丁目1-1
③ 石巻市門脇町内
④ 石巻市門脇町4丁目3-15
⑤ 女川町鷲金 おちゃっこ横丁
⑥ 女川町女川浜女川310-1
⑦ 女川町石浜（高台移転住宅集会所前）
⑧ 石巻市雄勝町 雄勝漁港周辺
⑨ 石巻市雄勝町雄勝字伊勢畑2-4
⑩ 石巻市釜谷字宜籠94番地

© 弁慶土承野務 2023

おわりに

　本書をお読みいただきありがとうございました。ご感想はいかがでしょうか。震災の事前の備え，地震後の対応，保護者説明会，検証委員会，裁判，遺構，遺族の思い，心理的ケア，地域の再生，メディア，中傷，その他にわたる様々な記述は，相互に関連し，補い合い，矛盾するものもあったかと思われます。いずれの原稿も真摯に綴られ，それぞれの視点から大川小事故などに光を当てるものであり，本書全体に通じて，お読みいただいた方々に，大川小学校その他の事故を見つめ直し，賛否を問わず，何らかのことを感じ，思いをめぐらし，話し合い，行動に影響を及ぼす一助となれば，そして現地に足を運んでいただくきっかけになれば（巻末の石巻・女川震災遺構マップをご活用下さい），これに勝る喜びはありません。本書を手に取っていただいた方々と，寄稿をご快諾いただいた執筆者の皆様に，あらためてお礼申し上げます。

　編集作業のため，2022 年の夏期休暇は，毎週のように石巻・大川地区を訪問し，ご遺族の方々などにお話をうかがいました。数時間にわたりご自宅や職場にお邪魔したこともありました。いまだ「病んで」おられるかもしれないご心中にもかかわらず，親切にご対応いただきお礼申し上げます。当方の接した遺族は，裁判の原告になった方を含めて，心が澄み人間的に尊敬できる方々であることを申し添えます。

　本書の編集にあたり，大川小学校について語る会の会津さん，映画『生きる』の寺田監督，出版を薦めていただいた O さんと，数ヶ月にわたりオンラインで打ち合わせを重ねました。会津さんは，大川地区に足繁く通い，遺族を含む地域住民に馴染んでおられ，執筆候補者をご紹介いただくとともに，現地訪問時は車にしばしば同乗させていただきました。寺田さんは，映画『生きる』の制作を通じて遺族と親交があり，本書の出版にご協力いただきました。『生きる』の鑑賞を，本書とともどもお薦めいたします。

　大川小学校津波訴訟の代理人弁護士の吉岡弁護士，齋藤弁護士には，たびたびお話をうかがい，お世話になりました。裁判での請求が認められたのは，もとより原告遺族の亡き・行方不明の子どもへの愛情による奮闘の賜物

であったにせよ，両弁護士なしに実現しなかったことは疑いありません。甚大な被害をもたらしたこの種の事故の訴訟は，通常，大人数の弁護団を組んで遂行するところ，2人のみで担当されたのは，主に原告遺族の費用負担を考慮したことによると拝察します。しかも弁護費用は，敗訴したら受領しないつもりだったそうです。消費者問題を専門にして，市民に寄り添い，卓越した法知識を備えた両弁護士の法的能力と人間性は，称えられるべきものです。

　また，大川地区訪問の折，大川小学校の近くにある「賄い処＆民泊処まがき」（要予約）に，たびたび宿泊させていただき，宿主の遠藤さんにご馳走になりました。震災で奥様を亡くされ，全国放浪の旅を経て，大川地区の再生のために立ち上げられた自宅兼店舗です。手料理による地場産の魚，うなぎやシジミなどは，大変美味しく，大川小学校を来訪される方々に，ご来訪ならびにご宿泊いただければと思います。遠藤さんも大川小学校について語る会の世話人で，地域の皆さんをご紹介いただきました。

　急なご依頼にもかかわらず出版にご尽力いただいた信山社の稲葉文子，袖山貴，今井貴の各氏にも，感謝いたします。諸事情により2022年末に出版のご相談をしたにもかかわらず，『水底を掬う』と重ねてにこやかにご快諾いただき，安堵したことが想い起こされます。

　短期間のうちに，50名を超える多くの方々にご寄稿いただき（大川小教職員の遺族を含む数名の方は辞退されました），大勢の皆様のご協力をいただいて本書の発刊に無事いたったのは，不思議な感があり，大川小学校で犠牲となったお子さんたちなどのご加護によるものであったと思わずにいられません。いまだ行方不明のお子さんたちなどが早くご家族の元に帰れますように，そして大川小などで亡くなられたすべての犠牲者の皆様のご冥福をあらためて祈念するとともに，今後とも，この世に生きるご家族と私たちを導いていただけるようお願いいたします。

　執筆依頼にあたり，「です・ます」調で，小見出しをつけ，中学高校生でも読めるような平易な内容にしていただくよう，各執筆者にお願いしました。その意味で，本書は，市民向けの一般書を目指したものであるとともに，「パブリック法社会学」（法と社会のあり方について市民と対話し，情報を提供しあい，学びあう研究手法）の一環でもあります（本研究はJSPS科研費JP20H01444の助成を受けたものです）。

主な参考文献・URL など

■関連機関や団体のウェブサイト
（大川小学校津波事故関連　設立順）
・小さな命の意味を考える会
　http://311chiisanainochi.org
・大川小学校児童津波被害国賠訴訟を支援する会
　https://ookawa-soshou-shien.jp
・大川伝承の会
　https://www.facebook.com/ookawadensyo
・Team 大川 未来を拓くネットワーク
　https://www.facebook.com/Teamokawa
・一般社団法人 大川竹あかり
　https://www.facebook.com/take2022okawa

（その他の津波事故・学校事故など関連　設立順）
・8・12 連絡会（日航機墜落事故犠牲者家族）
　https://8-12.moo.jp/
・特定非営利活動法人ジェントルハートプロジェクト
　https://npo-ghp.or.jp/
・全国学校事故・事件を語る会
　https://katarukai.jimdofree.com
・一般社団法人 ここから未来（川崎いじめ自死事件犠牲者家族）
　https://cocomirai.org
・家族のために（閖上津波事故被災者家族）
　https://kazokunotameni.jimdofree.com
・日和幼稚園遺族有志の会（日和幼稚園津波事故被災者家族）
　https://www.311hiyori.com/
・一般社団法人 健太いのちの教室（七十七銀行女川支店津波事故被災者家族）
　http://kenta-inochiclass.com/

■大川小学校津波事故に関する文献（主なもの）
・池上正樹・加藤順子『あのとき、大川小学校で何が起きたのか』（青志社，2012 年）
・─────『石巻市立大川小学校「事故検証委員会」を検証する』（ポプラ社，2014 年）
・─────「大津波の惨事「大川小学校」〜揺らぐ "真実" 〜」ダイヤモンドオンライ
　ン連載記事（https://diamond.jp/category/s-okawasyo）（2012-2018 年）
・大川小学校事故検証委員会『大川小学校事故検証報告書』（2014 年）

291

・河北新報社報道部『止まった刻──検証・大川小事故』(岩波書店, 2019 年)
・河上正二・吉岡和弘・齋藤雅弘『水底を掬う──大川小学校津波被災事件に学ぶ』(信山社, 2021 年)
・西條剛央『クライシスマネジメントの本質──本質行動学による 3.11 大川小学校津波事故の研究』(山川出版社, 2021 年)
・齋藤雅弘「法の実現と被害者──大川小学校津波被災事件が問いかけるもの」都筑満雄他編『民法・消費者法理論の展開──後藤巻則先生古稀祝賀論文集』(弘文堂, 2022 年)
・住友剛『新しい学校事故・事件学』(子どもの風出版会, 2017 年)
・高橋眞「安全配慮義務の組織性・科学性・目的性──大川小学校津波事件控訴審判決について」法学雑誌 (大阪市立大学) 65 巻 3・4 号 (2019 年)
・───「組織的な活動における「行為」「過失」の構造について──大川小学校津波被災事件に関連して──」法学雑誌 (大阪公立大学) 69 巻 2 号 (2022 年)
・───「大川小学校津波被災判決と「組織的過失」」ノモス (関西大学法学研究所) 51 号 (2022 年)
・小さな命の意味を考える会『小さな命の意味を考える──宮城県石巻市大川小学校からのメッセージ (第 3 版)』(パンフレット) (2018 年)
・───『小さな命の意味を考える──第 2 集 宮城県石巻市立大川小学校から未来へ (第 5 版)』(パンフレット) (2022 年)
・21 の被害者家族 (田原圭子編)『問わずにはいられない──学校事故・事件の現場から』(あうん社, 2015 年)
・パリー、リチャード・ロイド『津波の霊たち──3.11 死と生の物語』(濱野大道訳) (早川書房, 2018 年)
・堀込智之『地形によって変化した大津波と水の働き』自費出版 (2013 年)
・堀込光子・堀込智之『海に沈んだ故郷』連合出版 (2011 年)
・吉岡和弘・齋藤雅弘「津波と学校防災──大川小学校の被災事件から 1 〜 3」みすず 705・707・709 号 (2021 年 7 月・9 月・11 月号) (2021 年)
・吉岡和弘・齋藤雅弘・角田美穂子「プロローグ『大川小学校児童津波被災事件訴訟』から、私たちは何を学ぶのか」角田美穂子・フェリックス・シュテフェック編著『リーガルイノベーション入門』(弘文堂, 2022 年)

■大川小学校津波事故に関する映画 (主なもの)

・森元修一監督作品『大津波のあとに』(2011 年)
・佐藤そのみ監督作品『春をかさねて』(2019 年)
・───『あなたの瞳に話せたら』(2019 年)
(『ある春のための上映会』ウェブサイト https://aruharufilm.tumblr.com)
・寺田和弘監督作品『「大川小学校」の訴訟に挑んだ 2 人の弁護士──判決後も原告遺族と向き合う理由』(2021 年)(https://creators.yahoo.co.jp/teradakazuhiro/

0200093049）
・───『『生きる』大川小学校 津波裁判を闘った人たち』（2022 年）
（映画『生きる』ウェブサイト　https://ikiru-okawafilm.com）

　＊紙幅の関係でここでは紹介できなかった記録、資料は多数あります。読者の皆
　　さんの便宜のため、以下のウェブサイトに一覧をまとめますので、ご活用いた
　　だければ幸いです。
　　https://www.saibanhou.com/okawa.html

【執筆者紹介】（掲載初出順）

飯　考行　専修大学法学部教授

会津　泉　多摩大学情報社会学研究所教授・大川小学校について語る会共同世話人

百武信幸　毎日新聞石巻通信部記者

池上正樹　ジャーナリスト

加藤順子　フォトジャーナリスト・気象予報士

室﨑益輝　神戸大学名誉教授・兵庫県立大学名誉教授

吉岡和弘　弁護士

米村滋人　東京大学大学院法学政治学研究科教授

今野浩行　大川小学校津波事故遺族

今野ひとみ　大川小学校津波事故遺族

佐藤和隆　大川小学校津波事故遺族

佐藤美広・とも子　大川小学校津波事故遺族

千葉直美　石巻市民

只野英昭　大川小学校津波事故遺族

中村次男・まゆみ　大川小学校津波事故遺族

永沼由美子　大川小学校津波事故遺族・大川小学校遺族会

佐藤敏郎　大川小学校津波事故遺族

平塚真一郎　大川小学校津波事故遺族・中学校長

狩野孝雄　大川小学校津波事故遺族

鈴木典行　大川小学校津波事故遺族

寺田和弘　ドキュメンタリー映画監督

美谷島邦子　日本航空機墜落事故遺族・一般社団法人いのちを織る会代表理事

髙橋シズヱ　地下鉄サリン事件遺族

小佐井良太　福岡大学法学部教授

森岡　崇　慶應義塾志木高等学校教諭

戸田　香　京都女子大学法学部非常勤講師

石原（長）明子　熊本大学大学院人文社会科学研究部准教授

増田　聡　東北大学大学院経済学研究科教授・大川小学校について語る会共同世話人

山内宏泰　リアス・アーク美術館館長・学芸員

齋藤雅弘　弁護士

野村　裕　弁護士・元石巻市総務部総務課法制企画官

鈴木秀洋　日本大学大学院危機管理学研究科教授（2023 年 4 月 1 日から）

土屋明広　金沢大学人間社会研究域学校教育系准教授

髙橋　眞　大阪市立大学名誉教授

田村孝行　七十七銀行女川支店津波事故遺族・一般社団法人健太いのちの教室代表理事

佐藤美香　日和幼稚園津波事故遺族

竹澤さおり　名取市閖上津波事故遺族

林　香織　大分県立南石垣支援学校事故遺族

篠原真紀　川崎いじめ自死事件遺族

只野哲也　Team 大川 未来を拓くネット

295

ワーク代表

佐藤秀明・別所英恵　みやぎ青少年トータ
　　　　　　　　　ルサポートセンター
　　　　　　　　　顧問・代表

佐藤そのみ　大川小学校卒業生・会社員

三條すみゑ　大川伝承の会・大川小学校に
　　　　　　ついて語る会共同世話人

遠藤仁雄　賄い処＆民泊処まがきオー
　　　　　ナー・大川小学校について語る
　　　　　会共同世話人

大槻幹夫　大川地区振興会会長

酒井紀之　大川小学校について語る会共同
　　　　　世話人

新福悦郎　石巻専修大学人間学部教授

徳水博志　元石巻市立雄勝小学校教員、一
　　　　　般社団法人雄勝花物語共同代表

麻生川　敦　多賀城市教育委員会教育長

永野　海　弁護士・防災士

黒田典子　オンライン防災・フリーアナウ
　　　　　ンサー・防災士・やまもと語り
　　　　　べ大使

ほか匿名1名

〈編著者紹介〉

飯　考行（いい・たかゆき）
　専修大学法学部教授（法社会学）
〈主著〉『民主的司法の展望 四宮啓先生古稀記念論文集——統治主体としての国民への期待』（共編，日本評論社，2022年），『裁判員制度の10年——市民参加の意義と展望』（共編，日本評論社，2020年），『民事陪審裁判が日本を変える——沖縄に民事陪審裁判があった時代からの考察』（共編著，日本評論社，2020年），『あなたも明日は裁判員 !?』（共編著，日本評論社，2019年），『災害復興の法と法曹——未来への政策的課題』（共編，成文堂，2016年），『東日本大震災からの復興（3）たちあがるのだ——北リアス・岩手県九戸郡野田村の QOL を重視した災害復興研究』（共編，弘前大学出版会，2016年）など

子どもたちの命と生きる
——大川小学校津波事故を見つめて——

2023（令和5）年3月11日　第1版第1刷発行

　ⓒ編著者　飯　　考　行
　発行者　今井 貴 稲葉文子
　発行所　株式会社 信 山 社
〒113-0033　東京都文京区本郷6-2-9-102
Tel 03-3818-1019　Fax 03-3818-0344
info@shinzansha.co.jp
笠間才木支店 〒309-1611 茨城県笠間市笠間515-3
Tel 0296-71-9081　Fax 0296-71-9082
笠間来栖支店 〒309-1625 茨城県笠間市来栖2345-1
Tel 0296-71-0215　Fax 0296-72-5410

ⓒ編者・執筆者　　Printed in Japan, 2023　　印刷・製本／藤原印刷
ISBN978-4-7972-8504-8 C3332 ¥2600E 分類324.523
8504-8 3332：020-020-050

水底を掬う

―大川小学校津波被災事件に学ぶ―

河上正二・吉岡和弘・齋藤雅弘 著

民事の訴訟を託された2弁護士と
研究者の執筆による貴重な書

「法」は、「社会」は、事件とどう向き合うのか。はたして法は、
遺族の心を救えるのか。一石を投じ、そして、ともに考える。

信山社